教育部人文社科重点研究基地
南开大学世界近代史研究中心资助出版

U0635001

女子教育与东亚
国家的现代化
——中、日、韩
比较研究

王慧荣　田香兰
臧佩红◎著
李卓◎主编

天津出版传媒集团
天津人民出版社

图书在版编目（CIP）数据

女子教育与东亚国家的现代化：中、日、韩比较研
究 / 王慧荣，田香兰，臧佩红著；李卓主编 . -- 天津：
天津人民出版社，2021.4
（南开大学世界近现代史研究丛书）
ISBN 978-7-201-17197-5

Ⅰ . ①女… Ⅱ . ①王… ②田… ③臧… ④李… Ⅲ .
①妇女教育—对比研究—中、日、韩 Ⅳ . ① G776

中国版本图书馆 CIP 数据核字 (2021) 第 059183 号

女子教育与东亚国家的现代化——中、日、韩比较研究
NÜZI JIAOYU YU DONGYA GUOJIA DE XIANDAIHUA——ZHONG RI HAN BIJIAO YANJIU

出　　版　天津人民出版社
出 版 人　刘　庆
地　　址　天津市和平区西康路 35 号康岳大厦
邮政编码　300051
邮购电话　（022）23332469
电子信箱　reader@tjrmcbs.com

责任编辑　岳　勇
装帧设计　明轩文化・王　烨

印　　刷　高教社（天津）印务有限公司
经　　销　新华书店
开　　本　710 毫米 ×1000 毫米　1/16
印　　张　19
字　　数　250 千字
版次印次　2021 年 4 月第 1 版　2021 年 4 月第 1 次印刷
定　　价　78.00 元

主编者前言

本书是南开大学世界近现代史研究中心承担的教育部人文社会科学重点研究基地重大项目"女子教育与东亚国家的现代化"的最终成果之一。

高素质的国民是一个国家的人力资源，女性则是人力资源之母。在现代化进程中，经济技术的发展是核心，人的现代化是主体，而占人口一半的女性的知识水平与教养是衡量一个国家现代化水平的重要标志。

在东亚国家历史上，儒家的男尊女卑思想及"女子无才便是德"的观念的影响下对女性带来不同程度的束缚，使妇女长期处于无学状态。而日本能够较早冲破这种束缚，开启女子教育之门。近代以来，日本在欧美教育理念的影响下，不仅涌现出一大批有志于女子教育的教育家（包括很多女教育家），而且有较为系统的女子教育理论，使近代女子教育快速普及。当今韩国的女子教育也走在世界的前列，不仅女子就学比例居亚洲国家首位（女子的大学就学比例甚至远远高于日本），而且拥有世界规模最大的女子大学——梨花女子大学。

在中国，由于传统的儒家女性观根深蒂固，再加上半殖民地半封建社会条件的束缚，在新中国成立前，大多数妇女不能接受学校教育。中华人民共和国成立后，我国的女子教育有了迅速发展，但若与发达国家相比，若按照党的十八大以来提出的"学有所教"的目标来衡量，还有明显的距离，尤其是针对女性性别特征的教育还存在有待提高之处。在探讨发达国家发展女子教育的经验时，与中国有着密切地缘关系和相近社会、文化传统的日本、韩国的现代女子教育，无疑是我们的重要参照点。起步于明治维新、发达于战后经济高速增长的现代日本女子教育，和 20 世纪 70 年代开始迅速发展的韩国现代女子教育，对于提高国民素质，建立文明社会，促进经济发展发挥了重要作用，可作为我国发展女子教育镜鉴。这是本书写作的出发点。

日本得以在亚洲国家率先实现现代化，韩国能够在 20 世纪 60 年代后实现经济发展，成为"亚洲四小龙"之一，两国的国民形象在世界上都有较好的评价，这与现代教育事业，尤其是女子教育的发展具有密切联系。改革开放以来，经过四十多年的快速发展，我国已经超过日本成为世界第二大经济体，国民物质生活逐渐丰富，成就有目共睹。然而，在国民素质和社会文明方面仍有很大提升空间，这也与教育上存在问题，尤其是女子教育存在差距不无关系。本书从比较研究的视野，探讨中、日、韩三国女子教育的发展及其与东亚国家现代化进程的关系，意在强调发展女子教育事业对提高国民素质，加快现代化进程的重要作用。

本书以对中、日、韩三国女子教育事业发展过程的考察为中心，从比较研究的角度出发，研究中、日、韩三国不同的发展女子教育事业的道路，探讨女子教育事业与东亚国家现代化进程的关系。主要做了如下探讨：（1）前近代儒家女子教育观对东亚国家的影响。考察了东亚三国前近代女子教育基础及特征。在封建时代，中国女教崇尚儒学，女德重于女才，女子学校教育不受重视。儒家女子教育观对邻国朝鲜影响深远，而在日本封建社会，女子教育则在一定程度上受到提倡，从而为近代女子教育的发展奠定了基础。（2）西方女学的传入与中、日、韩三国女子教育的产生与发展。西风东渐，欧美国家女子教育的传入带来东亚国家近代女子教育的兴起与发展。由于东亚三国所处不同的国际、国内环境，近代女子教育发展的结果也不同。日本在 20 世纪初期实现了普及六年制义务教育，基本做到适龄女子全部入学，而中国政府此时才刚刚倡办女学；韩国虽较早开启创办女学的步伐，但因日本吞并朝鲜而受到扼杀。（3）中、日、韩三国女子教育制度的考察。考察了近代以来中、日、韩三国女子教育制度的确立、演变过程及不同时期教育政策的调整。尤其是第二次世界大战结束后至今天，中、日、韩两国女子教育制度的改革与女子教育事业的发展。愿通过本书的出版，进一步促进我们对日本、韩国女子教育的了解。

本书是作者王慧荣、田香兰、臧佩红在对中、日、韩三国的女子教育进行大量资料调查及实地考察的基础上完成的。全书的写作分工是：王慧荣承担一至四章的中国与日本女子教育研究部分的写作；田香兰承担所有韩国女子教育研究部分的写作；第五章"战后日本女子教育的演变与启示"及"现代中国女子教育的发展"两节由臧佩红执笔；序言及终章由李卓执笔。在完成教育部人文社会科学重点研究基地重大项目"女子教育与东亚国家的现代化"及本书写作过程中，得到天津大学教育学院院长、博士生导师闫广芬教授，中国社会科学院日本研究所社会研究室主任胡澎研究员等学者的支持与指导。在本书付梓之际，谨对本书的作者及对本书予以支持帮助的专家学者、对资助本书出版的南开大学世界近现代史研究中心表示衷心的感谢！

南开大学世界近现代史研究中心、日本研究院 李卓

序　言

在东亚国家的历史上，儒家的男尊女卑思想及"女子无才便是德"的观念给女性带来不同程度的束缚，使女性长期处于无学状态。而日本能够较早冲破这种束缚，开启女子教育①之门。日本在明治维新后只用了短短几十年时间就发展为资本主义强国，这与教育事业的发展有着直接的联系，其中女子教育事业的发展尤其值得称道。1907 年，日本开始实施六年制义务教育，当年女子入学率达到 96.14%，②同时，女子中等教育与各种专科教育也取得了长足进步。分析近代日本女子教育快速发展的原因，对于认识我国的女子教育具有一定参考价值。

一、前近代日本女子教育的基础

女子教育，广义上指基于一定的女性观，以女子为对象所实施的教育，狭义上主要指对女子的学校教育。日本以女子为对象的学校教育虽然在明治维新后才迅速发展起来，但在江户时代已经奠定了较为深厚的基础。历史事实表明，日本之所以较之其他东方国家最先实现女子教育的普及，除了明治政府具有开放而长远的目光，把教育作为立国之本，在法律上、经济上采取有效措施促进教育事业发展等原因之外，也与在江户时代业已形成良好的以实用主义为特色的大众启蒙教育传统具有密切关系。

1603 年德川幕府建立，结束了战国时代混乱的局面，日本从此进入

---

① 本书所谈之女子教育主要指对女子的学校教育。
② 文部省：《学制百年史·资料篇》，帝国地方行政学会 1975 年版，第 497 页，本文关于日本女子教育相关数据均出自此书。

近二百七十年的和平时代，社会稳定、经济繁荣，为江户时代的教育发展提供了良好的环境。由于存在严格的身份制度，士农工商的身份不可逾越，加之律令时代仿照唐制实行的科举制早已瓦解，身处任何社会阶层的人都没有通过考试改变身份和提高社会地位的预期，使教育在政治方面的功利性被大大削弱。不管是作为统治阶级的武士，还是作为被统治者的普通民众，学习知识的目的仅在于掌握自己从事的职业所需的技能，实用也就成为教育的最高价值。江户时代教育的最大特色是以寺子屋[①]为中心的平民教育迅速发展。据统计，江户时代后期寺子屋的数量已经达到 15 506 所[②]，遍及全国各地，许多社会下层家庭的子弟因此有了受教育的机会，当时大约有 45% 的男子和 15% 的女子都识字。有统计说江户时代已经有 1 140 家集刻板、印刷、贩卖于一身的书店，19 世纪初仅江户就有 656 所出租书店，足以证明当时人们的读书需求已经相当高了。这种教育水平甚至连一些欧洲发达国家也望尘莫及，故江户时代被称作"教育爆发的时代"[③]。

　　教育的平民性与实用性，是江户时代女子教育得以发展的重要原因。从古代社会以来，由于佛教视女子为孽障的思想的影响，女子教育不被重视，官方教育机构皆将女子排除在外。但是在文化繁荣的奈良、平安时代，尽管学校教育不以女子为对象，但贵族社会内却形成了让女孩子从小接受教育的传统。那时的女子教育被局限在家庭中进行，由其母或祖母担任教师，也有的聘请家庭教师，教其修身、礼法及诗文、和歌、书道、音乐等技艺。贵族们对女儿进行女才教育的目的是把女儿作为攀龙附凤的工具，让女子具备一定的才学可以增加其身价。这种并非纯正的教育动机促成了古代上流社会女子在政治、文艺、宗教等各方面都很

---

① 私塾，因最初由寺院所设而得名。

② 石川谦：《寺子屋》，至文堂 1972 年版，第 88 页。

③ 如 2006 年，江户东京博物馆专门举办了"江户的学习——教育爆发的时代"特别展览。

活跃的景象。进入江户时代，儒家思想被作为官学受到幕府的大力提倡，男尊女卑的观念影响日益深广，但是"女子无才便是德"的观念却没有像中国那样深入人心。由于分处于武士、商人及手工业者、农民不同阶层的人们家业经营的需要，女子具有一定读写能力在一定程度上受到提倡，比如在一些女训中可以看到提倡女子学习文化的内容：

> 如不晓文习字，见识浅薄，便难于相夫教子。
>
> 女人不分地位高低，各有所爱，然首先应学艺、写文章。如不谙此道，则一生中不识善事也不辨恶事，既无乐趣，又无慰藉。[①]（《女式目》）
>
> 品优不为贵，以心正为贵，容姝不为贵，以有才为贵。[②]（《女实语教》）
>
> 出嫁的女子，若不通文字，即使容貌娇美，娘家富足，也会被丈夫及其亲族蔑视。[③]（《女子手习狀》）

这些对女子的训诫表明，即使是在歧视女性的年代，很多日本人对女性掌握文化知识也是持鼓励态度的，因此才有了女子接受教育的动力。据资料统计，在 13 816 所能知道具体学生人数的寺子屋中，招收女学生的有 8 636 所，人数 148 138 名，占学生总数的 20%。[④] 在江户、大阪、京都等商业发达的大城市，招收女学生的寺子屋明显多于其他地区，且在寺子屋中，女学生比率也比较高，有的寺子屋中女学生甚至超过男学生。到江户时代后期，在江户、大阪等大城市还涌现出很多女性经营的

---

① 黑川真道：《日本教育文库·女训篇》，日本图书中心 1977 年版，第 649、672 页。
② 三井为友：《日本女性问题资料集成·4·教育》，家庭出版（ドメス）1976 年版，第 77 页。
③ 转引自志贺匡：《日本女子教育史》，琵琶书房 1977 年，第 320 页。
④ 石川谦、石川松太郎：《日本教科书大系·往来物篇·15·女子用》，讲谈社 1973 年版，"解说"第 7—8 页。

寺子屋及女师匠（教师）。尽管江户时代女子教育形式及内容都有难以逾越的时代局限性，但寺子屋作为一种教育机构，已经把女性作为教育对象，在教育机构的准备、教育人才的储备、入学动员等方面，都为明治以后的近代女子教育的普及奠定了良好的基础。

二、明治以后女子教育政策的不断调整

与同时期欧美国家相比，明治初期日本的教育水平并不逊色，但维新改革派及新政府成员仍然感到本国教育的不足，尤其是教育内容、教育体制及学校数量上远远不能适应"富国强兵"这一明治维新总目标的要求。1871年7月，新政府成立最高教育行政机构文部省，将建立近代教育体制作为自己的重要任务，并开始关注女子教育问题。12月，文部省颁布"设立女子学校公告"，指出"人所以能昌其家业者，端赖男女各知其职分也。今虽有男子学校，而女子之教未备，故此番雇西洋女教师，开官立女子学校。自华族至平民，若纳资费皆可许其入学"[1]。这一公告表明女子教育被纳入近代学校教育体系，使日本成为东亚国家中女子教育起步最早的国家。在文部省的积极推动下，东京女子学校、京都府立的新英学校及女红场（后改称京都府女子学校）、开拓使女子学校三所女子学校在1872年内相继成立，这是近代日本最早的一批官立女子学校，从此拉开近代女子教育事业的序幕。1872年8月，参考欧美国家的教育制度起草的日本近代史第一个教育法令——《学制》正式颁布。在《学制》及与学制有关的一系列法律、法令中，女子教育被摆在重要位置。如1872年6月向全国公布的"《学制》施行计划书"中指出，要"兴小学之教，洗从来女子不学之弊，期兴女学之事与男子并行也"[2]，否定了男尊女卑观念，体现了男女平等实施初等教育的原则。

---

① 三井为友：《日本妇女问题资料集成·4·教育》，家庭出版（ドメス）1976年版，第142—143页。
② 三井为友：《日本妇女问题资料集成·4·教育》，第144—146页。

　　《学制》颁布后，各级政府从办小学开始大力兴办近代教育，到1876年，在全国已设置了24947所小学。但是在近代教育起步的时候，女子教育发展得并不顺利。从入学率来看，1873年为15.1%，1879年仅为22.5%，始终没有达到男童入学率的一半（男童入学率1873年为39.9%，1879年为58.2%）。地处偏僻、经济落后的秋田、青森、宫城、长崎等县甚至在10%以下，离《学制》既定的"邑无不学之户，家无不学之人"的预期目标相去甚远。造成这种现象的主要原因，一是发展教育操之过急，忽视了现实的教育基础及人们的传统观念，全盘模仿欧美教育体制及教育内容，大量采用翻译教材，脱离了实际需要，因而受到民众的排斥；二是根深蒂固的男尊女卑观念阻碍了女子迈向学校的大门，不少人宁可把女孩子送入民间私塾学习，也不愿让其进入男女共学的学校；三是学费较高，当时小学学费为月额50钱（1日元＝100钱，当时机织女工月薪1.7日元，农村雇工月薪3.1日元[①]），对劳动大众家庭来说是不小的负担，如果一家有几个孩子，只能优先让男孩子上学；四是劳动力因素，当时农村人口占80%，农业生产以家庭为主，女孩子要帮助家里劳动，尤其是要照顾弟弟妹妹，这就使很多农民家庭不愿意让女孩子上学。

　　针对《学制》体制超前，教育发展并不理想的情况，明治政府及时调整教育政策。1879年9月，宣布废除《学制》，同时颁布《教育令》。有关女子教育的内容，最主要的是改男女共学为男女别学，规定"凡于学校之内，男女不得处于相同教场"，虽然允许小学校可以男女同校而学，但在中学里实施男女别学，男女双轨学校体系由此产生。原来在男女共学制的中学里就读的女子学生或退学，或转学，到1884年，在普通中学里女子学生的身影彻底消失，这种现象一直持续到日本战败。此

---

① 明治人的俸给：http://homepage3.nifty.com/~sirakawa/Coin/J022.htm。

外，为适应女子学生的特点及社会需求，吸引适龄女童入学，《教育令》将裁缝课列入小学校的正规课程中。在做了上述调整后。女子教育的发展仍不尽如人意，到 1890 年，女子的小学入学率为 31.13%。

近代日本女子教育真正得以发展是在《学制》制定 20 年之后的 19世纪晚期。由于日本在中日甲午战争中获胜，刺激了产业革命的发展，女子就业的机会大大增加，社会对有文化的女性的需求也随之增加，女子小学入学率迅速提高，1897 年已超过 50%。另一方面，经济的增长也促进政府加大教育投入。从 1872 年颁布《学制》以后，教育经费一直是"受益者负担主义"，即由学生的父母、监护人缴纳学费。1890 年颁布的《小学校令》规定实行三年到四年的义务教育，同时规定市町村有设立小学并负担包括小学教师工资在内的教育费用的义务，即由"受益者负担主义"向"设置者负担主义"转化，但学生入学仍然要付学费，因此影响了学生入学。这种情况的彻底改变是在 19 世纪末期，1899 年，日本政府制定了"市町村立小学校教育费国库补助法"，由国库支付小学教师工资的不足部分。同年，制定"教育基金特别会计法"，以甲午战争后清政府赔偿金的 3%、约 1000 万日元设立教育基金，其利息用作每年普通教育费的补充，这就明确了国家对教育费应负的责任。有了政府的财政支持，1900 年，日本开始实施四年制免费义务教育，这是促进女孩子入学的最关键的措施，当年，女子的小学入学率达到 71.7%（男子为 90.55%）。到 1907 年，又将义务教育的时间延长到六年，当年女子的小学入学率就达到 96.14%（男子为 98.53%），几乎达到适龄儿童全部入学的程度。

小学入学率提高了，希望进一步学习的人也随之增加，发展女子中等教育成为必然趋势。在《学制》时代，明治政府对女子中等教育基本上持放任自流的态度，也出现了少量实施中等教育的女子学校。1891 年，日本政府颁布《中学校令》，规定"高等女子学校对女子进行必要的高等普通教育，归入寻常中学校之列"[①]，女子中等教育始被纳入国家教育体系之中。1899 年 2 月，根据日益增长的女子中等教育需求，明治政府颁布了《高等女子学校令》，规定高等女子学校是以"传授女子必需的高等普通教育知识"为目的的四年制女子学校，[②] 教育对象是 12 岁以上高等小学二年级以上的女学生，同时还规定到 1903 年之前，全国各府县至少要设立一所公立的高等女子学校。名曰"高等女子学校"，实际上是女子中学，意味着对女子实施的最高教育。在《高等女子学校令》颁布的 1899 年，日本全国只有 7 个县设有高等女子学校，到 1903 年，所有的县都设立了一所以上高等女子学校，完成了"高等女子学校令"的预定目标。1907 年，日本已经有官办高等女子学校 108 所，在校学生 33 776 人[③]。中等家庭竞相把女儿送入高等女子学校，以至于入学竞争相当激烈。[④] 在战前日本，尽管后来也出现了一些女子专门学校（相当于女子大学），但对大多数女子说来，高等女子学校实际上是最终教育机关。到 1925 年，高等女子学校达到 806 所（其中包括一部分实科高等女子学校），在校学生 301 447 人，首次超过了普通中学的男学生人数（296 791 人）。

三、民间办学是官办女校的重要补充

在政府大力推动女子教育发展的同时，民间人士也创建了一大批私立女子学校，论数量远远超过了官立女校，其中许多女子学校延续至今，在日本女子教育事业中发挥了重要作用。私立女子学校之所以发达，一是得到法律制度的保障，二是得益于人们对发展女子教育的重要性有较为明确的认识。

---

① 文部省：《学制百年史·资料篇》，第 130 页。
② 文部省：《学制百年史·资料篇》，第 134—135 页。
③ 高等女子学校研究会：《高等女子学校的研究——制度的沿革及设立的过程》，大空社 1990 年版，第 30 页。
④ 当时高等女学校的竞争率以 1902 年为例：东京第一高等女学校为 1∶4.3；市立名古屋高等女学校为 1∶4.2；高知高等女学校为 1∶3.9。见深谷昌志：《贤妻良母主义的教育》，黎明书房 1981 年版，第 184 页。

（一）公私并举的双轨制教育体系与男女双轨制学校体系促进了民间办学

在近代日本教育体系中，私立学校始终有着合法地位，这是私立女校得以发展的制度保证。1872 年颁布《学制》的时候，就将"持有小学教科之许可者在私宅教学的""小学私塾"列入学制规范下的小学之列。这一点体现了新政府对当时教育机构现状的准确把握。由于设立新学校需要大量资金，中央及地方政府财力有限，只能利用和改造江户时代的寺子屋，直到 1875 年，小学校中仍有 40% 借用寺院，30% 借用民家^①，有些以江户时代寺子屋基础的私立学校得以发展起来。《学制》将"私塾小学"纳入近代学校体系，表明政府承认和鼓励民间私人办学。1879 年颁布《教育令》时，明确提出了"公立学校""私立学校"的概念，赋予私立学校合法地位。1899 年 8 月，出台《私立学校令》，是第一个以私立学校为对象的教育法令，该法令的意义在于把私立学校公立学校同样纳入以"教育敕语"为中心的教育体系中，同时也说明了私学在近代教育中的合法性。此后，尽管不断修改相关教育法令，但公立、私立并举的双轨制教育体系一直延续至今。

除了民间办学具有制度保障以外，男女别学制度的存在也为私立女子学校提供了发展空间。1879 年颁布的《教育令》改变了 1872 年《学制》规定的男女共学制度，开创了日本教育史上的男女别学体制，此后又多次强调在中等教育中实行男女别学，并通过发展高等女子学校对女学生进行中等教育。当时公立女子教育机构尚不发达，官方开设的最高层次的学校只有女子高等师范学校，很难满足社会需求，而私立女子学校填补了由于政府忽视而带来的女子高等教育的空白，客观上刺激了私立女子学校的发展，使私立女子学校一直占据着培养高层次女性人才教育的

---

① 文部省：《学制百年史》，帝国地方行政学会 1975 年版，第 194 页。

主导地位。

（二）民间办学热情是近代女子学校发展的动力

发展女子教育，除了政府的政策与制度支持，更需要全社会的大力支持。在近代日本教育史上，始终有一批有识之士积极主张发展女子教育，在近代教育发展的不同阶段，都有不少教育家提出各自的女子教育理念，有的还亲力亲为办女校。如在文明开化浪潮中，启蒙思想家批判儒家女子道德，把一夫一妻制之下与男子具有同等权利、在教育子女方面颇有见识的西欧女性作为理想的母亲形象，提出造就在人格上与丈夫平等、具备足够的教育子女的教养与知性的母亲是社会的重要任务。福泽谕吉不仅批判男尊女卑的观念和女子无学的落后状况，倡导男女同权，还在委托其学生建立的私立小学庆应义塾幼稚舍（1874年成立）中实行男女共学（但后来因受到反对而放弃）。另一位启蒙思想家中村正直于1875年发表题为"造就善良的母亲说"的文章，指出"子女的精神心术大体与其母亲相似，连后来的嗜好癖习也多似母亲。人民改变情态风俗进入开明之域必须造就善良的母亲，只有绝好的母亲，才有绝好的子女"，而"造就善良的母亲要在教女子"。中村正直还提出，为了实现"造就善良的母亲"的目标，要男女受到一样的教育，实现共同进步。[1] 中村正直在东京创办同人社女子学校（1874年），亲自实施女子教育的实践。1885年，留美13年的牧师木村熊二联合《横滨每日新闻》主笔岛田三郎、历史学家田口卯吉、评论家岩本善治等人共同创办了明治女子学校，意在通过实施新式教育提高女性的地位。诗人北村透谷、马场孤蝶，作家岛崎藤村等人都曾在此执教。在此毕业的有实业家相马黑光（面包店新宿中村屋创始人），日本第一个女记者、女子学校自由学园的创立者羽仁元（音）子，作家野上弥生子等杰出的女性。

---

[1] 汤泽雍彦：《日本妇女问题资料集成·5·家族制度》，家庭出版（ドメス）1976年版，第348—349页。

　　近代日本公立女子学校基本上止于高等女子学校即女子中等教育，而没有在中等教育发展到一定程度后继续发展女子高等教育，到 20 世纪初期，舆论的主流仍然认为办女子大学为时过早。在政府不认可官办女子高等教育的情况下，民间的有识之士开始自发创办女子高等教育，出现了在女子高等教育中私立女校独树一帜的现象，可以说，日本女子高等教育首先是从私立女校开始的。最有代表性的是著名女子教育家成濑仁藏及其创办的日本女子大学。身为男性的成濑仁藏毕生从事女子教育，它曾长期到美国考察女子教育，在阐述其女子教育思想的《女子教育论》（1896 年）中提出要把妇女"作为人来教育，作为女人来教育，作为国民来教育"^①的教育方针，并于 1904 年创建了日本女子大学，被誉为日本女子高等教育第一人。该校秉承"信念彻底""自发创生""共同奉仕"纲领，培养了集结于女性杂志《青鞜》周围的近代日本第一个妇女运动群体，该杂志创始人平塚雷鸟正是由于读了成濑仁藏的《女子教育论》才选择进入日本女子大学学习的，而在《青鞜》杂志的五位发起人中，有四位是日本女子大学的毕业生。成濑仁藏的《女子教育论》及日本女子大学的成立在全国影响深远，此后一批从事女子高等教育的私立学校相继成立，但是文部省对此只作为专门学校加以认定，升格为女子大学还是战后的事情。

　　办教育离不开教育者，得益于前近代女子教育的积累和近代教育事业的发展，日本女性已经不仅仅是被动的受教育者，许多人成为教育家，开办女子学校，从事女子教育事业。女性办女校是近代日本女子教育的突出特色。由女性办女校，更能准确地掌握女性的心理与生理特点，实施适合女性特点的教育。

　　在上流社会人士积极办女校的同时，普通民众中也有不少人热心女

---

① 成濑仁藏：《女子教育》，载三井为友：《日本妇女问题资料集成·4·教育》，第 329 页。

子教育事业。从 1872 年制定《学制》起，女孩子就有了就学的权利，其父母亦有送孩子上学的义务。但是现实中不少贫困家庭的女孩子要么帮助父母带孩子，要么很小就给别人家帮工带孩子，因此无法到学校上学，这是明治前期女子入学率低的重要原因之一。为了解决这部分女孩子的上学问题，民间开办了一些让女孩子背着弟弟妹妹或帮工的主人家的孩子上课的学校——"子守学校"（日语词，中文没有相应的词汇）。最早开办"子守学校"的是茨城县青年教师渡边嘉重于 1883 年在家乡开办的"小山村子守学校"，受到当时的文部大臣井上毅的表扬。"子守学校"兼具女子初等教育与幼儿保育机能，上课时间及上课形式比较灵活，学习年限不固定，只要考试及平时成绩达到寻常小学的水准便允许毕业，且大多不付学费，因此很受下层社会欢迎，并在全国得到推广，据长田三男的《子守学校的实证研究》可知，这种学校一直存在到昭和初期，共有 318 所"子守学校"分布于全国 36 个都道府县[①]。从事这种教育的多是深知下层社会疾苦的基层人士，他们为女子初等教育的普及所做的贡献是最直接、最现实的。今天，我们偶然可以从一些日本影视作品中看到女孩子在教室中背着幼儿认真听课的场景，那是在一百多年前的明治时代的事情，从这道难得一见的风景线中，既可以看到近代日本女性求知的渴望，也展现出民间教育者的办学热情。

四、培养良妻贤母的目标使女子教育得以立足

近代日本女子教育侧重对女子的性别教育，"良妻贤母主义"的教育理念贯穿于女子教育的全过程。在明治初期，女子教育的起步是从培养有知识的"良母"做起的。如前所述，启蒙思想家中村正直于 1875 年提出"造就善良的母亲，要在教女子"，另一位启蒙思想家森有礼也指出，"女子教育比男子教育更重要"，1887 年，他作为文部大臣在视

---

① 转引自斋藤泰雄：《初等义务教育制度的确立与奖励女子就学——日本的经验》，载广岛大学教育开发国际协力研究中心：《国际教育协力论集》第 13 卷 1 号，2010 年。

察地方的教育情况并发表演说时明确指出："女子教育的重点在于培养女子为人之良妻，为人之贤母，管理家庭、熏陶子女所必须之气质才能。国家富强之根本在教育，教育之根本在女子教育，女子教育发达与否与国家安危有直接关系。"[1] 森有礼从实现国家繁荣富强的角度认识女子教育，突出了女子教育的社会作用。

在明治初期大力吸收西方文明的所谓欧化时代，启蒙思想家心目中的良妻贤母是像西欧社会，尤其是基督徒那样的与丈夫有平等人格的妻子、具备足以教育子女之教养的母亲。为了培养这样的良妻贤母，当时的女子教育颇具欧化色彩。学校教育实行男女共学，教科、教材也完全相同，甚至使用翻译教材。然而，从明治中期开始，日本放弃了文明开化政策，国家大力宣扬的国家主义与儒家伦理相结合的主流意识形态也反映在女子教育上。19世纪晚期，明治政府一方面努力提高女子小学入学率，另一方面通过办高等女子学校发展女子中等教育。在战前日本社会，女子大都在十六七岁结婚，而结婚之前在高等女子学校的学习阶段被认为是培养良妻贤母的最佳教育时期。1899年颁布《高等女子学校令》后，当时的文部大臣桦山资纪这样阐述办高等女子学校的目的：

> 只有男子的教育是不能达到健全的中流社会的，要有善理其家的贤母良妻，才能增进社会的福利……高等女子学校的教育在于培养学生于他日嫁到中流以上家庭后成为贤母良妻的素养，故而在涵养优美高尚的气质和温良贞淑的性情的同时，要令其通晓中流以上生活所必需的学术技艺。[2]

继任的文部大臣菊池大麓也将推进女子中等教育作为重要任务。

---

[1] 大久保利谦：《森有礼全集》第1卷，宣文堂书店1972年版，第611页。
[2] 《教育时论》，1899年7月25日。

1902 年，他在高等女子学校校长会议上的演讲中指出："良妻贤母是女子的天职"，"高等女子学校是为了实现这种天职而进行必要的中流以上的女子教育机关"。[1]桦山资纪和菊池大麓两位文部大臣已将高等女子学校的办学思想和教育目标说得非常明确，即仅仅有男子是不能实现国家的发展的（即达到"中流社会"），还必须培养与之匹配相适应的良妻贤母。《高等女子学校令》的颁布，标志着培养"良妻贤母"已经成为国家公认的教育理念。这种教育观念一经提出，便左右了近代日本女子教育的发展方向。不仅在各高等女子学校得到贯彻，各私立女子学校也积极响应。对女子的性别教育被固定化，家务、裁缝、手工艺授课内容增加，教学内容注重家庭实用技术的培养，而外语、数学、理科的内容相应减少。

"良妻贤母主义"教育是畸形的日本近代化的一个矛盾产物。它将女性的作用局限在家庭之内，有保守、落后的一面，同时也强调女子教育的必要性，有知识、懂学问是女子堪称贤与良的重要标准，亦有其积极、开明的一面。在日本，"良妻贤母主义"虽然在明治后期一度受到社会主义者的批判，但是由于这种教育思想与战前日本的意识形态非常吻合，所以不仅作为国家公认的女子教育理念存在，而且一直是女性的行为规范和战前日本女性观的主流，可以说"良妻贤母主义"在日本是深入人心的。这种充满矛盾的教育必然具有双重性，一方面，女子教育培养出大批近代化国家建设需要的有用人才，成为产业工人中的重要组成部分，1912 年，在工厂劳动的人群中，女工已达到五成左右，[2]同时，女子教育带来女医生、女教师、女记者、女事务员等职业女性大量出现，至 1930 年，职业女性已有 874 154 人，[3]几乎所有行业中都有了女性的

---

[1]　《教育时论》，1902 年 5 月 5 日。
[2]　女性史总合研究会：《日本女性史·第 4 卷·近代》，东京大学出版会 1982 年版，第 163 页。
[3]　赤松良子：《日本女性问题资料集成·2·劳动》，家庭出版（ドメス）1977 年版，第 116 页。

身影。另一方面，这种教育把多数女性塑造成家庭中的良妻贤母，固然有益于提高家庭生活质量，也对子女教育有利，但作用毕竟多表现于家庭层面，培养出来的女学生大多知识和视野有限，社会适应性较差，最终都在家务劳动中终其一生。战前女子参政不发达、劳动就业率低与这种教育有着直接的关系。

目　录

第一章　前近代东亚儒家女子教育概观

在前近代时期，中、日、韩三国的女子教育均以家庭教育为主，取得了一定程度的发展。封建时代的中国女子教育以儒家伦理为核心内容，以维护男尊女卑的父权家长制统治秩序为根本目的。由于同属儒家文化圈内且深受中国文化影响，日、韩两国在女子教育方面也表现出了极大的趋同性。可以说，在前近代时期中、日、韩三国，女子教育皆以儒家女训为主要教材，以教导女子遵守三从四德的妇道伦理为根本目的，呈现出儒家思想一统天下的局面。然而到了近代前夜时，日本率先打破了这种局面，在女子教育领域中已经蕴含了某些近代化因素。

第一节　以儒家伦理为核心的中国女子教育

在中国封建社会，女子教育以家庭教育为主，目的是为了维护和强化男尊女卑的封建父权家长制统治秩序。女子教育所使用的教材是专门为训诫女子而编撰的女训书。其核心内容是宣扬贞专柔顺、三从四德的儒家妇道伦理。向女子灌输儒家妇德是中国封建社会女子教育的核心任务。封建社会的女德教育即严格又系统，而且历来备受统治阶级重视，几乎涵盖了当时女子教育的全部内容。另一方面，由于受到"女子无才便是德"观念的影响，中国封建社会对女子读书识字比较排斥，导致女子的才学教育发展滞后，这与女德教育极为发达的状况形成了鲜明的对比。重视女德涵养而轻视才学教育可以说是中国封建社会女子教育的突出特点。

一、人物故事型女训

综观中国古代的女子教育史不难发现，儒家女训是女子教育最重要的教材。如果考察其发展的缘起，可以发现儒家女子训诫教材的源头当属《礼记·内则》。其中记载了"男女居室、事父母兄弟之法"，尤其与女性相关的内容最为详尽，基本上涵盖了女子为人女、为人妻、为人媳以及为人母的所应遵守的各种礼仪规范，着重就如何侍奉父母公婆、如何严守男女之别、如何教养子女等方面做了详细的规定。后世评价其中的妇道规范"微而至于声气容色，显而至于言动仪文，静而至于乐心养志，粗而至于中馈女工"，堪称"隆母仪、敦妇顺"的要典。[①] 然而《礼记·内则》原本是关于卿大夫家庭内部的礼仪制度，其训诫对象并非仅限于女子。在中国古代，专门以女子为训诫对象的女训书的编撰始于汉代。西汉刘向的《列女传》和东汉班昭的《女诫》堪称儒家女训的开山之作，它们分别开创了人物故事型女训和道德说教型女训的先河。自汉代以降，历朝历代都有以这两部女训为模本创作的女训问世。据统计，仅见于历代正史记载的女训便有七十余种，[②] 此外还有大量的女训作品流传于民间。这些形形色色的女训作品便是中国古代女子教育的主要教材。

首先从人物故事型女训来看，其代表作首推刘向的《列女传》。西汉成帝永始元年（前16年），刘向整理了上自远古下至西汉的女性事迹，编成《列女传》。《汉书·刘向传》中记载了刘向编撰《列女传》的动机：

> 向睹俗弥奢淫，而赵、卫之属起微贱，逾礼制。向以为王教由内及外，自近者始，故采取《诗》《书》所载贤妃、贞妇，兴国显家可法则，及孽嬖乱亡者，序次为《列女传》，凡八篇，以戒天子。[③]

---

① 清世祖顺治：《内训衍义》序，载《四库全书》第719册，儒家类。
② 曹大为：《中国古代女子教育》，北京师范大学出版社1996年版，第255—258页。
③ 《前汉书·楚元五传》卷36，载《二十五史》（1），上海古籍出版社1986年版，第550页。

此处的"赵、卫之属"乃是指汉成帝时期的皇后赵飞燕、昭仪赵合德姐妹以及婕妤卫平。她们原为舞姬、婢女，虽然身份低微却受成帝宠爱。因其恃宠专权，而被当作女主干政的反面教材。刘向编撰《列女传》的直接目的乃是希望通过辑录古书中的人物故事来树立妇德典范的楷模，鞭笞祸乱朝政的"红颜祸水"，并以此劝谏皇帝整肃朝纲，遏制外戚、女主专权。

在刘向看来，与封建父权君主制相适应的妇德是多元化的，因此全书按照妇德条目依次分为"母仪传""贤明传""仁智传""贞顺传""节义传""辩通传"和"孽嬖传"7卷，再加上"颂"1卷，共为8卷。[①] 在"颂"中分别对各类妇德的内涵做了提纲挈领式的概括。据此可知，"母仪"的标准为："惟若母仪，贤圣有智。行为仪表，言则中义。胎养子孙，以渐教化。既成以德，致其功业"。其中收录了"有虞二妃""齐田稷母"等母仪典范人物共计14人。"贤明"的标准是："惟若贤明，廉正以方。动作有节，言成文章。咸晓事理，知世纪纲。循法兴居，终身无殃"。其中收录了"周宣姜后""楚於陵妻"等聪慧贤明的女性人物共15人。所谓"仁智"是指："惟若仁智，豫识难易。原度天道，祸福所移。归义从安，危险必避。专专小心，永惧匪懈"。其中收录了"密康公母""赵将括母"等堪称仁智的女性人物共15人。"贞顺"的标准为："惟若贞顺，修道正进。避嫌远别，为必可信。终不更二，天下之俊。勤正洁行，精专谨慎。"其中收录的典范人物有"召南申女""陈寡孝妇"等恪守贞顺之节的女性共15人。所谓"节义"是指："惟若节义，必死无避。好善慕节，终不背义。诚信勇敢，何有险诐。义之所在，赴之不疑"。

---

① 关于刘向《列女传》的卷数，据刘向本人在《七略别录》中所言："臣向与黄门侍郎歆所校《列女传》，种类相从为七篇"，这与《汉书》所记载的八篇有所不同。有学者指出，《七略别录》所载的七篇仅指传记而言，而《汉书》所讲的八篇则包括传记七篇，颂一篇。具体参见张涛：《〈列女传〉在北宋中期以前的流传》，《殷都学刊》1993年第2期。

其中收录了"鲁孝义保""京师节女"等节义典范15人。所谓"辩通"是指："惟若辩通，文辞可从。连类引譬，以投祸凶。推摧一切，后不复重。终能一心，开意甚公"。其中收录了"齐管妾婧""齐太仓女"等能言善辩的女性15人。以上6卷所记载的均为正面积极的妇德楷模人物的事迹。而最后一类"孽嬖传"中收录的都是那些"淫妒荧惑，背节弃义，指是为非，终被祸败"的反面人物，包括"夏桀末喜""赵悼倡后"等共15人。[①]《列女传》中辑录的这百余篇传记上起尧舜时期，下至汉初，基本上囊括了西汉之前大部分知名女性的事迹。这些女性的事迹原本散见于诗经、书经等古代典籍中，因得益于刘向"种类相从"的整理之功，得以流传下来。其中如孟母三迁、赵将括母等故事至今仍为人们所熟知。从这个角度而言，《列女传》作为中国中国历史上第一部以女性为书写对象的传记体史书，其史料价值自然毋庸置疑。更为重要的是，从女子教育的角度而言，《列女传》通过人物故事来宣传妇道伦理的编撰体例开创了中国封建社会人物故事型女训的先河，其通俗易懂、趣味性强而易于为广大女性所接受和仿效，故而在中国古代的女子教育中发挥了极为重要的作用。

《列女传》问世后影响甚广，西汉末年便已经流传到了西北边陲的疏勒河流域。[②]后世亦不断有人对其进行校注、改编，也出现了众多仿作。最早对《列女传》进行注解、改编的是东汉班固之妹、被世人尊称为曹大家的班昭。她在为《列女传》作注的同时，对其篇章结构做了大幅度调整，将原本的传7卷各分为上下两卷，再加上颂1卷，遂成15卷。自东汉至隋唐时期，班昭所注的15卷本《列女传》一直流行，而原先的8卷本则逐渐亡佚。自班昭之后，后人频繁地对《列女传》进行校注、

---

① 《列女传》"颂"的内容及各卷收录人物的数目均参见张涛：《列女传译注》，山东大学出版社1990年版。

② 郑晓霞、林佳郁：《列女传汇编》，北京图书馆出版社2007年版，"序"第3页。

整理和仿作。在《隋书·经籍志》中收录的"列女传"类作品就有 10 余种，如刘向撰曹大家注《列女传》15 卷，赵母注《列女传》7 卷，高氏撰《列女传》8 卷，刘歆赞《列女传颂》1 卷，曹植撰《列女传颂》1 卷，缪袭撰《列女传赞》1 卷，项原撰《列女后传》10 卷，皇甫谧撰《列女传》6 卷，綦母邃撰《列女传》7 卷，等等。[①] 在《新唐书·艺文志》中也有 10 余种，除了刘向、赵母、曹植、皇甫谧、綦母邃等人的作品外，新增了刘熙撰《列女传》8 卷，孙夫人撰《列女传序赞》1 卷，杜预撰《列女记》10 卷，魏徵撰《列女传略》7 卷，武后撰《列女传》100 百卷等作品。[②]

　　进入宋代以后，《列女传》的卷本体例再次出现重大变动，先后有北宋时期的苏颂、王回，以及南宋嘉定年间的蔡骥等人对班昭注的 15 卷本进行整理、校注，最终恢复了原先的 8 卷本的体例，其中将原先刘向所著录的传记命名为《古列女传》（7 卷），把后人增补掺入的传记集中在了《续列女传》1 卷中。宋代以后，《故列女传》7 卷加《续列女传》1 卷组成的八卷本的体例被一直延续下来，而班昭注的 15 卷本则渐次亡佚。明代刊刻的《列女传》数量众多，其中尤以嘉靖三十一年（1552 年）黄鲁曾刻本及万历三十四年（1606 年）黄嘉育刻本等流传较广，曾经传入日本并被大量翻刻。此外，还有汪氏编撰的《列女传》、解缙等人编辑的《古今列女传》、冯梦龙创作的《古今列女传演义》等仿作流行。及至清代又出现了很多《列女传》的注解版本，其中影响较大的有王照圆的《列女传补注》、梁端的《列女传校注》及萧道管的《列女传集注》等。此外清代的同类型的作品还有刘开的《广列女传》、汪宪的《列女传》等。

　　除了以上诸多《列女传》的注解、仿作的作品之外，自《后汉书》以降，历朝历代的正史中都设有"列女传"一览，专门记载当朝的节妇烈女的事迹，以供世人传诵、仿效。从收录的女性人数来看，《后汉书》

①　[唐]长孙无忌等：《隋书·经籍志》，中华书局 1985 年版，第 52—53 页。

②　[宋]欧阳修、宋祁：《新唐书》，中华书局 1975 年版，第 1486—1487 页。

（南朝宋范晔撰）中 19 人，《晋书》（唐房玄龄等撰）中 37 人，《魏书》（北齐魏收撰）中 17 人，《隋书》（唐魏徵等撰）中 16 人，《旧唐书》（后晋刘昫撰）中 32 人，《新唐书》（北宋欧阳修等撰）中 52 人，《辽史》（元脱脱等撰）中 5 人，《宋史》（元脱脱等撰）中 50 人，《金史》（元脱脱等撰）中 22 人，《元史》（明宋濂等撰）中 200 余人，《明史》（清张廷玉等撰）中 400 余人，《清史稿》（民国赵尔巽等撰）中 700 余人。[①]显然正史中所收录的女性传记的数量自明朝《元史》开始有了大幅度的增加。不仅如此，统观这些形形色色的女性传记，可以发现随着时间的推移，在刘向笔下，因"母仪""贤明""仁智""贞顺""节义""辩通"等德行而受到颂扬的"列女"形象逐渐发生了变化，由原来多种德行并存的、多姿多彩的形象变成了以身殉节的、单一的"烈女"形象。这种变化自《元史》起，在《明史》《清史》中愈演愈烈。这表明在中国封建社会的后期，尤其是明、清时期，对于女子贞节观的苛求成为当时女性道德伦理中的主流观念。

二、道德说教性女训

在中国女训作品中，除了通过人物故事来潜移默化地宣扬传统妇德之外，还有很多作品是通过刻板的道德说教来教育女子的。这类道德说教型女训的最经典的作品便是班昭撰写的《女诫》。班昭是东汉著名才女，班彪之女，曹世叔之妻。据《后汉书·曹世叔妻传》记载，其兄班固著《汉书》，"八表及天文志未及竟而卒"，她奉汉和帝之命续写。《汉书》完成以后，"多未能通者"，于是班昭又肩负了向世人传授的职责，同郡马融便"伏于阁下，从昭受读"。班昭不仅"博学高才"，而且"有节行法度"，因此和帝经常召其入宫，"令皇后诸贵人师事焉"，并尊其为"曹大家"。《女诫》是班昭晚年写给族中女子的训诫之作，在序

---

① 高世瑜：《〈列女传〉演变透视》，载邓小南、王政、游鉴明：《中国妇女史读本》，北京大学出版社 2011 年版，第 14—17 页。

言中她阐明了创作的动机："男能自谋矣，吾不复以为忧也，但伤诸女，方当适人，而不渐训诲，不闻妇礼，惧失容它门，取耻宗族"，"因做女诫七章，愿诸女各写一通，庶有补益，裨助汝身"。① 很显然班昭撰写此女训的目的是为了教导族中诸女子遵守必要的妇道，以免给家族蒙羞。全书共分为"卑弱""夫妇""敬慎""妇行""专心""曲从""和叔妹"七个章节。大致来看其内容共有四个层面：

其一，对男尊女卑的封建性别秩序加以理论阐述。"卑弱第一"中开篇便明确指出："古者生女三日，卧之床下"，之所以如此乃是为了"明其卑弱主下人也"。所谓"卑弱下人"是指"谦让恭敬，先人后己，有善莫名，有恶莫辞，忍辱含垢，常若畏惧"，而这正是"女人之常道，礼法之典教"。可见在班昭看来，女子卑微软弱、低人一等是理所当然的"常道"。而这种"常道"的理论依据正是天地阴阳观，即"阴阳殊性，男女性行，阳以刚为德，阴以柔为用，男以强为贵，女以弱为美"。男尊女卑的观念体现在到现实生活中便是要正"夫妇之道"，即丈夫以威仪"御妇"，妻子以敬慎"事夫"。因为"夫不御妇则威仪废缺；妇不事夫则义理堕阙"。

其二，对女性的性别分工做了明确界定。《女诫》中指出女子嫁为人妇后，肩负着"执勤"和"祭祀"两方面的治内职责。所谓"执勤"是指"晚寝早作，勿惮夙夜，执务私事，不辞剧易，所作必成，手迹整理"，即要任劳任怨地操持家务。所谓"祭祀"是指"正色端操以事夫主，清静自守，无好戏笑，洁齐酒食以供祖宗"，即要求女性为夫守操并协助丈夫祭祀祖先。

其三，对女子应遵守的妇德做了经典概括。《女诫》中对儒家倡导的"妇德、妇言、妇容、妇功"这"四德"做了经典的阐发："夫云妇德，

----

① 班昭：《女诫》，引自苏者聪：《中国历代妇女作品选》，上海古籍出版社 1987 年版，第 478—481 页，下文亦同。

不必才明绝异也", "清闲贞静, 守节整齐, 行已有耻, 动静有法, 是谓妇德"; "妇言不必辩口利辞也", "择词而说, 不道恶语, 时然后言, 不厌于人, 是谓妇言"; "妇容不必颜色美丽也", "盥洗尘秽, 服饰鲜洁, 沐浴以时, 身不垢辱, 是谓妇容"; "妇功不必工巧过人也", "专心纺绩, 不好戏笑, 洁齐酒食, 以奉宾客, 是谓妇功"。此外班昭在"专心第五"章中还强调"夫有再娶之义, 妇无二适之文", "夫者天也, 天固不可逃, 夫固不可离也", 要求女子以夫为天, 从一而终。

其四, 对女性的日常行为做了细化的规定。《女诫》中从为人妻、为人媳、为人嫂三个方面对女性的日常行为加以界定。身为妻子, 以敬顺事夫是"妇之大礼", 同时还要做到"专心正色, 礼义居絜, 耳无淫听, 目无邪视, 出无冶容, 入无废饰, 无聚会群辈, 无看视门户"。身为媳妇, 要"曲从"舅姑, "姑云不尔而是, 固宜从令, 姑云尔而非, 犹宜顺命", 也就是说对与公婆的话要绝对服从, 不可"违戾是非, 争分曲直"。身为兄嫂, 还要与丈夫的姊妹和睦共处, 如果对方是"淑媛谦顺之人", 可以"依义以笃好, 崇恩以结援", 反之对方如果是"因宠以骄盈"之人, 则要以"谦顺"之德来应对。

虽然在《女诫》问世之前, 儒家三从四德的伦理纲常已经产生, 但均散见于各类典籍文献中, 并没有得到系统地归纳和阐发。《女诫》作为中国历史上首部系统阐述封建妇德的论著, 构建了封建妇德的总纲领, 成为千百年来的封建社会女子教育中必不可少的教材。自其问世以后便被奉为经典, 明朝时甚至被神宗皇帝誉为"简要明肃, 足为万世女则之规凤经"。①

《女诫》开创了中国道德说教型女训的先河, 在其之后出现了一大批专门论述妇德伦理的女德说教书。其中在唐代流传广泛、影响较大的

---

① 明神宗:《神宗皇帝御制女诫序》, 载 [清] 王相:《状元阁女四书》, 书业德光绪二十四年刊行, 第 2 页。

有《女孝经》（侯莫陈邈妻郑氏撰）、《女论语》（宋若华、宋若昭撰）等。宋代则有司马光的《家范》等作品问世。而进入明代以后，女德说教类作品大大增加，出现了诸如《内训》（明成祖徐皇后撰）、《闺范》（吕坤撰）、《闺戒》（吕坤撰）、《温氏母训》（温璜撰）、《女范捷录》（王相之母刘氏撰）、《女小儿语》（吕得胜撰）、《妇德四箴》（徐士俊撰）、《女儿经》（作者不详）等诸多著名的女德作品。清代的女训诫作品也很多，其中影响较大的有《内则衍义》（清世祖顺治御定）、《女教经传通纂》（任启运撰）、《女学》（蓝鼎元撰）、《秦氏闺训新编》（秦云爽撰）、《妇学》（章学诚撰）、《教女遗规》（陈宏谋撰）、《新妇谱》（陆圻撰）、《改良女儿经》（作者不详）、《闺门女儿经》（作者不详）、《闺门千字文》（作者不详）、《醒闺篇》（廖免骄撰）、《四言闺鉴》（冯树森撰）、《女小学》（戴礼撰）、《女三字经》（朱浩文撰），等等。

统观儒家女训的发展历史，可以说中国封建社会的女训数量之多，影响之广堪称世界之最。女训是封建统治者向女子进行封建女德教育的重要媒介，因而备受统治者重视。在中国儒家女训的编撰自汉代刘向及班昭始，经过唐代的发展，至明清时期是达到顶峰时期。汉代刘向辑录《列女传》、班昭撰《女诫》都是作者的个人行为，乃是自发编写。唐代除自发编写外，帝王后妃、朝廷要员等也开始组织或亲自动手编写。唐长孙皇后便曾辑录《女则要录》10卷，唐太宗读后嘉许"皇后此书，足可垂于后代"。[①]女皇武则天也曾召集文学之士撰写了《列女传》100卷、《孝女传》20卷、《古今内范》100卷、《内范要略》10卷、《保傅乳母传》7卷等。[②]到了明代，封建礼教进一步强化，帝王后妃也更加热衷

---

① ［后晋］刘昫等：《旧唐书卷五十一·列传第一·后妃上》，吉林人民出版社1995年版，第1365页。
② ［宋］欧阳修、宋祁：《新唐书》，第1487页。

于女德教化，所刊行的女训书也较之前代增多。明太祖朱元璋十分重视"内教"，为了防止后宫嫔妃干政，他在开国伊始就命儒臣翰林学士朱升等人"纂女诫及古贤妃事可为法者"，[①] 以期达到上行下效的教化之功。明成祖朱棣不但下诏将徐皇后所撰的《内训》颁赐给臣民，而且还命大学士解缙等编撰《古今列女传》3 卷，并亲自撰写序文而颁行天下。此外明世宗之母章圣皇太后曾撰《女训》1 卷，以期"为女妇者，诚能于古今之训，家习户诵"，达到"风俗自然淳庞、彝伦自然敦厚"的效果。[②] 明神宗之母慈圣皇太后不但命大学士方献夫等人撰《内则诗》1 卷，还亲自撰写了《女鉴》1 卷。清代统治者也十分关注女子教育，清世祖顺治御定的《内则衍义》以《礼记·内则》为本，"搜辑古来嘉言美行，统一成编"，"每举一类，必证以圣贤经传之言"，以便使天下女子"感发其性情，渐摩乎理义，广教化而美风俗"。[③] 统治阶级的重视，直接导致了儒家女训在封建社会异常繁荣的局面。特别是在清朝，人们不但编撰了很多女训，而且也特别注重总结前代经验或汇编前代的女训书。明末清初时期便出现了将班昭的《女诫》，宋氏姐妹的《女论语》，徐皇后的《内训》及王相母的《女范捷录》四部经典女训合集刊行的女训丛书——《闺阁集注女四书》。乾隆年间问世的《教女遗规》则"采古今教女之书及凡有关于女德者，裒辑成编"，[④] 其中收录的女训除了《女诫》《女论语》之外，还有蔡邕的《女训》、吕得胜的《女小儿语》、吕坤的《闺范》、温璜的《温氏母训》等共计 11 部。到了晚清时期《清麓丛书》《香艳丛书》《闺门必读》等丛书中也收录了很多清人创作的

---

① ［清］张廷玉等：《明史·后妃传》，中华书局 1997 年版，第 2415 页。
② 章圣皇太后：《女训》序，引自曹大为：《中国古代女子教育》，北京师范大学出版社 1996 年版，第 294 页。
③ 清世祖顺治：《内则衍义》卷一，载《四库全书》第 719 册，儒家类。
④ 陈宏谋：《教女遗规序》，载李国钧：《清代前期教育论著选》中册，人民教育出版社 1999 年版，第 402 页。

女训作品，如《女训约言》《训女三字文》《女千字文》等。

另一方面，随着女训作品不断问世，其内容也越来越通俗化。这种现象从唐代开始便出现端倪，宋若华、宋若昭两姐妹所撰《女论语》便是女训通俗化的代表。其中采用四字一句的形式，比如在教育女子要早起时强调"五更鸡唱，起着衣裳，盥漱已了，随意梳妆，拾柴烧火，早下厨房"[①]，这样四字押韵的句式不但便于诵读记忆，而且语言简洁朴实、通俗易懂。到了明清时期，随着"女子无才便是德"观念的确立，女子的识字教育愈发不受重视，为了适应现实社会中女子文化水平低的现状，通俗化的女训作品数量不断增加，出现了《女训约言》《女教篇》《女小儿语》《女儿经》《闺训千字文》《改良女儿经》《女千字文》《醒闺篇》《四言闺鉴》《女三字经》等众多作品。其形式越来越简洁、语句更加通俗易懂，甚至还出现了配有插图的女训作品。如清朝的《绘图女儿经》中每句五字，每两句讲述一个人物典故，同时还配有相应的故事插图。这样不仅语言通俗易懂，而且增加了文本的趣味性，为那些文化水平低的女子学习诵读提供了便利。女训作品的通俗化使得女训作品得以在普通的平民百姓中传播，大大促进了封建妇德在社会各阶层的普及。

三、女子教育的特点：重德轻才

（一）女德教育倍受重视

在中国封建社会，涵养女德是女子教育的根本任务。尽管女训作品数量众多，且都出自不同作者之手，但是其中所阐述的妇道观念却大同小异，女德说教呈现了趋同化倾向。其内容无非是要求女子恪守在家从父、出嫁从夫、老来从子的"三从之道"，切实践行班昭所倡导的"德、言、容、功"的"四德"，自觉遵守建立在父权家长制基础之上的封建礼教。关于这一点清代学者蓝鼎元做了很好的总结。在其编撰的女训《女

---

① 宋若华、宋若昭：《女论语》，引自张福清：《中国传统训诲劝诫辑要：女诫——妇女的枷锁》，中央民族大学出版社1996年版，第16页。

学》中指出，女子教育与男子教育有所不同，男子"一生皆为学之日，故能出入经史，淹贯百家"，而"女子入学，不过十年，则将任人家事，百务交责"，因此女子教育应该专于"四德"，其中尤其应该重视"妇德"教育。而"妇德"的内容包括："先以事夫、事舅姑，继以和叔妹、睦娣姒。在家则有事父母、事兄嫂。为嫡则有去妒，处约则有安贫，富贵则有恭俭，可常可变则有若敬身、若重义、若守节、若复仇，为人母则有教子，为人继母则有慈爱前子，为人上则有待下。巫祝尼媪之宜绝，则有若修正辟邪"等。此外"妇言"之要"不贵多，要于当，则有若勖夫、若训子、若几谏、若守礼、若贤智、若免祸"。"妇容"之要"贵端庄静一，婉娩因时，则有若事亲之容，敬夫之容，起居妊子、居丧避乱之容"。"妇功"之要"先蚕绩，次中馈，为奉养，为祭祀，各执其劳而终之以学问"。[1] 由于其中对封建时代女子教育内容的精辟总结，而被称作"集二千余年来的大成"的女教书。[2]

在中国封建社会中，女子教育的内容以道德教育为核心，最重视的是关于女子为人妻、为人媳和为人母的角色方面所应遵守的道德规范的说教。具体而言，首先，身为妻子要对丈夫温柔恭顺、忠贞不贰。作为封建社会的主流意识形态，儒家思想历来注重以纲纪来统合人际关系。早在西汉时期，董仲舒就首先提出了"三纲五纪"之说，后又经班固的阐释发展为"三纲六纪"。三纲指君为臣纲、父为子纲、夫为妻纲；六纪是对三纲的补充。三纲中将夫妻关系与君臣、父子关系相并列，以此强调丈夫对妻子的绝对权威和妻子对丈夫的绝对服从。女子一旦出嫁就要终生恪守"既嫁从夫"的礼法，对丈夫形成人身和精神上的双重依附。在儒家看来妻子从夫的根本在于"顺"，所谓"妾妇之道，以顺为正"。顺，指柔顺，不忤逆，也就是说，出嫁后不管丈夫是什么样的人，女子

---

① 蓝鼎元：《女学自序》，引自李国钧主编：《清代前期教育论著选》中册，第344—345页。
② 陈东原：《中国妇女生活史》，商务印书馆1937年版，第275页。

都要嫁鸡随鸡，恭敬有礼，不能违背丈夫的意愿。班昭在"敬慎章"中认为妻子不能与丈夫争是非曲直，如果因此而惹丈夫发怒，遭到辱骂殴打，那是妻子咎由自取，责任完全在妻子。唐代的女训《女论语》"事夫章"中则认为要成为一个"贤德声闻"的妻子，就要对丈夫态度恭敬，要"将夫比天"，"居家相待，敬重如宾"，要无条件地服从丈夫的意愿，做到"夫有言语、侧耳详听""夫若发怒、不可生嗔、退身相让、忍气低声"；同时还要对丈夫不离不弃，做到"同甘共苦、同富同贫、死同葬穴、生共衣衾"。[①]北宋著名史学家司马光曾在其家训著作《家范》中专设两卷论述为妻之德，其中指出"为妻者，其德有六，一曰柔顺，二曰清洁，三曰不妒，四曰俭约，五曰恭谨，六曰勤劳"，显然柔顺亦被视作为妻者的第一要务。与此同时他还强调"妇人虽主于柔，而不可失正也"，"妻者，齐也。一与之齐，终身不该。故忠臣不事二主，贞女不事二夫"，[②]意即要求妻子对丈夫恭敬柔顺的同时，还要坚守贞节、从一而终。类似的言论在其他女训中也比比皆是，不胜枚举。由此可见，中国古代贤妻的标准一方面要柔顺，另一方面也要持贞守节。尤其是宋明以来，随着程朱理学的兴起，要求妻子单方面为丈夫严守贞操的贞节观开始走向极端。儒学者们公然倡导"饿死事小，失节事大"的谬论，严禁寡妇再嫁。明末时王相母所编的《女范捷录》中就明言："忠臣不事两国，烈女不更二夫，故一与之醮，终身不移。男可重婚，女无再适。"[③]封建礼教下的贤妻形象也逐渐演变成了为了保守贞操不惜自残、殉节的节妇烈女。

---

① 　宋若华、宋若昭：《女论语》，引自张福清：《中国传统训诲劝诫辑要：女诫——妇女的枷锁》，第 17—18 页。

② 　［宋］司马光：《家范》卷八"妻上"，载修远：《家范全译点评本》，内蒙古人民出版社 1998 年版，第 261—263 页。

③ 　王相母：《女范捷录》，引自张福清编注：《中国传统训诲劝诫辑要：女诫——妇女的枷锁》，第 37 页。

　　其次，身为儿媳要任劳任怨服侍公婆起居，驯顺克己曲从公婆之心。儒家思想产生的社会基础是中国的封建宗法社会，在当时社会状况下以孔子为代表的儒学者们强调"妇无公事"，将女性从社会的政治领域完全排除出去，把她们牢牢禁锢在家庭内部。对封建社会女性而言，家庭中的人伦关系是最重要的人际关系。这种家庭伦理关系主要集中在女儿与父母、儿媳与公婆、妻子与丈夫这三方面。封建时代的女子一般十四五岁就要出嫁，来到另外一个完全陌生的家族中扮演为人媳、为人妻的角色，她一生中的大部分时间都要在这个家族中度过，能否处理好与公婆、丈夫的关系，将直接关系到她一生幸福与否。因此儒家主张女子在未嫁之前要"从父"，尽心孝敬父母；出嫁后则要"从夫"，谨小慎微、任劳任怨，尽心孝养公婆、顺从丈夫，为夫家生养男性继承人。与此同时儒家还提倡"百行孝为先"，出嫁后对公婆的孝敬要重于对丈夫的顺从，即上下之伦重于夫妻之伦。[①] 公婆有权决定儿媳的去留，若不能取得他们的欢心，就会遭到丈夫休弃。正因为公婆对儿媳有生杀予夺的大权，所以历代中国女训都十分重视教育女子做一个合格的孝妇。《女诫》中提倡媳妇要"曲从舅姑"，"姑云不尔而是，固宜从令，姑云尔而非，犹宜顺命。勿得违戾是非，争分曲直"。[②]《女论语》"事舅姑"章中对媳妇的言行做了极为周详的规诫："敬事阿翁，形容不睹，不敢随行，不敢对语。如有使令，听其嘱咐。姑坐则立，使令便去。早起开门，莫令惊忤。洒扫庭堂，洗濯巾布。齿药肥皂，温凉得所，退步阶前，待其浣洗。万福一声，即时退步。整办茶盘，安排匙箸。香洁茶汤，小心敬递。饭则软蒸，肉则熟煮。自古老人，齿牙疏蛀。茶水羹汤，莫教虚度。夜晚更深，将归睡处。安置相辞，方回房户，日日一般，朝朝相似。"[③]

---

① 杜芳琴：《女性观念的衍变》，河南人民出版社1988年版，第59—62页。
② 班昭：《女诫》，引自苏者聪：《中国历代妇女作品选》，第481页。
③ 宋若华、宋若昭：《女论语》，引自张福清：《中国传统训诲劝诫辑要：女诫——妇女的枷锁》，第17页。

只有这样事无巨细地尽心服侍公婆，才能称得上是孝妇。

最后，身为母亲要用心胎教，承担起教养子女的职责，充当子女的道德表率和处世楷模。关于胎教的具体做法在《女孝经》"胎教章"中有明确记载："古者妇人妊子也，寝不侧，坐不边，立不跸，不食邪味，不履左道，割不正不食，席不正不坐，目不视恶色，耳不听靡声，口不出傲言，手不执邪器，夜则诵经书，朝则讲礼乐，其生子也，形容端正，才德过人。"① 从胎教的具体内容不难看出中国古代社会所倡导的胎教是对贵族女性的要求，没有足够的财力和地位很难实现。刘向《列女传》"母仪传"中践行胎教的典范人物周室三母便是出身高贵的皇家贵族。对于普通民众来说，所能够达到的良母标准就是尽力教养子孙。历史上著名的岳母刺字、孟母三迁等都是母亲教养子女的典范。有关母亲教养子女的具体做法，在明朝仁孝皇后的《内训》"母仪章"中也有很好的总结："为教不出闺门，以训其子者也。教之者，导之以德义，养之以廉逊，率之以勤俭，本之以慈爱，临之以严格，以立其身，以成其德。"②

总之，无论是身为妻子、媳妇还是母亲，女性的角色都局限在家庭之内。中国封建社会的女子教育以女训为媒介，连篇累牍地向广大妇女灌输其为人妻、为人媳、为人母的道德规范，其目的是为了让她们心甘情愿地践行三从四德的道德伦理，更好地服务于父权制家族，以稳定封建家族秩序，进而达到治国平天下的目的。这正如积极倡导女子教育的蓝鼎元所说："天下之治在风俗，风俗之正在齐家，齐家之道当自妇人始。"③ 然而不容忽视的是，中国封建社会的女子教育实际上是一种愚化教育，在反复倡导女子要涵养妇德、磨炼妇功的同时，忽视了女子的

---

① 侯莫陈邈妻郑氏:《女孝经》，引自张福清:《中国传统训诲劝诫辑要：女诫——妇女的枷锁》，第11页。
② 明成祖徐皇后:《内训》，引自张福清:《中国传统训诲劝诫辑要：女诫——妇女的枷锁》，第30页。
③ 蓝鼎元:《女学自序》，引自李国钧:《清代前期教育论著选》中册，第344页。

文化教育。也就是说作为妻子、媳妇和母亲，无论她多么贤良恭顺，都与"学"无缘。

（二）才智教育相对滞后

中国封建社会的女子教育以妇德的灌输为核心内容和根本任务，一直偏重道德教育而轻视才智教育。一般而言，当时女子教育的场所局限于家庭中，并不提倡女子进入学校读书识字，学习必要的文化知识。之所以如此，是因为在封建社会的父权制家族制度下，女子的活动范围被局限在了家庭内部。《礼记·内则》中要求严正男女之别，"七年不同席"，同时规定"女子十年不出"。后世的儒学家们亦十分重视正男女之别，如明朝的儒学者杨继盛曾明确提出为了正男女内外之别，要求族人"女子十岁以上不可使出中门，男子十岁以上不可使入中门"。[1] 由于女子被要求深居闺阁、足不出户，因此丧失了与男子平等进入学校学习的权利。这正如女训书《内训》中所言："古者教必有方，男子八岁而小学，女子十年而听姆教。"[2] 也就是说男子可以入校学习，而女子则只能在家中接受所谓的"姆教"，即由其父母（主要是母亲）来教育。这种男女教育的差异与封建社会的性别分工密切相关。《易经》曰："家人，女正位乎内，男正位乎外。男女正，天地之大义也。"男子的职责是主外，即通过读书习礼以入仕做官，而女子的职责是主内即从事家务劳动，因此男子的教育以经世治国的儒家经典为主，而女子的教育则重伦理说教，教育其如何为人妇。故而对女子的教育无需学校，只要由父母特别是由母亲代代相传就可以了。因此在封建社会，女子所接受的"姆教"以各种各样的女训书为主要教材，以妇道伦理说教为核心内容，对于女子的才智教育并不重视。诚如《女诫》中所言："妇德，不必才明绝异也。"[3]

---

[1]　杨继盛：《赴义前一夕遗属》，见《杨忠愍公全集》卷三。
[2]　明成祖徐皇后：《内训》，引自张福清：《中国传统训诲劝诫辑要：女诫——妇女的枷锁》，第22页。
[3]　班昭：《女诫》，引自苏者聪：《中国历代妇女作品选》，第480页。

　　当然中国封建社会的女子教育也并非绝对排斥女子读书识字。中国历史上也不乏像蔡文姬、班昭、上官婉儿、李清照等才华出众的才女。但是这些才智卓越的女子毕竟只是极少数。她们大多出身中上阶层，且具有良好的家学渊源。因此她们虽然才华横溢，却并不能代表古代中国社会大多数女子的知识水平。事实上生活在封建社会的绝大多数女子都无缘识字。即使有机会读书识字，也正如《红楼梦》中贾母所言，女子读书仅以"不做睁眼瞎"为目标，仅限于学习一些日常生活必需的粗浅文字。明代的《温氏母训》就强调"妇女只许粗识柴米鱼肉数百字，多识无益而有损也"。[①]这样的识字教育仅仅是作为妇德教育的附庸而存在，故而识字所用的教材大多是以"三从""四德"为内容的女教书籍。人们倡导女子读书识字的目的是为了让其更好地践行妇德。这正如《蒋氏家训》所言："女子但令识字，教之以孝行礼节，不必多读书。"到了清代以后，在江南一带的富庶地区，曾经出现了女子进入私塾识字、读书的事例，[②]这可以视作中国古代女子才智教育的重大突破。然而这种面向女子的私塾教育的发展缓慢，且局限于狭小的范围内，并没有像同时期日本的私塾教育（寺子屋教育）那样惠及更多的平民女子。

　　中国封建社会的女子才智教育之所以发展滞后，乃是受到"女子无才便是德"的观念的影响。关于"女才"与"女德"的关系，《女范捷录》"才德篇"中认为"女子无才便是德，此语殊非"，"女子之有德者，固不必有才，而有才者必贵乎有德"，"女子尚德而不尚才，理之正也"。[③]这种"尚德不尚才"的教育观导致人们在女子教育过程中只注重妇德教

---

① 温璜母陆氏：《温氏母训》，引自徐少锦：《中国历代家训大全》上册，中国广播电视出版社 1993 年版，第 313 页。
② 关于封建社会的女子私塾教育，参考高彦颐：《闺塾师》，江苏人民出版社 2005 年版；熊贤君：《中国女子教育史》，山西教育出版社 2006 年版。
③ 王相母：《女范捷录》，引自张福清：《中国传统训诲劝诫辑要：女诫——妇女的枷锁》，第 40—41 页。

育而忽视了知识教养，导致生活在中国封建社会里的绝大多数女子是目不识丁的文盲。尤其是到了宋代以后，随着贞节观演变为极端的贞烈观念，女子逐渐被牢牢禁锢于家庭中，读书学习更成为奢望了。在中国封建社会的妇道伦理下，女子的本分就是顺从，为了让女子遵守这种本分，就要尽可能地让其处于一种愚昧、无知的状态。因为顺从是不需要有才学的，"妇人识字多诲淫"，有才学的女子经常被冠以"不守妇道"的恶名。可以说"女子无才便是德"的观念严重阻碍了中国封建社会女子教育的发展。

综上所述，中国封建社会的女子教育以儒家女训为教材，尤其重视封建妇德的涵养，其目标是要培养符合国封建宗法制社会的所谓良妻和贤母。在封建社会女性丧失了独立人格，依附于男性而存在，故其身份主要局限于家庭内部：未嫁为女、既嫁为妻、生子为母。在古代社会女子一般十几岁就会嫁人，因此为妻、为母是其一生中最重要的角色。因此女子教育也主要是关于妻职和母职的规范。在历代史料中亦不乏贤妻、良妻、贤母之类的称呼。如，《战国策·赵策》云："故从母言之，之为贤母也"；《史记·魏世家》云："家贫则思良妻，国乱则思良将"；等等。在封建社会"贤"与"良"是人们对女子的一种极高的赞誉，做一个贤良的妻子和母亲是封建社会对女性提出的最高要求。据《说文解字》解释所谓"贤"指"多才也"，所谓"良"指"善也"，按此字面意思，一个人既有学识才能、又善良有德才能称得上是"贤良"。然而考察《女诫》《女孝经》《女论语》等女教书中对女性的道德规诫不难发现，在封建礼教中女子的"贤"与"良"根本与有才学不沾边。所谓"贤妻""良妻"就是一个温柔顺从、克己事夫，一切以丈夫意志为转移的女人。这正如《红楼梦》中王熙凤对尤氏的评价："又没才干，又没口齿，锯了嘴子的葫芦，就只会一味瞎小心，图贤良的名儿。"[①] 所谓"贤母"也大多是任劳任怨照顾子女饮食起居，恪守"老来从子"之德的慈母，而像苏轼之母程氏、欧阳修之母郑氏那样具备一定的才学，能够教育孩子读书习字的母亲毕竟凤毛麟角。也就是说在封建社会里，"贤"与"良"对于女子而言并不意味着有学识、有才干，不过是对女子的一种道德约束。贤妻、良妻与贤母是父权家长制社会对女子提出的最高道德标准。封建礼教的纲常伦理要求女子无论是为妻子、还是为母亲，首要应该遵守三从四德的道德规范。服从与驯顺是封建社会的女子被冠以"贤妻""良妻""贤母"之"美称"的必要条件。这正如陈东原在《中国妇女生活史》中所言："中国从前妇女的标准，只要她做一个驯服的好媳妇，并不想要她做一个知情识义的贤妻！"[②] 正因为如此，所以历代的女教书都在不厌其烦地教导女子如何顺从丈夫、屈从舅姑，如何给子女做一个服从的榜样、成为子女的道德楷模。

第二节　儒家思想影响下的日本女子教育

中日两国为一衣带水的邻邦，中国的儒家思想很早就传入了日本，并对日本的政治制度、文化思想以及教育理念等各方面都产生了深刻影响。就女子教育而言，儒家思想的影响主要是通过各种女训表现出来的。儒家女训早在平安时代便已经东传日本，但一直没有没有发挥其道德训诫的作用。进入江户时代以后，长期以来的战乱逐渐平息，社会秩序趋于安定。为了巩固和平时期的统治，江户幕府大兴文教以强化思想控制，儒家思想在日本被奉为官学，儒家女训亦被大量应用于女子教育领域，

---

① ［清］曹雪芹著，周汝昌点校：《石头记 周汝昌校订批点本》，漓江出版社2010年版，第808页。
② 陈东原：《中国妇女生活史》，商务印书馆1937年版，第323页。

以三从四德为核心内容的儒家妇道伦理亦随之成为近世日本女性的道德准则。另一方面，在江户时代，随着商品经济的发展，以町人为代表的庶民阶层的力量逐渐壮大起来，以教授读书、写字和算术目的、专门面向庶民开设的私塾——寺子屋蓬勃发展起来，其中也大量招收女子入学。与中国封建社会女子教育以女德涵养为核心不同的是，近世日本的女子教育既注重涵养女德，也不反对女子才智的培养。得益于寺子屋教育的发展，到近世末期时，日本社会女子的识字率已经达到了约 15%。相对于中、韩等亚洲近邻而言，日本拥有较高的识字率、较多的私塾教育设施以及师资，这些都为明治维新以后日本女子教育的近代化奠定了良好的基础。

一、儒家女训在日本的流布与影响

（一）儒家女训在日本的流传

儒家女训究竟是何时、经由何人之手传入日本的？由于年代久远，这一问题已经无从考证。不过就目前所掌握的资料看来，在前近代时期，中国儒家女训最初东传大约是在日本的奈良、平安时代。据史料记载，9 世纪末时文学家藤原佐世曾经编撰了一部汉籍目录——《本朝见在书目录》（又名《日本国见在书目录》），记录当时官方的汉籍典藏情况。其就收录的女训不仅有刘向的《列女传》、魏徵的《列女传略》等人物故事型女训，还有《女诫》《女孝经》等道德说教型女训。这些都是隋唐时期流行的女教书籍，它们很有可能是由当时来华访问的日本使节团带入日本的。自 7 世纪初至 9 世纪初的两百余年间，为了移植、吸取先进的中国文化，日本曾多次派遣使节团来华。这些使节团中除了政府的使臣以外，还有很多前来求学的留学生和学问僧。他们来访的目的之一就是访求中国典籍。据《旧唐书·日本传》记载："开元初，又遣使来朝……所得锡赉，尽市文籍，泛海而还。"其中在中国典籍东传史上最为著名的当属吉备真备。他分别于 734 年和 751 年两次来华，不但遍寻经、史、子、集各类典籍，还将所带回去的典籍编成了专门的目录——《将来目录》。通过来华使节团的不断访求和执着努力，为数众多的中国典籍被源源不断运回日本。故而《列女传》《女诫》等女训也极有可能是由来华使节团带入日本的。平安时代中期以后，随着遣唐使的废止，包括女训在内的中国典籍的东传也进入了低迷期。

经过中世漫长的过渡之后，在江户时代，汉籍在日本的传播再次盛行起来。当时德川幕府实施闭关锁国的政策，只允许中国与荷兰的商船停靠长崎港口进行贸易，书籍便是当时中国商船带到日本的主要商品之一。当时来自中国的儒学被奉为官学，日本人学习研究汉学的热情高涨，上自幕府及各藩大名设立的藏书所，下至庶民百姓经营的书肆都竞相搜罗汉籍。日本国内对汉籍的需求不断增长，催生了中日间书籍贸易异常繁盛的局面。据当时的《商舶载来书目》记载，自 1693 年（元禄六年）至 1803 年（享和三年）的百余年间，共有 4781 种书籍被运往日本，这大致相当于当时中国典籍的百分之七八十左右。[1] 在这些东传的汉籍中不乏女训类作品。比如在 1736 年（享保十五年），中国商船"天字号"载《典故列女传》一部来到日本；在 1780 年（安永九年）中国商船"礼字号"载《古列女传》一部四帙赴日；1804 年（文化元年）中国商船"亥六番"载《古列女传》20 部，每部一帙抵达日本等。[2] 通过这些记载不难看出，在江户时代的确有为数不少的女训作品东传至日本了。不仅如此，女训作品的东传速度之快也是值得称道的。如明万历三十七年（1609年）刊的《闺鉴图集》在 1635 年便被江户时代尾张藩藩主购入，并藏于藩属的藏书所尾阳内库之中了。从在中国出版发行到被运到日本销售收藏，中间仅仅相隔了 26 年。女训等中国典籍在江户时代之所以如此得以迅速传播，一方面是由于中国的书商们受到利益的驱动，迎合了日

---

[1]　严绍璗：《日藏汉籍善本书目录》，中华书局 2007 年版，第 2106 页。
[2]　严绍璗：《日藏汉籍善本书目录》，第 530—532 页。

本人爱好汉籍之状况而为之。还有一个重要的原因就是，明清之际以程朱理学为主导封建礼教趋于成熟，统治者极为重视妇道伦理的教化，由此带来了女训创作的高峰期。与此同时印刷技术日渐成熟，不但官方刻书事业蓬勃发展，民间也是私刻盛行。女训作为宣扬主流女德伦理观的载体与民众实际生活最为贴近，成了官、私刊行的重要对象之一。中国国内女训作品的大量刊行，为书籍贸易提供了充足的货源，保证了女训作品交易的及时性。可以肯定地说江户时代是儒家女训作品东传速度最快、数量最多的时期。

随着女训作品的大量传入，江户时代的日本人也受到中国刊刻事业的影响和刺激，开始自行刊印汉籍。其中有些女训作品是以中国汉籍为底本进行翻刻的。如 1653 年京都书商小岛弥左卫门翻刻的《刘向列女传》便是以明朝胡文焕校刊的文会堂本《古列女传》为底本。然而由于汉文对于当时的一般民众而言较难理解，所以近世日本以中国女训典籍为底本加以直接翻刻的作品数量并不多。还有的是对中国女训典籍进行编译、改编，或添加注释的作品。以《女诫》为例来看，1788 年问世的《曹大家女诫》就是在原籍的基础上，标注了简单的训读假名，以便于日本人阅读。1791 年江户书商斋藤鹤矶刊印的《曹大家女诫》则是在原文的基础上，添加了中文的注解。1802 年名古屋书商永乐屋东四郎（永乐堂）刊印的《曹大家女诫》则是为原文标注了日文注释。除了翻刻、注释之外，日本人还把一些常用的儒家女训直接翻译成了日文。如 1652 年京都书商中野道伴刊印的《女诫》，1655 年京都书商中野小左卫门出版的《假名列女传》，1656 年江户书商中野仁兵卫刊印的《女四书》，1829 年大阪书商加贺屋弥兵卫刊印的《曹大家女论语图会》等。这一类作品数量较之第一类要多，目的主要是为了给日本人学习中国儒家女训典籍提供便利，翻译注解的中国女训主要是《列女传》《女诫》《女四书》《女孝经》等代表作，其中尤以《女诫》的注解翻译书最多。

江户时代日本人翻刻的女训作品具有数量多、种类广的特点。更值得一提的是，这些翻刻作品考虑到女子的识字水平较低，为了提高作品的可读性，往往采用图文并茂的形式。比如大阪书商加贺屋弥兵卫刊刻的系列作品《曹大家女诫图会》《曹大家女论语图会》《郑氏女孝经图会》和《明孝慈列女传图会》不仅有日文的注解，而且插图制版精美，因此很受读者喜爱。这四套书后来还被大阪书商秋田屋太右卫门合刊为《女四书艺文图会》。此外像《刘向列女传》这样的畅销的作品，往往会被多家书商反复刊印，出现了小岛弥左卫门版、上村次郎卫门版、葛西市郎兵卫版等版本。由此看来，在近世日本，儒家女训作品已经通过书商的刊印而完全商品化了。显然女训翻刻作品的出现促进了女训等书籍作为商品在社会上的流通，为儒家女训进入了寻常百姓之家创造了有利的条件，大大推动了儒家女训作品在近世日本社会的广泛传播。

（二）日本女训的编撰及特点

如前所述，儒家女训作品早在 9 世纪末就已东传日本了。但是在其东传之初并未得到广泛传播，更没有对日本的女子教育产生影响。究其原因是因为学习汉籍是贵族阶层尤其是贵族男子的特权，汉字的阅读理解对女性而言比较困难，只有少数贵族女性具备阅读汉籍的素养。加之当时出版技术尚不发达，庶民阶层更是无从接触汉籍。更主要的原因是儒家女训的内容是维护封建礼制、宣扬男尊女卑道德观，与当时日本的社会现状格格不入。平安时代日本主要的婚姻形态是招婿婚，一般由男方到女方家落户。这就形成了女性在家庭生活和婚姻生活中均居于主导地位，在生产活动中也是主力的局面。因此以维护封建父权家长制为目的的儒家女训，并没有受到重视。当时贵族社会女子教育的目标是培养多才多艺的闺秀才女，其教育内容以书法、和歌、音乐等才艺技能为主，很少强调三从四德、贞节柔顺等妇德伦理。故而在平安时代《女诫》《列女传》等道德训诫作品并没有被用于女子教育领域，也没有发挥其训诫女子、宣扬妇德之功效。

进入中世以后，招婿婚逐渐被嫁娶婚取代，婚姻形态的变化直接导致女性在家庭中的地位下降。随着女性社会地位的逐渐下降，出现了日本人自己编撰的女训。中世女训的代表作有《乳母之文》（作者阿佛尼）、《乳母草子》（作者不详）、《身之遗物》（据说作者为一条兼良）、《女训抄》（作者不详）等。这些女训作品不仅数量有限，而且多是面向某个贵族小姐或者地位很高的武家小姐的训诫之作，并没有普及开来。如《乳母之文》是顺德天皇（1210—1220）的皇后安嘉门院的女官阿佛尼写给女儿纪内侍官的训诫之作。[①]该女训的内容并不注重道德方面的训诫，而是从日常起居、艺术修养、化妆服饰等几个方面讲述了身为贵族女子所应具备的素养。值得一提的是，与要求女子"以夫为天"，凡事顺从丈夫的意志的儒家女训不同，中世女训在一定程度上还主张女性的独立自主。如《乳母草子》中就告诫女子"对谁都不能过于轻信，对男人也不例外"，"不能把心交给任何人，做事可以适当地告诉他人，也可以听取他人意见，但需用心分辨善恶"。[②]中世女训中是除了儒家伦理之外，也深受佛教女性观的影响。由于长年战乱，生灵凋敝，人们深感世事无常，多皈依佛门，以祈求来世的幸福，故佛教在中世异常盛行。佛教贱视女性的观念与儒家倡导的三从四德的女性观相糅合，形成了日本独特的"五障三从"论，即女子生而有"五障"之恶，[③]不能修成正果，所以必须遵守三从之德，依赖丈夫的功德才能成佛。成书于中世中期的女训《女训抄》中就专设"五障三从之事"一章来论述女子难以成佛的劣势。其中在介绍佛教的四恩之意[④]时，引用了西天竺贫女至孝而被立

---

① 黑川真道：《日本教育文库·女训篇》，日本图书中心 1977 年版，"解题"第 1 页。
② 井上清：《日本女性史》，三一书房 1956 年版，第 96 页
③ 五障：佛教用语，指女子生来就有"罪障"，因此不能修成梵天王、帝释天、魔王、转轮圣王和佛五种正果。
④ 佛教中的四恩指父母恩、众生恩、国王恩和三宝恩。

为王后的故事，以及中国二十四孝中丁兰刻木事亲、孟宗哭竹生笋、郭巨埋儿奉母的故事，来教育女子要笃行孝道，否则将被诸菩萨抛弃，一生多灾多难，死后也会堕入无间地狱。此外《女训抄》的首章"四到八苦之事"和终章"来世积德之事"也都是佛教内容的解说。在这种首尾呼应的基本框架下，《女训抄》阐释了身负五障三从之罪的女子该如何超越现世的苦难，通往西方极乐净土，其中充斥着中世盛行的厌离秽土、欣求净土的佛教往生思想，而这也正是中世女训的特点之一。

到了近世即江户时代，随着新的统治体系的确立儒家思想被官学化，儒家女训大量传入日本，受其影响日本人开始大量编撰本国的女训。根据近世日本女训的发展特点，可以大致将其分为前、后两个时期。前期自德川幕府建立至 17 世纪末 18 世纪初，是对中国儒家女训的借鉴模仿期。这个时期的日本女训作品主要有两种形式：一种是直接引用中国女训原文，只在此基础上标注日文假名，或在保留原文的同时，加以日文的注释和解说，这实际上是对中国女训的直接翻译。此类代表作有熊泽蕃山的《女子训》、北村季吟的《假名列女传》等。另一种是在模仿中国女训的编撰体例和内容主旨的同时，以本国事例为素材，融入了大量日本元素而编写的女训。如浅井了意的《本朝女鉴》和黑泽弘忠的《本朝列女传》在模仿刘向《列女传》的编撰体例的同时，其中收录的都是日本本国女性的传记。成濑维佐子的《唐锦》由"女则"（五卷，女学之法）、"装束抄"（一卷，妻子的装束及四季应时之样式）、"姿见"（一卷，中国的贤妃）、"写绘"（一卷，我朝之贞女）、"古教训"（一卷，学习之道）、"柳樱集"（四卷，拾遗）组成。其最主要的部分是开头的"女则"，共由九章构成，分别为"学范第一""卑弱第二""婚礼第三""孝行第四""贞烈第五""内治第六""胎养第七""母道第八""妇功第九"。一看便知是采用了中国女训的写作风格和体例，从题目看很容易使人认为是汉文文章，实际上该女训通篇都用日本的假名文字来书写。其内容既有中国典故，也大量引用了日本各种文献典籍。

近世前期的日本女训大都篇幅冗长，艰涩难懂，每部女训都有几卷乃至十几卷。这样的长篇大著，要有相当的财力才能购买。而其篇幅冗长也为携带、收藏带来不便，从而妨碍了这些作品在日本社会的传播和普及。不仅如此，这些女训的内容大多直接来自中国儒家女训，如果没有一定的汉学修养，理解起来是很困难的。只有那些具备汉学功底的中上层社会女性（即贵族与武家社会的女性）才有可能读懂。艰涩难懂、以中上层社会女性为主要训诫对象的特点，使得近世初期的女训仅在有限的范围内传播，对占人口多数的庶民女性的影响有限。

近世日本女训发展的后期始于元禄时代（1684—1703），是女训的平民化时期。在这一时期后期女训适应了庶民女子学习特点，内容简洁易懂，以女今川系列、女大学系列、女实语教系列为代表。女今川系列女训模仿了日本南北朝时代武将今川了俊的家训《今川状》的写作体例。①现存最早的女今川女训是《女今川锦子宝》，大约刊行于 1737 年。这部作品的前半部分是 23 条训诫，内容诸如"常怀奸诈之心，不明为妇之道""遗忘父母深恩，疏于忠孝之道"等主妇在日常生活中应当遵循的道德规范。其中既有关于孝敬父母和公婆、顺从丈夫、善待继子、严守男女之别、谨口慎言、戒除骄奢等道德方面的训诫，也有关于参拜寺院、遣使佣人、衣着服饰等日常生活方面的规范。后半部分是对男尊女卑道德观的集中阐发，如其中讲到"凡事不可专断，皆顺从夫君之意。夫天为阳，刚也，男之道; 地为阴，柔也，女之道。阴从阳者，天地自然之理""故以天地喻夫妇，则夫为天，敬慎事之"，等等。这些显然是对男阳女阴、男尊女卑、男主女从的儒家妇道伦理的直接借鉴和引用。《女今川锦子宝》

---

① 《今川状》是武将今川了俊于 1412 年写给弟弟今川仲秋的训诫书，前半部分是"不通文武之道中无以制胜"等 23 条简短的训诫，后半部分则用近千字的篇幅论述了作为武士所应具备的素养。

之后，相继有《女用教养女今川》《女今川姬小松》《女童专要女今川》《仿今川状所做女子训诫之各条》《绘本女今川》等以"女今川"冠名的女训问世，明治时代还出现了《明治女今川》和《改正女今川》两部作品。

女实语教系列女训仿照了日本中世的童蒙训诫书《实语教》《童子教》的编撰体例，来阐述日常生活中女子应当遵守的各项礼仪及道德规范。现存最古老的女实语教系列女训是 1695 年（元禄八年）由京都钱屋庄兵卫出版刊行的《女诫插图女实语教》。[①] 全文由《女实语教》（47句）和《女童子教》（128 句）两篇组成。在其序言中指出"遂仿实语教、童子教体例，聊借四书之趣，冠以女诫二字"，显然该女训不仅模仿了《实语教》《童子教》的编撰体例和训诫内容，而且主旨中还融入了《女四书》中的儒家伦理。此外，由于受到中世佛教思想的影响，佛教女性观在文中也有所体现，如"不守三从德，何免五障恶""无报四恩心，谁保八苦身""女为地狱使，佛根无所续"等。自《女诫插图女实语教》之后，近世日本出现了大量以"实语教"冠名的女训，其中既有对"女实语教"和"女童子教"不加区分将二者合为一卷的，如 1806 年（文化三年）播磨屋九兵卫等刊行的《女实语教》等；也有从"女实语教"和"女童子教"中随意摘录几条混为一卷的，如 1784 年（天明四年）西村屋与八板出版的《女实语教姬镜》等。这个系列的女训通篇贯穿了儒家男尊女卑、三从四德的女性观和教育观，同时还杂糅了佛教轮回转世、因果报应的思想。

女大学系列中最早出版的是 1716 年（享保元年）由大阪的柏原清右卫门与江户的小川彦九郎合作出版了《女大学宝箱》。该女训俗称《女大学》，是日本近世后期最具代表性的女训。其的内容是根据儒学家贝原益轩的《和俗童子训》中"教女子法"一节改编而成的。全书共 19 条，

---

① 石川谦、石川松太郎编：《日本教科书大系·往来物篇·第 15 卷·女子用》，讲谈社1973 年版，"解说"第 39 页。

各条概要依次是：^① 第1条女子均需自幼受父母之训诲；第2条女子应心胜于容；第3条女子须严正男女之别；第4条为人妻者要以夫家为家，恪守七去之法；第5条为人媳者应当孝顺公婆更甚于孝顺亲生父母；第6条为人妻者应以夫君为主君，敬慎侍奉，不可轻侮；第7条为人妻者应与丈夫的兄弟姐妹和睦相处；第8条为人妻者勿生妒忌之心，委婉劝谏丈夫；第9条女子须谨口慎言；第10条为人妻者须常思用心，谨守其身，勤劳节俭，女红不怠；第11条女子不可受巫术蛊惑；第12条为人妻者须精通持家之道；第13条为人妻者不可与夫家亲友、下人之年轻男子亲近；第14条女子须衣着整洁、不事奢华；第15条善待婆家亲戚；第16条对待公婆须比父母更热心；第17条身为主妇须不辞劳苦、亲力亲为；第18条身为主妇要精通遣使下人之法；第19条女子之心性生来有五种恶疾，须严守顺从之德。《女大学》将女子的活动范围限定在家中，主要论述了女子教育的必要性和主妇应当遵守的日常规范，教导女子如何孝敬公婆、侍奉丈夫，怎样与丈夫的兄弟姐妹等亲戚和睦相处，怎样使用佣人等。其内容以妇德为中心，同时还参考了《教女子法》中的七去之法、父母对出嫁女子训诫等内容。正文之外，各卷卷首、卷尾、头注中都附有大量与正文相关的故事，并且还加入大量插图。内容丰富有趣，文字浅显易懂，女子在学习训诫的同时还可以将其作为习字临摹的范本。《女大学宝箱》问世后，被反复重刊，成了近世如本影响最大、流传最广的女训。类似的仿作也层出不穷，其中既有正文模仿享保版《女大学》，而附录则完全不同的作品，如1842年（天保十三年）版的《女大学教文库》等；也有与享保版《女大学》在思想、理念上一致，而具体内容、附录等完全不同的女训，如1785年（天明五年）版的《新撰女倭大学》等。近代以后还有《近世女大学》（1874年）、《修身读本女大学》（1879

---

① 石川松太郎：《女大学集》，平凡社1994年版，第29—59页。

年）、《新女大学》（1899 年）等作品问世。

总体来看，女今川系列、女实语教系列和女大学系列是后期女训主要组成部分，这些女训不是面向个人所作，而是以一般庶民女性为训诫对象。它们被当时的书商多次刻印出版，在庶民间得到了广泛的普及。这些女训不仅被用于庶民女子的家庭教育中，还被近世的庶民教育机构——寺子屋用作女子教育的教材。据统计近世寺子屋女子教育的教材——女子用往来物共计 1109 种，其中以女大学系列等女训为代表的训诫型往来物就有约 377 种，占到总数的 34% 左右，是女子用往来物中数量最多的一种。[①] 随着近世女子教育的发展，其中所倡导的女性形象成为近世日本占据主流地位的、最理想的女性形象。

二、近世女子教育及其近代化因素

（一）德用兼顾的近世女子教育

儒家妇德教育为核心内容　在江户时代，随着封建制度日益巩固和完善，以父权家长制为核心的封建"家（IE）"制度得以确立。德川幕府为了维护封建统治的长治久安，强化对民众的思想控制，尊奉儒家朱子学为官学。在这种社会背景下，近世日本的女子教育也深受儒家思想的影响，注重三从四德、男尊女卑的儒家妇道伦理的灌输。近世日本女德教育所用的教材中既有《女诫》《女孝经》《女四书》《列女传》等中国儒家女训的翻刻作品，也有《女大学》《女今川》《女实语教》《女训抄》等完全出自日本人之手的作品。这些女训既是女子居家必读的修身书，也是女子读书习字的字帖，甚至还被用作庶民教育机构——寺子屋中的教科书，因而在近世广为流传。综观这些女训作品，可以看出其中所倡导的妇德内容基本上可以分为两方面，一方面是对男尊女卑、三从四德观念的综合阐发，另一方面则是对女子日常道德行为的具体规范。

---

① 石川谦、石川松太郎编：《日本教科书大系·往来物篇·第 15 卷·女子用》，"解说"第 46 页。

关于男尊女卑、三从四德观念的综合阐发，是日本女训关于女德论述的总纲领。近世著名儒学家佐久间象山在《女训》开篇便直言"女子不分贵贱，均应遵守三从之法""守三从者须遵婉、娩、听、从之四德"。[1]值得注意的是，近世日本女训在论述男尊女卑观念时大都引入了儒家的天地阴阳观念。所谓天地阴阳观是指儒学家把对天地、男女等自然现象的关照引入到对社会现象的阐述中，分别赋予男和女以乾坤、阴阳、刚柔、进退、尊卑、高下、贵贱等意义。"天尊地卑，乾坤定矣；卑高以陈，贵贱俭矣；动静有常，刚柔断矣"，[2]在儒家看来乾为阳，代表具有支配权威的天、君、父、夫；坤为阴，代表受支配的地、臣、子、妻，因而身为女子受男子支配乃是天经地义的事，这便为儒家男尊女卑性观念提供了理论基础。日本女训深受中国儒家思想的影响，也大都以此为理论基础来阐发男子生来尊贵而女子天生卑下的观点。江户前期的儒学者中村惕斋在女训《比卖鉴》中写道："夫妻男女分阴阳之气，以定天地之位。"德川幕府的老中松平定信在为妻子所作的女训《难波江》中也明确讲道："夫男女则天地阴阳之道也。"不仅这些以中上层女子为对象的女训如此，在《女今川》《女大学》等面向平民女子的女训中也有类似论调。如《女童专要女今川》后半部分的妇道论述纲要中写道："夫天为阳，刚也；地为阴，柔也。阴从阳者，天地自然之法也。故而以天地喻夫妇之道，则夫为天，敬慎事之。地感天之恩泽而生万物，故敬事夫君乃女子孝行之道也。"[3]《女大学宝箱》的最后纲领性陈述也写道："女属阴性，阴则暗如黑夜。故而较之男子，妇人不明是非、不辨毁誉、不分福祸。或怨怒、诅咒无辜之人，或嫉恨他人，希求扬名立身。殊不知遭人憎恶、疏远，诚乃可悲可叹之事。抚育子女惯于溺爱，实不可取。

---

① 佐久间象山：《女训》，载黑田真道编：《日本教育文库·女训篇》，第729页。
② 朱安群等：《周易·系辞上》，青岛出版社2011年版，第192页。
③ 石川谦、石川松太郎编：《日本教科书大系·往来物篇·第15卷·女子用》，第204—205页。

妇人愚昧不堪，故万事须谦卑顺服、遵从夫君。"[1] 这更是将男阳女阴、男主女从的论调加以发挥，改编成了赤裸裸得贬低、污蔑女子的观点

关于女子的日常道德行为方面，日本近世的女训着重强调其身为妻子、身为儿媳以及作为一家之主妇的行为规范。具体如下：

第一，近世日本女训中要求妻子应该遵守的具体行为规范包括：首先，妻子对待丈夫要像仆人侍奉主人一样恭敬、谨慎、柔顺。如《女童专要女今川》中指出"轻视夫君，纵情骄奢，有违天理"，[2] 强调女子对丈夫的尊敬；《女诫插图女实语教·女童子教》中则"夫若为主君，妇则犹从者""夫妇争勿嗔，曲理顺夫心"，[3] 要求女子无条件得顺从丈夫。而在近世的经典女训《女大学宝箱》中更是明确指出："女子别无主君，以夫为主君，敬慎侍奉，不可轻侮。妇人之道，一切贵在从夫。"而"从夫"的具体做法是"应对夫君，殷勤恭顺，辞色谦和。不可忤逆争辩，不可骄奢无礼"，"夫若嗔怒，惶恐顺从，不可争吵，以逆其心"，同时作者还告诫女子若"逆夫而行，将受天罚"，[4] 为了能让妻子心甘情愿地顺从丈夫，日本的儒学者们真可谓煞费苦心。

其次，妻子要对丈夫的过失加以劝谏。《女大学宝箱》中明确写道："夫多行不义，和颜悦色、柔声软语，谆谆谏之。"但是由于近世日本的女训大多出自男性之手，因此在谈到妻子的劝谏之责时，基本上从男性的立场出发，要求妻子劝谏时必须察言观色、谨小慎微、谏而不诤，一旦丈夫略有愠色，就要马上停止。《女大学宝箱》中就告诫女子"若愠怒不从，暂且停止，伺其心情愉悦时复又规谏。不可暴语厉声，忤逆夫君"[5]。佐久间象山的《女训》中也讲："夫若有过，谨慎劝谏。若因不合我意，

① 石川松太郎：《女大学集》，第 54 页。
② 石川谦、石川松太郎编：《日本教科书大系·往来物篇·第 15 卷·女子用》，第 203 页。
③ 石川谦、石川松太郎编：《日本教科书大系·往来物篇·第 15 卷·女子用》，第 244 页。
④ 石川松太郎：《女大学集》，第 40 页。
⑤ 石川松太郎：《女大学集》，第 40、46 页。

一争曲直，必逆夫意。此无以正其过，徒负无礼之恶名矣。"① 显然在这种无原则妥协的前提下，妻子的劝谏之责很难真正发挥作用。

最后，身为妻子应当坚守贞操，严正男女之别。受儒家思想的影响，近世日本的女训也有大量关于为丈夫守节的训诫。如《女大学》中要求女子"一朝出嫁，终生守节"，并将这称作"女子之道"。②《女诫插图女实语教·女童子教》中也要求女子"妇行存心间，洁白守贞操"。③ 近世著名儒学家吉田松阴在《女训》中则直截了当地提出"以柔顺为用，以果断为制"的训诫方针，鼓励女子守义死节，极力推崇"忠臣不事二君，烈女不更二夫"的训诫。他甚至还建议如若女子出嫁后胆敢弃夫而归，父兄应该逼其自尽，以保全名节。④ 由此可见可见儒家关于女子守节的训诫也已经渗透到了日本女训当中。只不过值得注意的是，中国封建社会的贞节观到了明清时期已经演变为极其惨烈的节烈观，而日本社会对于贞节观的要求并不像中国那般极端，在《女大学宝箱》等面向庶民女性的女训作品中，与贞节观比起来，更加注重柔顺、谨慎的训导。

第二，近世日本女训中要求儿媳妇应到遵守的具体规范跟中国女训一样，就是强调媳妇对公婆的孝敬和绝对服从。如《女童专要女今川》中告诫女子千万不可"慢待舅姑，招人谤议"；⑤《女诫插图女实语教·女童子教》中也要求女子"事舅随舅心，奉姑顺姑意""敬孝事舅姑""曲从曲己理"，⑥ 以曲从之道博得公婆的欢心。《女大学宝箱》中还给出了侍奉公婆的具体做法："晨昏请安，不可或缺；舅姑之事，不敢怠慢。舅姑有命，谨遵勿悖。万事请示，依命而行。舅姑憎恶讥谤，不敢怨恨。

① 佐久间象山：《女训》，载黑田真道编：《日本教育文库·女训篇》，第 737 页。
② 石川松太郎：《女大学集》，第 34 页。
③ 石川谦、石川松太郎编：《日本教科书大系·往来物篇·第 15 卷·女子用》，第 267 页。
④ 吉田松阴：《女训》，载黑田真道编：《日本教育文库·女训篇》，第 740—741 页。
⑤ 石川谦、石川松太郎编：《日本教科书大系·往来物篇·第 15 卷·女子用》，第 204 页。
⑥ 石川谦、石川松太郎编：《日本教科书大系·往来物篇·第 15 卷·女子用》，第 256 页。

虔诚尽孝，必能和睦。"①然而，与中国女训相比，日本女训不仅强调孝敬公婆、曲从其意，更强调女子对公婆的孝敬程度要重于对自己亲生父母的孝敬。在《女大学宝箱》中反复强调："女子在室孝敬父母，适人则侍奉舅姑，敬爱孝顺之意较之事父母尤甚。不可重父母而轻舅姑"。"女子所继承者乃舅姑之家而非父母之家，故而敬孝舅姑应甚于父母。"②中国女训虽然也强调对公婆的孝敬和曲从，但也注重对父母的孝敬，并没有厚此薄彼。日本的女训强调重公婆而轻父母显然是对中国女训的歪曲性吸收。这主要是由于在近世日本的家制度下女子"三界无家"，妻子的地位远远低于丈夫，所以女方的父母也受到了"株连"，只能先舅姑而后父母了。

第三，近世日本女训中还有一些关于主妇职责的训诫。如在《女大学宝箱》中指出身为一家主妇"万事应亲身操持，不辞辛劳"，"缝衣调羹，孝敬舅姑；叠被铺席，侍奉夫君；养儿育女，洗濯污秽"等都是主妇的职责。此外身为主妇还应懂得在遣用下人的时候做到"内则宽厚仁爱，外则严加训诫，不令惰怠"，同时还要做到不听信下人的传言，不让下人搬弄是非等。③

总体来看，近世日本的女训以传授儒家的妇德伦理为核心内容，很多内容与中国传统女训都很相似，有的甚至是照搬了中国女训的内容。不过值得注意的是在女德训诫方面，日本的女训也有与中国女训不同的地方，如对女子的污蔑和贬损要甚于中国女训，要求女子更加孝敬自己的公婆等。之所以有这样的不同，主要是因为近世日本的女训基本上都是由男性执笔，完全从男人的角度来训诫女子。长期以来，日本一直保留了母系社会的遗风，日本女性并不像中国女性那样自觉服从父权社会

① 石川松太郎：《女大学集》，第36页。
② 石川松太郎：《女大学集》，第36、50页。
③ 石川松太郎：《女大学集》，第50、54页。

的需要。在进入江户时代以后，日本女性的地位急转直下。为了迎合男权社会的需要，日本的儒学家们便毫不留情地污蔑、贬低女性，以使其绝对服从。

女子教育兼顾实用性 日本近世的女子教育虽然在指导思想上继承了儒家女性观，宣扬男尊女卑、三从四德，但是出于实际生活的需要，也提倡女子读书识字、掌握算术、学习女红等。近世的女训作品既是女子的道德训诫书，同时也是女子的识字课本。日本自古以来就有让女子接受才智教育的传统，并涌现出很多才华横溢的大家闺秀。与著书立说维护封建礼教的中国古代才女相比，日本古代才女的成就多集中于文学领域，且思想上较为开放和自由。近世以后，随着商品经济的发展，交通、运输、贸易等产业渐兴，以町人为代表的庶民阶层的力量逐渐壮大起来，进而成为社会文化的主要创造者和享受者。庶民阶层的成长和庶民文化的繁荣，增加了他们对教育的需求，同时也促使人们提高了对女子教育必要性的认识。在现实生活中，庶民女性或直接参与经营，或以女主人的身份统率佣人，负责与亲属、友人的交往等日常事务，这些都要求她们必须具备一定素养，掌握读、写、算等知识。为适应这种要求，近世日本的私立庶民教育机关——寺子屋也开始向女子敞开门户，这在很大程度上推动了女子教育的发展。

寺子屋的教师称为师匠，学生称为寺子或笔子。寺子一般六七岁时入学，通常学习时间为三到五年。寺子屋的正规课程以习字为主，兼有读书、算数等。学习的内容由浅入深，由习字开始，从假名到数字，再到汉字、词汇、短句，从句子再到短文、日用文章和与地理、文学相关的各种往来物。另外还为女学生开设谣曲、礼法、修身、裁缝、插花、点茶等科目。女童用的教材除宣扬女德的女训书外，还有涉及社会、地理、历史知识的各种往来物。自 17 世纪末期以后，在京都、大阪、江户等大城市里，教庶民读书识字的私立教育机关寺子屋中开始允许女童入学。到了 18 世纪中叶，寺子屋教育进入大发展时期，从江户、京都等大城市到各地的小城镇，乃至偏远的山野农村，都设有寺子屋。女子进入寺子屋学习已成为普遍现象，在大城市中甚至还出现了由女性经营的寺子屋，也涌现出很多从事寺子屋教育的女师匠。为了适应女子教育的需要，江户时代还出版发行了用于女子寺子屋教育的教材——"往来物"近 1 100 种。[①]

从教育内容上看，近世的庶民女子教育从实际生活的需要出发，在一定程度上提倡女子读书习字、发展智力。有的女训在强调涵养封建女德的同时，也提到女子要有才智。成书于 17 世纪中期的《女式目》认为，"女子无论地位高低，虽各有所爱，但首先应学艺，写文章。如不谙此道，则一生中不辨善恶，没有乐趣，亦无慰藉"。[②] 同时还将书法、文章的写作顺序、书信用语等实用性较强的内容列入女子的学习范围中。《女诫插图女实语教·女童子教》中也讲，"品优不为贵，以心正为贵，容优不为贵，以有才为贵"[③]，强调女子自幼就应该习字，不可懈怠。《女子手习状》则希望"世间多知书明理之女子"，列举了读书识字的种种益处，例如"若有想告知家人之事，可亲笔写信，以防他人窃录"，"日常生活之重大事宜及与人交往中之要事都可随时笔录，以备查询"等，教育女子要认识到读书的重要性。[④] 可见"女子无才便是德"的观念并没有在日本生根。

在庶民教育机构寺子屋中，女子教育的内容也围绕实际生活中必不可少的读、写、算展开。女子所用的教材以《女大学》《女今川》《女实语教》等训诫型往来物为主，同时使用了《女文库高莳绘》（1721 年）、《女

---

① 石川谦：《女子用往来物分类目录——江户时代女子用初等教科书的繁荣》，讲谈社 1946 年版，第 9 页。
② 黑川真道编：《日本教育文库·女训篇》，第 673 页。
③ 石川谦、石川松太郎编：《日本教科书大系·往来物篇·第 15 卷·女子用》，第 240—241 页。
④ 志贺匡：《日本女子教育史》，琵琶书房 1977 年版，第 320 页。

庭训御所文库》（1767 年）、《女用文章线车》（1772 年）等消息型往来物教授习字、作文的基础知识，以及社交礼仪、书信往来等一般常识。此外还有《新撰世带往来》（1782 年）、《亲族和合往来》（1824 年）等社会生活中的风俗、习惯、祭祀、节日以及大众文化等社会常识的社会型往来物以及《御江户名胜方位书》（1765 年）等传授历史、地理、产业等知识的知识型往来物。[①] 从这些教材可以看出近世日本女子教育对于实用性知识的传授也受到了一定程度的重视。还包括消息型、社会型、知识型等实用性较强的往来物。

近世庶民女子教育涵盖的知识极为丰富，而且涉及面很广。在对女子进行道德说教的同时，兼顾了才学的培养，着力强调女子识文断字的重要性和实用性，主张女子不论地位高低贵贱都应有教养，这一点是极为可贵的。据统计至幕末时，已经有 15% 的女子能够读书、写字（男子为 45%），[②] 这在封建男权社会可以说是十分难能可贵的。尽管近世日本主张女子读书习字的主要目的并不是为了让女子和男子一样去认识社会、改造社会，而是要她们更好地胜任辅助丈夫、操持家务的职责。但是正如当时的女训《智慧鉴》所言："古语虽云女子无才便是德，但无才的女子是愚蒙的。愚蒙的女子如何能具备妇德"，[③] 这样才学观与中国古代"知文字乃淫之始"的观念相比，无疑是开明的。

除了适应实际生活的需要进行必要的读书、识字和算术的教育之外，近世日本社会，尤其是在庶民家庭中还很注重培养女子的家政技能。女红教育的开展也体现了女子教育实用性特征。日本封建社会的"家"制度在近世已完全确立。在这种家族制度下，要求女子要遵守儒教道德规范，绝对服从家长的意志，给予女子唯一的权力只有"主妇权"，包括

---

① 石川谦、石川松太郎编：《日本教科书大系·往来物篇·第15卷·女子用》，讲谈社 1973 年版，第18—36 页。
② 赖肖尔：《日本人》，孟胜德等译，上海译文出版社 1980 年版，第180 页。
③ 《智慧鉴》，转引自海原徹：《近世的学校和教育》，思文阁 1989 年版，第248 页。

操持家务、使用下人及协调亲族内部关系等。在自给自足的社会环境中，女子如果不能在衣、食等日常生活领域熟练掌握各种家政技术，就很难成为一个合格的主妇。因此无论出身高低贵贱，从少女时期开始，女子就要学习各种女红技能。女红对上层社会的女性来说，仅仅被视为一种应具备的基本修养。但在庶民家庭，女子如果不能掌握这些技能则根本无法生活。一般而言，农家女子应该掌握的家政技能除了煮饭、腌菜、制酱、裁缝等家务活之外，还应学习种棉、养蚕、纺线、织染等技艺。而对于商家而言，除了煮饭、裁缝等技能之外，还要求主妇能够读书学算，具备"治家理财"的才能，具体包括："家中每日所食蔬菜前日就要备齐，即使由下女煮饭，也要亲自品尝，以免饭菜辛辣、欠火或味道不足。若丈夫、孩子衣着污垢则是主妇之耻，须不辞劳苦勤于浆洗。自身衣着发式要遵循古道，并与身份相称，手足指甲不可污秽过长。亲朋来访，要态度相宜，亲切招待。"[①] 显然女红教育也是近世女子教育的重要内容之一。

女红技能通常是由母亲或乳母通过言传身教来传授，不过在近世日本社会出现了一些传授女红技能的专业私塾——针屋、裁缝塾、技艺塾。庶民女子一般长到十岁左右时，只要家里经济条件允许，都会去私塾中去学习织缝、烹调、洗涮等家务技能。此外在一些招收女童的寺子屋中，裁缝课也是正式的课程之一。据史料记载，在江户时代的爱知县就有 21 个寺子屋设有裁缝课。[②] 当时所用的女红教育的教材有《女江户方角》（1766 年）、《女商卖往来》（1806 年）、《裁缝早学问》（1851 年）等。女红教育以传授裁剪、缝纫、烹调、浆洗等家务技能为主要内容，是在妇功方面对女子提出的实际要求，这些内容密切结合现实生活的需要，具有很强的实用性。它与女德教育相辅相成，使得女性不但要

① 《主从日用条目》，载志贺匡：《日本女子教育史》，琵琶书房 1977 年版，第 315 页。
② 海原徹：《近世的学校和教育》，思文阁 1989 年版，第 258 页。

在思想上服从家长的意志，还要尽其所能为家服务，尽到做妻子、做主妇的本分。

总之，近世日本的女子教育在教育内容上主要强调封建女德的道德教育，以此来束缚女性们的思想。同时也要求女子掌握作为主妇的各种女红技能，以便更好地尽到女子的本分，为家族服务。此外出于实际生活的需要，还在一定程度上提倡女子要有才智，但是这种女才教育的内容仅限于读书、识字等基础知识。女子如果像男子那样有志于学问研究则被认为是有悖妇德的事，因此在近世的儒学、国学、数学、医学等学问领域里很难找到女子的身影。归根结底，近世的女子教育只是把女子当作封建家族成员的"妇人教育"，而不是把她们当作具有与男子平等人格的"人的教育"。

（二）近世女子教育对近代的影响

近世日本女子教育，一方面以女德教育为核心，强调男尊女卑、三从四德等观念的灌输；另一方面有适应现实社会的需求，允许女子读书、识字，学习算术，掌握使用的家政技能。这样的教育对于近代女子教育既有积极影响，也有消极影响。首先从积极影响来看，由于近世日本的女子教育在校舍、师资、生源等方面都已经具备了一定的规模，所以在明治维新以后，当日本提出"洗从来女子不学之弊"时，日本能够迅速完成近代化女子学校教育体制的建设。与近代中国相比，近代日本女子教育的起步要容易得多。近代日本的女子学校教育体制之所以能够迅速发展起来。这既归功于新政府的大力扶持，同时也与近世女子教育奠定的基础有着密切联系。具体而言，近世女子教育对近代的积极影响主要体现在如下两方面：

第一，从教学设施来看，日本近世的女子教育为日本近代女子教育的发展提供了宝贵的硬件资源。寺子屋在近世发展迅速，到 1872 年《学制》公布之时，日本全国的寺子屋共计 15 560 所。[①] 不仅如此，明治初期由女性经营的寺子屋已经遍布全国。仅以东京为例来看，女性经营的寺子屋大约占到明治初期东京寺子屋总数的 10% 以上。[②] 明治维新以后，很多寺子屋被直接改编为公立学校，实现了由旧式庶民教育私塾向近代初等教育机构的转变。近代著名女教育家跡见花蹊创办的跡见女子学校就是这样一所由由寺子屋改建的私立女子学校。跡见花蹊在江户时代曾先后在大阪、京都、江户等地经营过寺子屋。1875 年（明治八年），她在原有寺子屋的基础上，创办了跡见女子学校，广招上流社会的女子入学。在教育内容上，则大部分继承了原来寺子屋的科目，设习字、国语、算术、裁缝、插花、点茶等。跡见女子学校可以说是近世女子教育向近代转变的一个缩影。

第二，从人力资源来看，近世女子教育为近代女子教育的顺利开展储备了大量的师资和生源。在近世的寺子屋中，已经出现了相当数量的女教师，特别是在现在女性经营的寺子屋中，女教师的比较更大。据统计在东京地区，由女性经营的寺子屋中，女教师与男教师的比例曾经达到 4.7∶1。[③] 由于近世已经开了女性执教的先例，所以近代以后从事教育工作的女性人数也有所增加。据统计，1873 年仅东京地区，新制小学校中的女教师就有 117 名，她们平均年龄在 44.4 岁，受教育的时间平均达十年零八个月。可以推测她们大部分都是在江户时代接受教育的。除了师资力量之外，近世寺子屋还有招收女学生的传统。据统计在幕末时，寺子屋中共有女学生约 148 138 人，同时期男学生共有约 592 754 人，[④]而在经济发达的在东京地区，由女性开设的寺子屋中，女子的入学人数甚

---

① 石川谦：《寺子屋——庶民教育机关》，至文堂 1960 年版，第 85 页。
②③ 石川谦：《寺子屋——庶民教育机关》，第 152 页。
④ 内田糺、森隆夫编：《学校的历史》第 3 卷，第一法规 1979 年版，第 82 页。

至还超过了男子，女学生有 3 926 人，男学生有 3 159 人。[①] 此外在近世的公立教育机构——藩校中，到了明治维新前夕，也已经开始招收女学生。据统计当时开设女校的地方有岩国、出石、丰冈、福山、佐土原、松江、名古屋等藩。[②] 近世女学生人数的增加表明，近世女子教育普及率在不断提高，这就为近代女子教育的进一步发展和普及奠定了良好的基础。

以上总结了近世日本女子教育对近代社会的积极影响，然而其对近代社会的消极影响也不应忽视。近世的女子教育毕竟是以女德教育为主要内容，以宣扬男尊女卑为主旨的封建教育，因而难以克服的时代局限性。尤其是在公立性质的藩校中，强调"男女有别"的教育，禁止男女共学，男女所学内容也根据性别而有所差异。由于男尊女卑的观念根深蒂固，所以近代以来日本曾一度掀起了向欧美学习的浪潮，以培养欧式贤母为目标，短期内迅速建立起了近代女子教育体系。但很快这种开明的欧式女性观就遭到了批判，并最终形成了具有适应近代父权家长制社会的良妻贤母教育观。在战争年代，女子教育转而以培养服务于战争的"军国之母""军国之妻"为目的。综观近代女子教育的历程，不难发现近代之前反复倡导的男尊女卑的观念仍然在很大程度上被保留和延续下来，并长期影响着近代女子教育的发展，使其难以摆脱近世封建残余的负面影响。近代日本女子教育一直以培养符合父权家长制社会的良妻贤母为目标，并没有实现真正的男女平等。

第三节　朝鲜王朝时代的女子教育观

三国初期[③]的婚姻制度是男子入赘到女方家里的率婿婚制。女性地位较高，新罗王国还出现三位女王(善德、贞德、真圣)。虽然当时规定"嫁

---

① 　石川谦：《寺子屋——庶民教育机关》，第 152 页。
② 　仓泽刚：《幕末教育史的研究》第 2 卷，吉川弘文馆 1984 年版，第 469—470 页。
③ 　三国指的是朝鲜半岛出现的新罗（前 57—935）、高句丽（前 37—668）、百济（前 18—660）三国。

娶礼俗男女有别"，但这不代表男尊女卑。因为三国时期男女交往较为自由，不存在尊卑、长幼等具有儒教特点的生活方式，但对女性的贞操观念要求还是非常严格。如百济刑法中规定"假如妇女淫荡就要沦为丈夫家的奴婢"。三国时期男性可以进入私塾学习，参加科举考试，而女性被排除在正规教育之外，处于从属地位。由于男性接受教育，男女差距加大，女子教育主要以男尊女卑道德规范为基础，围绕儒学的经典，灌输贞洁理念、三从之道等。到了三国后期，确立了以男性为主的家长制，进一步束缚了女性的权利。第一，实施一夫多妻制，严禁女性妒忌，要求妻子顺从丈夫。第二，为了保证父系血统的纯正，强调女性贞洁。第三，女性假如不能生儿子，就有被休掉的危险。到高丽王朝时期（918—1392），政府一方面用严格的律令对女性的不贞或改嫁施以刑罚，另一方面对孝敬婆家、对丈夫节义、多生男孩的女人进行奖励。高丽时期要求女性出嫁前作贤女，出嫁后作贤妇，战乱时要成为烈妇。虽然高丽时期女性再婚较为自由，但也出现很多"烈女"的事例。到了高丽后期，受儒家思想影响加深，守节受到褒扬。

从古代到前近代，女子教育的内容虽因时代不同而有所变化，但在家长制社会，女子教育仍然限定在学习家务和培养妇德上。当时的统治理念是朱子学，统治阶级认为女子教育是确立社会秩序的基础，给予很大的关注，并在国家主导下，出版各种女训书籍，规范女子行为。主要书籍有中国的"女四书"、昭慧皇后撰写的"内训"以及"女训书"。到朝鲜王朝中期，男尊女卑思想和贞操观、三从之道等儒学伦理深入到百姓生活中。到朝鲜后期，男尊女卑、夫唱妇随思想已根深蒂固。朝鲜王朝时期女子教育理念可以分为两种，一是以阴阳原理为基础的男女有别教育，二是立足于孝原理的女子教育。

（一）基于阴阳原理的男女有别教育

朝鲜王朝时期（1392—1910），政府崇尚儒教，将儒教作为国教，并排斥佛教。朝鲜王朝初期，百姓普遍信奉佛教、武当和道教。政府为了将其转变为统治所需的性理学，禁止女性出入寺庙、武当家，并关闭了道教管理机构昭格署。而且为了使百姓接受儒教道德规范，制定了如下制度：一是根据朱子家礼，制定丧礼和婚制，废除入赘习俗。二是实行内外法，限制女性出入自由。三是禁止女性改嫁。四是通过发行女训书，积极传播儒教伦理。三纲是儒教道德的基本，即君为臣纲、父为子纲、夫为妇纲。通过实施上述制度，儒教思想深入到社会各阶层。朝鲜王朝时期性理学成为统治理念。性理学将男性看成阳，女性看成阴。这种理解方式来源于中国的《周易》。《周易》将宇宙的生成变化用阴阳原理解释，并把它适用于人类。性理学是以孔孟原始儒学为基础形成的新儒学，强调存养和穷理。存养是指脱离私欲，培养自然天性。穷理是指探究事物的哲理以及宇宙和自然的根本原理，学习和领悟自然和人类之间的关系。也就是利用性理学提高贵族阶层男性的修养。在女性教育中，强调阳尊阴卑的女性观，实行男女有别教育。男女有别体现在男女气质及分工差异、居住空间分离上。[①]

第一，男女气质差异来源于宇宙的阴阳原理。阴阳区别是指宇宙中的循环。根据阴阳原理对男女进行不同教育就是男女有别教育。在家长制社会，主要用来维持家庭秩序，宇宙的阴阳原理却被歪曲成男尊女卑。即男性代表天（乾），表示尊贵、强健，动态；而女性代表地（坤），意味着接受天的指令，表示卑贱、柔顺、顺从、静谧等。也就是说，利用天法则来限制女性的言行、态度，使女性认为这符合自然法则。在这种意义上，三从之道就是女性必须遵循的行为规范。《礼记·内则》中提到三从是指在家从父、婚后从夫、夫亡从子。男女分工要求男性从事社会活动，女性负责家务活动。男性需要去私塾跟着老师学习礼节和诗

---

① 赵京源：《韩国女子教育理念的历史变迁》，载《韩国女子教育概论》，教育科学社2009年版，第32页。

文。而女性需要在闺房内学习柔顺的品格、人伦（婚礼、夫妇、和亲、敦睦——兄弟间友谊）、家务（服饰、家政管理、祭祀、接待客人）、子女教育（胎教、子女养育）等日常事务。男的不得把外边的事情告诉妻子，妻子也不得将家庭事情跟丈夫商量。在家长制社会，虽然女性负责家庭事务，但是女性的决策权非常有限。

　　第二，男女居住空间的分离反映了儒学传统中的内外之分。按照内外法，男主外，女主内。"在盖房子时严格划分男女空间，女性居内屋，男性居外屋，男性只有必要时进入女性房间，女子无事不出自己屋。"（《礼记·内则》第 12 条）《礼记》《小学》《内训》都强调，男女不得坐在一起说话，不能随意交换物品。"男女七岁不同席"，教育男女在空间上分离，不得接触。这种在空间上分离男女，主要目的在于防止女性参与公共活动，使她们专心照顾家庭。这也是为了监视女性的身体，确保父系血统的纯正。在这种脉络上强调女性的忠贞和纯洁。《女范》规定，"忠臣不事两国，烈女不更二夫"。以此来禁止女性再嫁，再嫁女生的子女不能成为国家官吏。1475 年（成宗八年），国王召集大臣召开立法会议商讨妇女改嫁问题。当时出现各式各样的议案，成宗王最终采纳了禁止再嫁的议案。1485 年（成宗十六年）颁布《经国大典》，宣布禁锢再嫁女所生子女，这种做法一直维持到 1894 年。《经国大典》规定禁止女性再婚，再婚女的子女不得当官。区分内外这种家庭秩序也是国家秩序和王权秩序的基石。国家的基础是家庭，家庭的秩序又成为社会秩序的基础。只有遵守这种秩序，社会才会平安。[①] 此时期主要通过出版各种训书、制定内外法，向女性彻底灌输贞操观念，男尊女卑思想已渗透到朝鲜人的意识。女训书（闺训）提到有关妇道的内容如下：一是礼记内则篇，二是女训，三是内训，四是女四书，五是小学→女子

----

① 赵京源：《韩国女子教育理念的历史变迁》，载《韩国女子教育概论》，第 32 页。

小学，六是三纲行实图，七是二伦行实图，八是烈女传谚解，九是正俗谚解，十是士小节。朝鲜王朝后期，由于实行褒奖烈女制度，守节变得普遍，烈女数量剧增，对女性来说贞洁理念成为必须遵守的固定观念。朝鲜后期有不少 10—20 岁女子随丈夫而死。这主要是因为当时为丈夫守节被认为是烈女，是家庭的光荣。朝鲜古代著名诗人朴趾源在《热河日记》中提到朝鲜四大骄傲，即崇尚佛教、从未洪水泛滥、鱼盐丰富、女性一辈子只嫁一夫。其中第四骄傲就是强调女性贞操思想。由于一直灌输男尊女卑思想，使朝鲜女性处于男性的从属地位。

（二）基于孝原理的贤母良妻教育

儒家社会的核心是家庭。以孝为核心的家庭秩序是其他社会秩序的基石。孝作为对父母养育之恩的报答，是必须遵循的道德理念。因此要求女性婚前孝敬父母，婚后孝敬公婆。特别是女性出嫁后进入丈夫家庭就需要将公婆作为父母奉养。对公婆的孝比对丈夫的顺从更重要。《内训》规定，儿媳要日夜恭敬公婆，不得违背公婆的意见。在家长制社会，儿媳不但要对公婆的孝敬和供养，还要传宗接代。无后为最大的不孝。这也是七出[①]的首要条件，即不能生儿子的女性会被赶出家门。[②]朝鲜时期非常重视对女子的传统妇道教育。忠孝原理为五项，即"居则致其敬、养则致其荣、病则致其忧、丧则致其哀、祭则致其严"。意思是一起居住时一定要恭敬对待；赡养时注意健康；患病时要担心；去世时要悲哀；祭祀时要严肃。在儒教社会，非常重视母亲的言行对子女的影响。子女10岁以前的教育责任全部落在母亲身上。母亲不仅要教育好子女，还要在家庭中确立三纲五常秩序。当时，贞操和顺从是女性美德，根据"女

---

① "七出"是指符合以下七个条件，男子可以提出离婚。一是未赡养好公婆（不事舅姑），二是未生子（无子），三是有不贞的行为（淫轶），四是有嫉妒行为（嫉），五是患有癫痫等遗传疾病（恶疾），六是多言，七是偷窃东西等。但是还有"三不去"的规定，即假如出现以下情形不得提出离婚。一是为公婆行三年丧，二是结婚时先贫后富，三是离婚后妻子无家可归等。
② 赵京源：《韩国女子教育理念的历史变迁》，载《韩国女子教育概论》，第32页。

必从夫"的观念要求顺从丈夫。士大夫家庭的女子虽然在家接受教育，但当时朝鲜社会崇尚文学，因此女子可以在家学习诗词和画画。但一般来讲，强调女性的言行举止、礼仪规范、心性修养等。也就是说，女子教育的根本目的在于培养"贤母良妻"。朝鲜"贤母良妻"的代表人物是师任堂申氏。她是朝鲜王朝时期士女的典型。《内训》是朝鲜时期专门用来培养贤母良妻的教材，详细记载了女性的行为规范。成宗的母亲德宗妃昭惠王后（仁粹大妃，1437—1504）韩氏根据当时朝鲜的情况，为规范宫中妃子的行为特意撰写的书叫《内训》。该书从烈女、女教、名鉴、小学等内容中筛选出有关妇道的规范编辑成七篇，并于 1475 年翻译成韩文发行。1656 年（孝宗七年）重新印刷，1736 年（英祖十二年）改成活字本印刷。此书成为朝鲜时期规范宫中士女、女教的主要教科书。该书主要内容包括言行、孝亲、婚礼、夫妇、母仪、敦睦、廉俭等。《内训》强调妇德、妇言、妇容、妇功四行。李朝时期标准士女的形象是具备"内训"中的"四行"者。一是妇德，并非才能比别人出色，而是行为举止一定要端正。二是妇言，并非能言善辩，而是分场合说话。三是妇容，并非容貌秀丽，而是服装整洁，经常沐浴身子。四是妇功，并非纺线织布有多出色，而是不乱说话，房屋清洁礼貌待客。《女四书》章节涉及卑弱、夫婿、敬顺、妇行、专心、屈从、与叔妹和睦等女戒。《女论语》章节涉及立身、学作、学礼、早起、事父母、事舅姑、事夫、训男女、营家、待客、和柔、守节等。《内训》章节涉及德性、修身、慎言、谨行、勤力、节俭、警戒、积善、崇圣训、景贤范、师父母、奉祭祀、母仪、睦亲、慈幼、逮下、待外戚等。《王节妇女范节录》章节涉及统论、后德、母仪、孝行、贞烈、忠义、慈爱、秉礼、智慧、勤俭、才德等。雅亭李德懋（1741—1793）在"士小节"中强调妇仪，内容包括性行、言语、服食、动作、教育、人伦、祭祀、事物等。其中，"教育"中引用程子的母后例子强调女性应该谦逊、对待子女充满慈爱，而且平等对待每个子女。"昏义"中要求用妇德、妇言、妇容、妇功去教育女性。他认为德就是贞顺、言就是善言、容就是端庄温柔、功就是会纺丝麻。性理学禁止对女性进行智力教育。但事实上被公认为教育好子女的母亲大多德才兼备，而且精通儒学。如《女训》《女戒》《女范》等书中介绍的很多贤母，她们不仅对子女进行文字教育，还能教孩子儒学经典。在这一点上与性理学强调的内容有所差距。

第二章　东亚近代女子学校教育的发轫

近代以来，在西方文明的冲击和影响下，中、日、韩三国女子教育开始起步。日本通过明治维新推翻了封建幕府的统治，建立了近代化的新政权，对西方女子教育理念的吸取和借鉴基本上都是在明治政府的主导下完成的，这就使得日本能够较早冲破封建男尊女卑教育观的束缚，开启近代化女子教育之门。相比之下，中国自鸦片战争以后沦为半殖民地半封建社会，由于长期受到"女子无才便是德"观念的影响，加之清政府因循守旧，导致近代中国女子教育的发展举步维艰，远远落在了日本之后。直到19世纪末期时，女子教育还依赖西方人办的教会女子学校，除了康、梁等维新派之外，倡导近代化女学者寥寥无几。

第一节　近代日本女子教育的开启

1868年日本倒幕派打出"王政复古"的旗号，拥立睦仁天皇亲政，由此拉开了明治维新的序幕。在明治政权的主导下，日本在政治、经济、军事、文化等领域推行了一系列改革，开启了日本近代化之路。女子教育作为近代化的重要一环，其起步主要也得益于新政权的重视，同时也离不开启蒙思想家们的大力倡导。

一、明治政府对欧美女子教育的借鉴

明治维新以后，在"文明开化""求知识于世界"的口号下，日本掀起了向西方学习的欧化主义浪潮。为了学习欧美先进的女子教育理念，推动本国女子教育的发展，明治政权出台了一系列举措，主要包括：倡

导翻译欧美的教育资料、派遣女学生赴欧美留学及聘请外国教育专家来日，等等。

（一）积极翻译欧美教育资料

在明治初年，日本政府便计划"取万国学制之最善"，制定适应近代国家建设需要的、全新的教育制度。为此于 1868 年 12 月（阴历）[①]开始，相继命令箕作麟祥、神田孝平、森有礼、津田真道、西周等洋学者对欧美国家的教育制度进行调查、研究。在明治政府的关注和倡导下，一些介绍欧美国家教育制度的资料相继被翻译、介绍到日本，其中也涉及了女子教育方面的相关内容。当时翻译出版的资料主要有《荷兰学制》《法国学制》《西洋学校规范》《经济小学家政要旨》，等等。其中对日本影响最大的是《荷兰学制》和《法国学制》。

《荷兰学制》由明治初期日本著名的兰学家内田正雄翻译，并由明治政府直辖的洋学研究机构——开成学校于 1869 年出版发行。全书共有两卷，全文翻译了 1857 年的荷兰教育法。从其内容来看第一卷是小学条例，包括一般规则、公立学校、私学、教师的教学许可事宜、学校勘查事宜等内容。小学内容中与女子教育相关的是课程设置中关于"女子手艺课"的介绍。第二卷是中学条例，内容包括一般规则、公立中学、专科学校、中学私塾、监察事宜、考试、学业证明等，其中专门介绍了女子中学的相关情况。在此书的序言中明确提出译者翻译出版的目的是要"就荷兰法律之书，译中小学条例，以备参照"，[②]也就是说是为政府制定相关教育政策服务的。因此，在此书出版发行后不久，内田正雄便被任命为学制调查委员，负责研究起草适合日本的教育法令。毫无疑问，《荷兰学制》对荷兰中小学的课程安排、学校建设、管理监察、教

---

① 日本于阴历 1872 年 12 月 3 日正式采用阳历，将那一天定为 1873 年 1 月 1 日，因此文中的时间表述在 1873 年前皆采用阴历，从 1873 年开始都采用阳历，下文亦同。
② 转引自井上久雄：《增补 学制论考》，风间书房 1991 年版，第 86 页。

师资格、师资培养、教育财政等做了详细介绍，为明治日本制定本国的教育制度提供了重要参考。

在参考荷兰教育法令的同时，明治政府还积极学习法国的教育制度。1871 年，日本文部省开始对法国教育制度的进行调研，调研的成果之一是翻译出版了《法国学制》。该书的内容涵盖了法国的学区划分、教育行政机构的建立、大中小学的建设、课程设置、师资培养等各方面的内容。值得一提的是，与《荷兰学制》相比，《法国学制》中更多地关注了女子教育的情况，内容涉及了学前教育、小学教育、中学教育以及师范教育等各个层次。《法国学制》的主要译者是研究法国教育的著名学者河津佑之，他也是文部省任命的学制调查委员之一。在近代日本的第一教育法令《学制》的起草过程中，河津佑之发挥了重要作用。尤其是在女子教育方面，日本大多都直接照搬了法国的教育制度。例如在学前教育阶段《学制》要求"幼稚小学收男女子弟之不足六岁者入学，教授入小学前之学问端绪"；[1] 在小学教育阶段《学制》规定"女子小学除寻常小学之科目外，另设手艺课"等。[2] 所以可以说在诸多翻译资料中，《法国学制》对近代日本的影响是最大的。

在全面欧化的文明开化时期，通过对欧美教育制度的翻译和介绍，明治政府认识到了发展女子教育、将其纳入了国家的教育体系之中的重要性和必要性。法国等西方国家提倡"小学教育乃教育之初级，人人都必须入学"，[3] 要求在初等教育阶段不分男女都应该接受同等教育。这种将女子也纳入国家教育体系之内的"女子教育必要论"对于一直将女子排斥在国家教育机构之外的日本来说，无疑具有重大的启蒙意义。在欧美教育理念的影响下，明治政府发出了"洗从来女子不学之弊"的倡议，

---

① 文部省编：《学制百年史·资料篇》，第 13 页。
② 井上久雄：《增补 学制论考》，第 143 页。
③ 此处为《法国学制》中有关小学教育的规定，转引自井上久雄：《增补 学制论考》，第 142 页。

将发展女子教育列入近代国家发展规划之中。这表明进入近代资本主义社会后，日本女性开始摆脱被物化为"生育机器"的劣等地位，逐渐拥有了作为"人"而受教育的基本权利。女子应该受到与男子同等的教育，这种先进的女子教育思想被日本的教育政策制定者们引入日本之后，带来了日本女子教育的质的变化，直接促进了近代日本女子教育步入近代化之路。

（二）公派女学生赴美国留学

为了学习西方的女子教育理念，明治初期，日本派遣了津田梅子、永井繁子、山川舍松（即大山舍松）等 5 名少女赴美国留学，让她们直接接受西方教育，以便将来学成回国后为本国的教育服务。派遣女留学生的建议最初是由时任北海道开拓史次官的黑田清隆提出来的。1871 年为了开拓北海道，黑田曾经赴欧美各国考察。在美国逗留期间，他对美国妇女的社会地位之高深感惊讶，询问之下被告知"是因为这个国家的女子都受教育，因此得到最大的礼遇"。[1] 黑田由此深刻感受到了日本妇女与欧美妇女之间的巨大差距，进而认识到了发展女子教育、提高日本妇女素质的重要性与迫切性。在美国期间，他还与当时日本的驻美外交官森有礼会面，共同探讨如何提高日本妇女的素质。他甚至还建议"日本人应该与文明化的外国人进行国际联姻，所以森也应尽快与美国女子结婚"。[2] 从欧美考察回国以后，黑田于 1871 年 10 月提交了一份开设女子学校、派遣女留学生的建议书。他在建议书中指出，开发北海道的主要工作是"察山川之形势而通往来，检土地之善恶而盛畜牧"，要开展这些工作必须有大量的人才，因此"教育子弟"是开发北海道的关键。那么如何才能办好教育、培养出优秀人才呢？黑田认为"女学之设立乃育人才之根本"，母亲在培养子女成才方面发挥了巨大的作用，母亲的素质直接关系到人才的培养以及国家的建设，因此应该学习欧美的教育

---

① 查尔斯·勒迈等：《日本人在美国》，大学出版公司 1872 年版，第 45 页。
② 查尔斯·勒迈等：《日本人在美国》，第 45—46 页。

制度，大力发展女子教育，而"选年幼女子，遣其赴欧美留学"就是最直接最有效的学习。[①]

黑田的建议得到了明治政府的支持。在他提交建议书的当月，政府便以北海道开拓使的名义面向全国招募赴美国留学的女子，要求留学期限为十年，于次月随即将出访欧美的岩仓使节团一起出发。为了鼓励女子踊跃报名，政府还给出了十分优越的条件：不但往返的旅费、留学期间的学费、生活费全部由政府承担，而且每年还额外再给每位女留学生支付 800 美元作为零用钱。[②] 最终有五名女子应征报名，她们分别是：东京府士族秋田县典事吉益正雄之女吉益亮子（15 岁），新潟县士族外务中录上田畯之女上田贞子（15 岁）；青森县士族山川与七郎之妹山川舍松（12 岁）；静冈县士族永井久太郎之女永井繁子（9 岁）；东京府士族津田仙弥之女津田梅子（8 岁）。在出发前日本皇后破例召见她们，并颁发了诏谕以资鼓励："诸女子存修行洋学之志，诚为妙事。他日建立女学之际，学成归国可为妇女之模范。须心存此念，日夜勉励。"[③] 显然明治政府自上至下都对这次为公派女学生寄予了厚望，希望她们通过长期留学亲身体验西方文化，成长为今后日本女性的楷模，为今后日本女子教育的发展做出贡献。

1871 年 11 月 10 日，这五名少女随岩仓使节团一起从东京出发，经过一个多月的海上航行，一行人终于抵达了美国的旧金山。随后她们又随同岩仓使节团途经芝加哥之后抵达了华盛顿。在华盛顿与使节团告别之后，在驻美外交官森有礼的安排下，她们分两组（亮子和梅子一组，其余三人一组）被临时安置在市郊的美国人家中，学习当地的风俗、习惯及语言。两个月后森有礼把她们接到华盛顿市内，让她们一起居住在

---

① 转引自片山清一：《近代日本的女子教育》，建帛社 1984 年版，第 4 页。
② 久野明子：《鹿鸣馆的贵妇人：大山舍松——日本最初的女留学生》，中央公论社 1988 年版，第 53 页。
③ 津田塾大学编：《津田梅子文书·改订版》，津田塾大学 1990 年版，第 83 页。

租借的公寓里，每天集中学习英语，为正式进入当地学校学习做准备。期间吉益亮子与上田贞子由于健康原因不得不终止留学返回日本。其余的三人于 1873 年 10 月末，被送到三个美国家庭中开始了正式的留学生活。经过十余年的刻苦学习，三人终于学成归来。永井繁子嫁给了海军武官瓜生外吉，同时不断参加各种钢琴演奏会，为日本西洋音乐的发展积极贡献力量。山川舍松嫁给了陆军卿大山严，成了倡导欧式生活习俗的鹿鸣馆贵妇人。而津田梅子则立志从事女子教育，先后担任了华族女子学校和女子高等师范学校的英语教授。为了更好地从事教育事业，她再次赴美国留学，于 1892 年获得了理学学士学位。之后又赴英国、法国游学，回国后于 1900 年创办了日本第一所专门教授外语的女子学校——女子英学塾。该校的目的是"向意欲专修英学之妇人、以及有志于成为英语教师者"传授英语语言及英语教学法，并对那些意欲考取文部省英语教师资格证的学生进行专业指导。[1]1922 年女子英学塾升格为津田塾大学，成为当时为数不多的女子高等学府之一，为近代日本培养了大批英语教师。

综上所述，公费派遣女学生赴海外留学是日本积极仿效欧美国家、探索近代女子教育发展之路的一次大胆尝试，具有开风气之先的积极意义，显示了明治政府学习欧美、大力发展女子教育的决心。这项事业最终成功培养了津田梅子、大山舍松、永井繁子三名优秀的女学生。她们作为近代日本欧式女性的典范，不仅活跃于鹿鸣馆等社交场所，积极倡导西方文化，更重要的是津田梅子还专门从事女子英语教育，为近代日本女子教育的发展贡献了很大力量。

（三）聘请外籍专家来日执教

明治维新以后，为了向西方学习、大力发展近代教育，明治政府

---

[1] 涩川久子：《近代日本女性史·1·教育》，鹿岛研究所出版会 1970 年版，第 183 页。

从欧美各国聘请了很多外籍专家和教师来日本执教，或担任日本政府的教育顾问。在这些外籍专家和教师中，对日本的女子教育影响较大的是美国的教育家大卫·莫瑞（DavidMurray，1830—1905）。莫瑞曾于从1873年6月至1878年12月，受聘担任日本文部省的学监。而他之所以来日本任职，一方面是受当时美国的荷兰改革派教会的派遣，肩负着"向日本传播福音"的传教使命。[①]另一方面也得益于当时日本驻美公使次官森有礼的大力推荐。森有礼是近代日本著名的启蒙思想家，尤其关注日本的教育问题。1870—1873年间，他曾担任驻美公使次官，同时还肩负学习欧美、构建近代化教育制度的任务。因此，在美国任职期间，森有礼积极向美国教育界人士请教教育问题，莫瑞便是其中之一。当时莫瑞向森有礼建议日本的教育改革应该从五个方面着手：[②]建立适应本国国民国情的教育制度；普及初等教育；重视女子教育，将其放到与男子教育同等重要的地位；教育既要启发民智，也要重视职业技能的传授；既要创办面向普通民众的基础学校，也要创办培养高端人才的专科学校、大学，还要建设示范学校培养必要的师资等。在莫瑞的建议中，涉及了教育制度的制定、自初等到高等的教育体系的建设，师资的培养等各方面的问题，尤其提到了女子教育的重要性，这些建议中肯而又全面，必定对森有礼触动很大。正因为如此，在森有礼的大力推荐下，莫瑞被日本文部省聘为学监，负责教育指导近代化教育体系的建设。

在担任文部省学监期间，莫瑞不断向明治政府建言献策，为近代日本教育体系的创建做出了巨大贡献。尤其是在女子教育方面，莫瑞给予了很大关注。在1873年6月来日任职后，当年12月莫瑞便向文部省提交了关于大力发展女子教育与的意见书——"莫瑞申报"。在该申报中，莫瑞认为"日本从来重男女之别而不重女子教育"，因此发展女子教育

---

① 平塚益德：《以人物为中心的女子教育史》，帝国地方行政学会1965年版，第40页。
② 平塚益德：《以人物为中心的女子教育史》，第42—43页。

"乃当今之急务"。之所以要发展女子教育是因为"儿童幼稚，心志易移。当此之时，教育之任必在妇人。妇人之于儿童，不惟教其学业，其一言一行皆为儿童之模范。故欲养成国家将来之善良人才，必先行其母之教育"，也就是说幼儿的抚养和教育都是母亲的职责，母亲的一言一行还是子女模仿的对象，母亲的品行直接影响到子女的成长。为了让女性能够胜任母职，必须首先对身为母亲的女子进行教育。在申报中莫瑞不仅论述了女子教育的重要性，更进一步提出了发展女子教育的具体策略，即"将师范学校合并于小学或中学之中"，让女子在接受普通教育之时，习得教育子女的方法，同时还可仿照男子师范学校章程的设立专门的女子师范学校，"将来欲为教师之年轻女子可令入此师范学校"。①

在莫瑞的建议下，日本的第一所公立女子师范学校——东京女子师范学校于 1875 年 8 月正式开学。当时，明治天皇的皇后也出席了开学典礼，并多次前往参观指导，体现了明治国家对女子教育的重视。莫瑞的女子教育思想在明治初年对日本社会产生了具有很大影响。女子教育与男子教育同等重要、母亲是子女的良师等主张被明治政府采纳并最终付诸实施，有力促进了当时日本女子教育的发展。

二、启蒙思想家对近代女子教育的推进

近代伊始，明治政府便明确提出了"洗从来女子不学之弊"的倡议，自上而下积极推动女子教育的发展。与此相呼应，明治初期的启蒙思想家们也纷纷著书立说，积极向民众宣传欧美的女性观和女子教育思想，为政府的文明开化政策呐喊助威。在这些积极倡导女子教育的启蒙思想家中，尤以森有礼（1847—1889）、中村正直（1832—1891）二人的贡献较大。他们不仅积极发表文章介绍西方的女子教育思想，而且还投身教育事业，切实推进近代女子教育的发展。

---

① 东京都编：《都史纪要九 东京的女子教育》，东京都 1961 年版，第 9—11 页。

（一）森有礼的女子教育思想

　　森有礼是明治时代著名的教育家，同时也是一位外交官和政治家，他的女子教育思想以其担任文部大臣为分界，可以分为前后两个时期。前期森有礼的女子教育思想主要是受美国教育界的影响，主张培养具有一定的知识才学且思想开明的欧式女性。1870 年到 1873 年森有礼被派往美国担任日本驻美公使次官，从那时起他便开始关注日本的教育问题，尤其是对女子教育问题十分关注。当时他直接负责协调津田梅子等五名公费女留学生在美国的就学事宜，并安排她们直接借宿在当地美国人的家中，希望她们能借此机会"完全感受共和国家庭的恩惠"，"充分增长见闻，成为真正的妇人"。[①] 不仅如此，在驻美期间，森有礼还考察了美国的教育现状，并向美国的教育界人士请教日本教育改革的问题，从而主编了《日本的教育》一书。此书中不仅介绍了包括女子的初等及中等教育、女教师的培养与聘任等在内的美国教育的全貌，而且还收录了当时美国的教育家对日本教育改革提出的建议，其中也包括莫瑞等人关于女子教育的改革意见。

　　外交官工作结束回国后，森有礼联络中村正直、加藤弘之等人组成了启蒙团体明六社，并创办了启蒙思想家论坛《明六杂志》。1874 年，森有礼在《明六杂志》上发表"妻妾论"一文，一方面抨击了传统家族制度下夫妻之间的主从关系，主张婚姻应当尊重男女双方的意愿，另一方面主张大力发展女子教育以提高国民素质。具体而言，森有礼认为"女子为人妻，其治家之责既已不轻，而又为人母，其教子之任实难且重"，正因为母亲肩负着教育子女的重任，所以"母之质若不纯清，则其子亦不得纯清"，一个优秀的母亲才能养育出优秀的子女的关键，因此"欲美其子之资质，不可不美其母也"，由此来强调大力发展女子教育，塑

---

① 高桥裕子：《津田梅子的社会史》，玉川大学出版部 2002 年版，第 57 页。

造优秀母亲的重要性。在森有礼看来，作为一个优秀的母亲，首先要"身体强健"，因为"身体不强健则哺育幼儿之职无所依赖"；还要"其性公平，其质纯清"，如果品行不端则"管理其子不能令之心服敬从"；更要"常怀高见"，如果母亲见识不高，那么其子也很难"成就正大事业，以进文运而立伟绩"。[①]因此培养身体强健、品性正直纯真、思想见识高远的母亲是女子教育的主要目标。从以上论述可以看出，森有礼早期的女子教育思想主要建立在对欧美男女平等思想的吸取，和对日本传统的家族制度及女性观的批判上，从发挥母亲作用的角度来提倡女子教育，其主张具有自由主义色彩和启蒙意义。

1885 年森有礼担任伊藤博文内阁的文部大臣，成为日本历史上首任文部大臣。在他就职期间，先后制定了《小学校令》《中学校令》《师范学校令》《帝国大学令》等一系列教育法令，对日本近代学校制度的建立做出了重要贡献。而在这一时期，他的女子教育思想也有了重大转变，开始从维护国家利益的角度来强调女子教育的重要性，由此染上了浓重的国家主义色彩。森有礼后期的女子教育思想主要体现在他的各种演说中。1887 年，森有礼在巡视岐阜县的教育情况时，发表演说指出："国家富强的根本在教育，教育的根本在女子教育，女子教育的发达与否直接关系着国家的安危。发展女子教育，培养她们的国家意识至关重要。"为了培养女子的国家意识，他还倡议"在学校的教室中张贴母亲育子图、母亲教子图、参军青年别母图、面对困难顽强勇战图、母亲收到儿子的战死报告图"等。[②]1888 年在东京高等女子学校的毕业典礼上，森有礼在演讲中再次强调"女子教育应该比男子教育更受重视"，"女子是国家的一部分，身为母亲、妻子，或者仅是身为女子，其风采、行

---

① 山口美代子编：《论争系列 4 资料明治启蒙期妇女问题论争的周边》，家庭出版社 1989 年版，第 17—18 页。
② 大久保利谦：《森有礼全集》第 1 卷，宣文堂书店 1972 年版，第 511 页。

为对全社会的影响也非常大，所以推进女子教育的发展就是推动国家社会的文明进步"。①

综上所述，森有礼后期的女子教育思想具有浓重的国家主义色彩，他认为教育的根本任务是培养为国家献身的国民，"女子教育乃国家富强之本"使其核心观点。在森有礼看来，女子教育的对象不是"作为家族成员的女性"，而是"作为国民的女性"，女子通过在家庭中发挥其"管理家庭"的"良妻"作用和"熏陶子女"的"贤母"作用，最终为国家的繁荣富强服务，这就将女子教育与国家利益紧密结合在一起了。

（二）中村正直的女子教育思想

中村正直是近代日本著名的女子教育家和启蒙思想家。他对女子教育的关注始于其旅英留学时期。1866 年中村正直受幕府派遣赴英国伦敦留学，当时为了学习英语会话，他曾经与当地小学生一起学习。当时发现每个英国小学生解释问题时都很有条理，对此他感到很惊讶，一问之下，他们都回答说是母亲教的。② 中村由此深刻认识到国家的兴亡、社会的盛衰都取决于女性智力水平的高低，女子教育的发达程度决定了一个国家的竞争力强弱。回国之后，中村正直便开始撰写"女子教育论"，向日本政府提出了开办官立女子学校的方案。1874 年，中村亲自开设同人社女子学部，积极投身于女子教育的实践。1875 年他又出任日本第一所官办女子师范学校——东京女子师范学校的校长，进一步推行他的女子教育主张。

在积极从事女子教育事业的同时，中村正直还通过撰文、著书、发表演说等形式宣传其女子教育思想。著名的"造就善母说"一文便是其女子教育思想的集中体现。该文发表于 1875 年 3 月的《明六杂志》上，他在文中写道："若使人民移风易俗，并达到开明之境，必须造就善母。

① 三井为友编:《日本妇女问题资料集成·4·教育》，家庭出版社 1976 年版，第 214—215 页。
② 筱塚英子:《女性与家族——近代化的实像》，读卖新闻社 1995 年版，第 95 页。

只有绝好之母亲才有绝好之子女。如此及至我等子孙之辈，日本自然成为优良国家，人民亦成为修身敬神之人民，成为接受技艺学术之人民，成为知性上进、心术善良、品行高尚之人民。"在他看来，女子教育是培养优秀国民、建设强大国家的前提，由此把女子教育提升到了与国家利益密切相关的高度，更加突出了发展女子教育的必要性和重要性。在此基础上他进一步指出女子教育的目标就是不仅要塑造具备教育子女的教养和知识的"善母"，还要塑造"畏天道、敬真神、好技艺、嗜学问，可以辅助丈夫、相敬相爱"的"良妻"。而所谓的"良妻"，其具体标准是指："好性情既占十分之八，即亲爱四分、好意见二分、巧智一分、美丽（颜色眉目美好、容貌娴雅等）一分。余下十分之二乃妻子日常之产业、交游及良善之教育才艺。"[①]"善母""良妻"是中村正直女子教育理念的核心命题，培养教育国民的"善母"和辅助丈夫的"良妻"是中村正直的女子教育思想的核心内容。这一点在他的其他演说中也得到了印证。例如在1875年东京女子师范学校成立的开学典礼上，身为校长的中村正直在发表演讲时明确提出，"唯望学习毕业者成为善妇以辅助丈夫，成为善母以教育儿女，生育优良人民，以助我国成为福祉安宁之邦"[②]。

值得一提的是，中村正直的女子教育思想中还包含了一定程度的男女平等思想。如在"造就善母说中"一文中他就明确提出"欲使人类整体保有至高至静之地位，须使男子妇女皆受同等修养，令其共同进步。纯清之妇人应与纯清之男子相伴。盖善德之律法无男子妇人之差别，自然应共同遵用"。在他开办的同人社女子学校中，还将《男女同权论》（英国人 John Stuart Mill 著，深间内基译）等主张男女平等、妇女就业及参

---

① 山口美代子编：《论争系列4资料明治启蒙期妇女问题论争的周边》，家庭出版社1989年版，第35—37页。
② 东京女子高等师范学校编：《东京女子高等师范学校六十年史》，东京女子高等师范学校1943年版，第33页。

政的著作用作女子教育的教科书。正因为中村正直主张男女教育机会均等，强调女子应该受到与男子相同的教育，所以被称为明治时期的"男女平等教育"论者。[①]

综上所述，在近代伊始，日本通过明治维新推翻了封建专制统治，建立了具有近代意义的新政权，这为女子教育的开启创造了十分有利的政治环境。在明治政府的积极推动下，在森有礼、中村正直等启蒙思想家的大力倡导下，欧美的女性观及女子教育理念渐次传入日本，有力冲击了传统的儒家女性观和女子教育观。得益于全社会自上而下的重视，日本女子教育的近代化之路从一开始走得就十分顺利。

第二节　近代中国女子教育的起步

与日本女子教育一帆风顺的启航相比，近代中国女子教育的起步可谓困难重重。面对西方列强的蚕食和侵略，清政府软弱无力、一筹莫展，导致中国社会积贫积弱、国穷民困，近代化教育事业无从谈起。加之千百年来，受"女子无才便是德"观念的束缚，深受夫权、父权等多重压迫的广大妇女更是苦难重重，根本没有接收文化教育的机会和权利。直到19世纪末期时，近代中国的女子教育还以西方传教士创办的教会女子学校为主。在思想界也只有康有为、梁启超等资产阶级维新派在为女子教育呐喊疾呼。

一、近代教会女子学校的创办

鸦片战争以后，中国的国门被迫向西方列强敞开，西方传教士大量涌入中国"传播福音"。为了向中国的广大妇女传教，他们以兴办女学为突破口，希望借助教会学校的教育吸纳更多的信徒。1844年英国女传教士爱尔德赛在宁波创办了女塾，这是中国历史上第一所女校，具有开

---

① 山川菊荣：《日本妇女运动小史》，大和书房1979年版，第43—45页。

中国女子学校教育之先河的积极意义。然而教会女子学校在创办之初便遭到了冷遇。当时中国民众视西洋人为怪物，将其称作"洋鬼子"，认为她们在中国办学有着不可告人的邪恶目的，所以几乎无人敢报名入学。爱尔德赛创办宁波女塾之际，便被谣传她是要把孩子骗去挖眼珠炼药。为此她多次挨家挨户登门游说和担保，并承诺孩子上学可以减轻家庭负担，才在次年招到 15 名学生。之所以遭遇招生难的问题，除了教会女校被妖魔化以外，还有一个重要的原因就是中国人受"无才是德"观念的毒害太深。据一些传教士回忆，当他们去劝说家长让女儿入校读书时，得到的答复往往是"女人们是学不会的"，甚至连女子本身也认为"男人读书、女人干活"是天经地义的事情，"不必指望一个女孩去读书"。①女人天生愚蠢、非可教之材的观念根深蒂固，严重阻碍了近女子学校教育的开展。

为了解决生源问题，教会女子学校在开办之初不但实行免费教育，有些寄宿制学校还给入学的女子提供免费的食物和衣服，甚至出钱"倒贴"。据福州女塾的创办人——美国传教士保灵夫人回忆，在 1850 年办学之初，为了劝导学生入学，她的丈夫保灵先生在一个当地教习的帮助下，"挨门逐户去问"，结果"无人愿意送女入学"；后来又请一个拟聘用的当地教习去寻找学生，也一无所获。无奈之下，她只好答应每天给来上学的女孩子十文钱，才勉强招到两名学生。这使得她不由得感叹"在国内，我们都很乐于为读书付费，在这里（中国——笔者注），恰好相反，教书付费"②除了通过提供钱财吸引贫苦人家的女孩前来就学之外，教会女子学校在创办之初还通过收养弃婴的方式解决生源问题。如创办于 1859 年的福州毓英女校，经过十几年的经营终于小有规模，

① 罗苏文：《女性与近代中国》，上海人民出版社 1996 年版，第 67—68 页。
② 熊月之：《西学东渐与晚清社会》，上海人民出版社 1996 年版，第 295—296 页。

到 1873 年时共有学生 28 人，其中就有 19 人是弃婴。[①]

　　经历了创办之初的重重艰难之后，教会女子学校在中国社会逐渐发展起来。从 1844 年到 1898 年中国人自己创办的第一所女学堂出现时为止的五十余年间，外国传教士在中国创办的女子学校共有四十余所，[②]平均不到一年半的时间就有一所教会女子学校成立。其中比较知名的学校有：上海的裨文女塾（1850 年由美国基督教公理会传教士裨治文的夫人创办，该校后来还兼并了长老会创办的女子日校，新中国成立后改为上海市第九中学）、上海的明德女校（1853 年由法国天主教耶稣会创办，新中国成立后改为上海市蓬莱中学）、福州的毓英女学（1854 年由美国基督教美以美会创办，为现在毓英中学的前身）、上海的徐汇女校（1855 年由法国天主教创办，新中国成立后改为上海市第四中学）、北京的贝满女校（1864 年由美国基督教公理会的传教士艾莉莎贝满夫人创办，这是华北第一所女子学校，1895 年升格为贝满女子中学，新中国成立后改为北京市第 166 中学）、上海的圣玛利亚女校（1881 年由美国圣公会施约瑟主教创办的贵族学校，新中国成立后改为上海市第三中学）、镇江女塾（1884 年由美国基督教美以美会创办，后于 1913 年改为私立镇江崇实女子学校，新中国成立后改为镇江市第二中学）、上海中西女塾（1892 年由基督教美南监理会传教士林乐知创办，是近代上海最著名的女子学校，1930 年改名私立中西女子中学，新中国成立后与圣玛利亚女子中学合并为上海市第三女子中学）等。从地域分布来看，这些学校大部分集中在上海、广州、福州三个通商口岸，此外在我国香港、台湾、厦门、宁波、镇江等东南地区以及北京、烟台等华北地区也陆续开办了教会女校，形成了"教会所至，女塾接轨"的状况。[③]从学生人数来看，

---

① 熊贤君：《中国女子教育史》，山西教育出版社 2006 年版，第 181 页。
② 熊贤君：《中国女子教育史》，第 178—179 页。
③ 梁启超：《倡设女学堂启》，载舒新城编：《中国近代教育史资料》第 3 卷，人民教育出版社 1981 年版，第 789 页。

虽然开办之初教会女子学校面临着招生难的问题，但是经过一段时间的发展，学生人数逐渐增加，到 1869 年时，基督教会女学生共有 567 人，经过三十余年的发展，到 1902 年时增加达到了 4373 人，女学生人数占到了教会学校学生总人数的 43%。[①]

从课程设置来看，由于传教士开办教会女子学校的直接目的是传教布道，所以学校的最主要的课程就是学习《圣经》，宣传宗教信仰。正如 1849 年宁波长老会学校的课程报告大要中所讲："凡女生均教以本国之文字，彼等不习中国经书，唯诵读含有基督教教训之课本及浅近之科学书籍而已，复以口头上之问答，俾彼等熟悉《圣经》中之故事。"[②]北京的贝满女塾"最主要的中心科目是《圣经》，一切其他学科都围绕这个中心来教学"。[③]在美以美会创办的镇江女塾，《圣经》课从第一年至第十二年都被置于所有课程之首，此外还开设了读教士列传、圣教史记、耶稣教复苏等宗教类课程。[④]显然向学生传授《圣经》的教义是教会学校的核心课程。与此同时，教会女子学校还开设数学、地理、生物、世界历史、哲学、体操等其他西式课程。以镇江女塾为例，该校 1—4 年级开设了算法、心算、地理口传、地理初阶、蒙学地理、孩童卫生等初级入门课程；5—8 年级开设了数学、幼童卫生、植物图说、动物新编、地理志、地势略解、植物学、动物"等中级课程；而 9—12 年级开设的则是代数备旨、地学指略、形学（几何）、天道溯源、万国通史、格物入门（科学基础知识）、性学举隅（哲学）、天方略解等难度较高的课程，此外写字、体操和诗歌三门课也是贯穿始终的。除了宗教课程及西学课程之外，为了吸引更多的女子入学，有些教会学校也会入乡随俗，

① 引自卢燕贞：《中国近代女子教育史》，台北文史哲出版社 1989 年版，第 28 页。
② 李楚材编：《帝国主义侵华教育史料——教会教育》，教育科学出版社 1987 年版，第 240—241 页。
③ 陈景馨：《中国近代教育史》，人民教育出版社 1979 年版，第 211 页。
④ 参见李楚材编：《帝国主义侵华教育史料——教会教育》，第 105—106 页。

开设一些中国传统的蒙学课程和女红课程。如镇江女塾从二年级开始依次开设了《三字经》《百家姓》《千字文》《诗经》，以及四书易知摘要、四书摘要、《左传》摘要等多门国学课程。1881 年成立的上海圣玛利亚女学除了教授日常的宗教礼仪和数学、地理等西学之外，还开设了纺织、园艺、缝纫、烹调等课程，以教育学生学习美式家政、育儿知识。

教会女子学校的创办是近代中国女子学校教育的肇始。为了顺利办学，有些传教士还充当了倡导女学的启蒙家的角色。其中最著名的当属美国传教士林乐知。其主办的《万国公报》是近代中国倡导女学的重要报纸，早在 1878 年就刊登了《中国女学》一文，号召"女子居万民之半，男女各半，均应受学"，文中特别强调三类人当学："有女之母当学"，可以"视女命为可贵"，减少"溺女之风"；"女孩当学"，可以"以养己之命，而成有用手艺"；"有子之母"当学，因为"其母既会学艺，实有大益"，可以更好地教育孩子、履行母职，[①] 这实际上是对西方社会所盛行的"贤母论"的介绍。林乐知本人也曾撰写《中国振兴女学之亟》一文，认为中国要实现立宪、变法，改变落后的局面，当务之急"莫若兴女学，劝女学，使女子而皆有学问，具完全之人格，将与男子同出而担任人类之义务"。他甚至还认为女子教育较之男子教育更为迫切，"欲谋男子之教育普及，非先兴女学不可也"。[②] 西方传教士在中国从事的教育活动，结束了长期以来中国女子无缘学校教育的落后状态，向中国民众传播了西方资产阶级启蒙思想，对传统的"女子无才便是德"的观念形成了巨大的冲击，这无疑是具有进步意义的。然而传教士在中国创办女子学校的根本出发点并非是为了提高中国国民素质、提高中国的国力，而是为了培养"中国女子界中之宣传基督教者也"，[③] 同时"为

---

① 转引自阎广芬：《中国女子与女子教育》，河北大学出版社 1996 年版，第 135 页。
② 李楚材编：《帝国主义侵华教育史料——教会教育》，第 225—236 页。
③ 李楚材编：《帝国主义侵华教育史料——教会教育》，第 241 页。

传道人预备受过良好教育的妻子"，[①] 也就是说培养更多的女基督徒以及合格的教徒妻子是教会女子学校的根本目的。这种教育实际上是西方列强对中国进行文化侵略的副产品，严重侵犯了中国的教育自主权，不利于中国女子教育积极、健康地发展。可以说近代中国女子教育的起步是在丧失国家主权的背景下被动的接收西方宗教思想的熏陶。这一点与近代日本女子教育起源于主权国家对西方教育思想及教育制度的积极主动的学习和有选择的借鉴有着根本的不同。

二、维新派的女学主张及活动

19 世纪中后期，特别是中日甲午战争之后，面对中国被动挨打的落后局面，康有为、梁启超、郑观应、经元善等一大批仁人志士提出了救亡图存、变革社会的主张，积极倡导废除缠足恶习、广兴女学。在他们的努力下，中国出现了第一所中国人自己创办的女子学校——经正女学堂，从这一时刻起，中国的女子教育才称得上是真正起步了。

（一）不缠足运动的兴起

近代中国女子教育之所以发展迟滞，有一个不容忽视的因素就是缠足对女子的摧残和束缚。缠足就是将女子的双足用布带紧紧缚住，使肌骨变形，脚形纤小，屈曲成"三寸金莲"，以迎合封建社会里男人的审美观。一般认为这一陋习起源于五代的南唐时期，北宋时出现了咏叹缠足的诗词，苏东坡的《菩萨蛮·咏足》描写了缠足女子"纤妙说应难，应从掌上看"的曼妙舞姿，被视作咏足的第一首作品。到了南宋时，脱离生产劳动的上层社会女子缠足已经较为常见。经过元、明两代的不断滋长蔓延，及至清代达到鼎盛，缠足之风从上流社会普及到了平民百姓，缠足的标准也越来越以纤小、弓曲为美，小脚成了封建社会女性美的一个重要标准，是女子获得美满姻缘的一个重要条件。不仅如此，缠足还

---

① 黄新宪：《中国近现代女子教育》，福建教育出版社 1993 年版，第 176 页。

成了维护封建礼教一个重要手段，正如清朝的《女儿经》中所言："为甚事，缠了足，不因好看如弓曲，恐她轻走出房门，千缠万裹来拘束。"缠足成为女德淳厚、守贞持节的象征。进入近代以后，缠足习俗丝毫没有衰减，广大妇女由于缠足而变成了半残疾，她们被剥夺了行动自由，连家门都不易跨越，如何能够走向学堂？由于缠足陋习的存在严重阻碍了中国女子教育的发展，因此欲振兴中国的女学，首先要从解放女子的双脚开始。

最早在中国呼吁反缠足的是来华的传教士，他们先后发表了《施医信录缠足论》（《教会新报》第二卷，约1870年）、《保师母与年会议论缠足信》（《万国公报》第1册，1874年）、《革裹足敝俗论》（《万国公报》，1876年）、《劝戒缠足》（《万国公报》，1882年）等大量戒缠足的文章，宣传缠足的危害。1875年伦敦传教会的传教士还在厦门成立了第一个"天足会"，要求入会者不给女儿缠足。传教士的反缠足宣传及活动对于戒除缠足陋习起到了积极的推动作用，然而他们的活动主要局限在信徒范围内，影响力毕竟有限。甲午战争以后，民族危机进一步加剧，促使人们深刻认识到了缠足对国家的危害，从19世纪后期开始，资产阶级维新派人士发起了倡导女子放弃缠足的不缠足运动，其具体做法有：

第一，自发创立不缠足会，切实践行不缠足主张。1883年康有为在广东南海创办了不缠足会，率先破俗，坚持不为女儿康同薇、康同璧及族中众侄女缠足，并拟定了《不裹足草例》，要求"凡入会者，皆不裹足"，"已裹而复放着，同人贺而表彰之"。[①]1895年康有为与其弟康广仁又成立了"粤中不缠足会"。在康有为的带动下，维新派人士创办的不缠足会逐渐增多。1897年广东顺德不缠足会成立，入会人数达数百人。同

---

① 康有为著，楼宇烈整理：《康南海自编年谱（外二种）》，中华书局1992年版，第11页。

年梁启超、谭嗣同、康广仁等人在上海成立了不缠足总会，并制定了《试办不缠足会简明章程》[①]，明确了立会的宗旨："此会之设，原为缠足之风，本非人情所乐。徒以习俗既久，苟不如此，即难以择婚，故特创此会，使会中同志可以互通婚姻，无所顾虑，庶几流风渐广，革此浇风。"显然设立不缠足总会是为了解决不缠足人家的女子择婚难的现实问题，进而逐渐根除缠足之风，因此章程规定"凡入会人所生女子，不得缠足"，"其已经缠足者，如在八岁以下，须一律放解"，"凡入会人所生男子不得娶缠足之女"。章程还明确了以上海为总会，"各省会皆设分会"，"各州县市集"设小分会。上海不缠足总会成立以后，得到了社会上开明人士的积极响应，据估计在维新变法之时，上海不缠足总会的入会者共达约三十万人。[②] 在上海总会的影响和带动下，直隶、山东、江苏、安徽、江西、四川、湖南、福建等省纷纷成立了不缠足会，全国的不缠足团体共有二三十个。

第二，发表禁缠足的文章，利用报刊进行舆论宣传。为了改变国人的观念，维新派不断在报刊上发表戒缠足的文章，揭露缠足的危害。当时刊登相关文章较多的报纸有《时务报》《湘报》《知新报》《万国公报》等，其中除《万国公报》是由基督教传教士创办之外，其余都是有维新派人士创办的。在这些报纸上不仅刊登了《试办不缠足会简明章程》（《时务报》1897 年 5 月 2 日）、《澳门不缠足会别籍章程》（《时务报》1897 年 5 月 17 日）等不缠足团体的章程之外，还刊登了《戒缠足会叙》（梁启超撰，《时务报》1897 年 1 月 3 日）、《不缠足会叙》（张之洞撰，《知新报》1897 年 9 月 26 日）、《不缠足会驳议》（新化曾继辉撰，《湘报》1898 年 9 月 10 日）等评论性的文章。此外还出现了《新乐府 小脚妇 伤

---

① 引自全国妇联妇女运动历史研究室编：《中国近代妇女运动历史资料（1840—1918）》，中国妇女出版社 1991 年版，第 29—31 页。

② 吕美颐、郑永福：《中国妇女运动（1840—1921）》，河南人民出版社 1990 年版，第 78 页。

缠足之害》（林纾撰，《时务报》1897 年 12 月 24 日、1898 年 1 月 3 日））、
《卫足诗》（慕莲女士撰，《湘报》第 61 号）等号召戒缠足的诗词作品。

第三，奏请朝廷发布不缠足训谕，借助官方权威推进不缠足运动。
以康、良为代表的维新派在自发组织不缠足团体、借助报刊媒体为不缠
足运动造势的同时，还积极争取朝廷官员中的开明派、甚至光绪皇帝的
支持，希望借助官府的力量进一步扩大不缠足运动的影响。上海不缠足
总会成立之际，时任两湖总督的张之洞就曾作《不缠足会叙》，对"诸
君既为此会以救二万万之妇女"的行为表示支持。[①] 1898 年湖南不缠足
会成立后，时任湖南按察使的黄遵宪不仅担任董事，而且还应当地士绅
刘颂虞等人的请求，颁布了《湖南署臬司黄劝谕幼女不缠足示》，罗列
了缠足的七大害处：指出缠足的七大害处：废天理、伤人伦、削人权、
害家事、损生命、败风俗、戕种族，要求"绅商士民等一体知悉，所望
不缠足一事，父诏而兄勉，家喻而户晓"，希望通过戒缠足达到"有天
理""敦人伦""保人权""修家事""全生命""厚风俗""保种族"
的效果。[②] 在官方的督促下，湖南的不缠足运动发展迅速，连一些偏远
山区，如善化县东乡仙庾峡等地也出现了不缠足会。不缠足运动官方化
的高潮是在 1898 年。是年 7 月，康有为向光绪皇帝提交了《请禁妇女
裹足折》，其中历数缠足恶习对女子的摧残以及对国家的危害，指出缠
足不仅给广大妇女带来了身体上的痛苦，而且会导致女子身体虚弱，"流
传子孙"，最终导致成国民体质羸弱，国家兵力衰弱。他强调"欧美之人，
体直气壮，为其母不裹足，传种易强也"，而"吾国之民，尪弱纤偻，
为其母裹足，传种易弱也"，"会当举国征兵之世，与万国竞，而留此
弱种，尤可忧危矣"。为了根除缠足恶习，康有为请求皇帝"特下明诏，

---

① 　张之洞撰：《不缠足会叙》，参见全国妇联妇女运动历史研究室编：《中国近代妇女运
动历史资料（1840—1918）》，第 41—42 页。
② 　参见全国妇联妇女运动历史研究室编：《中国近代妇女运动历史资料（1840—1918）》，
第 60—62 页。

严禁妇女裹足，其已裹者，依一律宽解，若有违抗，其夫若子有官不得受封，无官者，其夫亦科官者其夫亦科镯罚。其十二岁以下幼女，若有裹足者，重罚其父母"。[1]8月，光绪皇帝应康有为之请，发布上谕命各省督抚劝诱禁止妇女缠足，由此，不缠足运动从维新派的自发行为发展为全国官方化的强制性行为。然而这一利国利民的运动很快便随着维新变法的失败而夭折了。

19世纪后期维新派所倡导的不缠足运动，并没有停留在撰文立说的空谈上，而是通过创办不缠足团体、积极争取官方支持等方式将其不缠足主张付诸实践。在维新派的努力下，社会上出现了许多不缠足团体，放弃缠足的家庭也有所增加。这些都对缠足这一传统陋习形成了强烈冲击，也为女子教育的顺利开展创造了有利条件，出现了女学堂优先招收不缠足女子入学的新气象。然而随着戊戌变法的失败，上海的不缠足总会被查封，各地的分会纷纷解散，不缠足运动也以失败告终、并没能根除缠足陋习。

（二）兴女学思想的倡导

在19世纪中后期，资产阶级有识之士救亡图存、改良社会的另一项重要课题便是教育兴国。尤其是甲午战争的惨败使他们认识到"兵战不如商战，商战不如学战"，[2]发展近代化教育是国家强盛的必要条件，女子教育问题亦随之受到了前所未有的重视，很多先进人士纷纷著书立说，积极倡导兴女学的思想，其代表人物有郑观应（1842—1921）、梁启超（1873—1929）、康同薇（1879—1974）等人。

郑观应，字正翔，广东香山人，是早期资产阶级改良派的重要代表人物，也是近代中国著名的实业家、教育思想家。他自幼随父亲读书习字，

---

[1] 参见全国妇联妇女运动历史研究室编：《中国近代妇女运动历史资料（1840—1918）》，第65—67页。

[2] 《南学会问答》，《湘报》第50号。

16 岁时考童子试未中，于是弃学从商进入上海的洋行任职，与此同时他还在英国人所办的英华书馆夜校学习英语、西学等。郑观应一生积极致力于创办实业，并没有开办学堂、从事教育活动，但却主张教育救国，而且十分重视女子教育问题，其女子教育思想集中体现在《盛世危言》一书中。《盛世危言》出版于 1893 年，是郑观应社会改良思想的代表作。在第 2 卷的《致居易斋主人谈论女学校书》及第 3 卷的《女教》等文章中，详细阐述了其女学主张。

梁启超，字卓如，号饮冰室主人，广东新会人，是维新派的领袖，也是近代中国著名的政治家、启蒙思想家。他自幼在家中接受传统教育，后由师从康有为，与康一起领导了"戊戌变法"。梁启超是维新派中最为关心妇女问题，尤其是女子教育问题的领袖人物之一。在其主编《时务报》期间，曾刊登过三十余篇有关妇女问题的文章。不仅如此，在其 1896 年创作的维新变法理论著作《变法通议》中，还专设一章《论女学》来论述女子教育问题。此外他还撰写了《倡设女学堂启》一文呼吁有识之士关注女子教育，并起草了《女学堂试办章程》积极筹备开办女学堂事宜。

康同薇，字文僴，号薇君，是康有为长女，也是维新派中的女性代表人物之一。她从小受父亲影响，不缠足、不穿耳，勤学强记，对历史地理、文化典籍、西学知识有较深的造诣，而且擅长日文，协助其父编写了《日本变政考》《日本书目志》。1897 年起担任《知新报》的日文翻译，1898 年同梁启超夫人李蕙仙在上海创办了中国最早的女报——《女学报》，并任主笔。康同薇是近代中国最早从事新闻工作的新女性的代表，她以女性的视角现身说法，撰写不少论述妇女问题的文章，其中《女学利弊说》是其女子教育思想的代表作。

在维新变法期间，康有为在《大同书》的"去形界保独立"章中专门论述了妇女问题及女子教育问题；著名教育家严复曾发表《论沪上创兴女学堂事》对女子教育的开展表示赞赏；中国自办的第一所女学堂的创始人经元善曾写了《劝女子读书说》一文提倡女子上学读书。此外当时的《时务报》《湘报》《国闻报》《知新报》《女学报》等报纸上也刊登了大量倡导女学的文章，其中还有不少是出自女性之笔，如《论女学塾及不缠足会未得遍行之故》（《湘报》1898 年 7 月 2 日）的作者刘增鉴、《女教与治道相关说》（《女学报》1898 年 8 月 15 日）的作者薛绍徽、《论女学堂当与男学堂并重》（《女学报》1898 年 9 月）的作者裘毓芳等。统观维新时期的女子教育思想，其内容大致有如下几个方面：

第一，批判"无才便是德"的观念，提倡女子应与男子一样就学。维新派指出"女子无才便是德"的言论实为谬论，那些固守此论的腐儒"务欲令天下女子，不识一字，不读一书"而成为贤淑之人，这种想法实在是"祸天下之道也"。因为女子就学可以"知有万古，有五洲"，通晓与人相处之道，了解"万国所以强弱之理"，也就"无余力以计较于家人妇子之事"，这样非但无害于妇德，反而能够"内之以拓其心胸，外之以助其生计"，可谓"一举数善"。相反，女子由于不识字，"于天地间事物一无所闻"，所以"尽日营营于此极小之圈限"，"讲交涉于筐箧之间"，很难成为"贤淑有加"之人。[1]"今中国二万万之女子，无教者居多数"，难以"识字通文"，正是"被'无才便是德'一语所累"。[2]因此，要使占中国总人口半数之多妇女摆脱"有目而暗，有耳尔充，有脑而闭，有心而蓬"的愚昧无知，必须摒弃"无才是德"的落后观念，[3]使女子与男子平等接受教育。在维新派看来，"男女之于学，各有所长，

---

① 梁启超：《论女学》，参见全国妇联妇女运动历史研究室编：《中国近代妇女运动历史资料（1840—1918）》，第 76 页。
② 郑观应：《致居易斋主人谈论女学校书》，参见全国妇联妇女运动历史研究室编：《中国近代妇女运动历史资料（1840—1918）》，第 83 页。
③ 康同薇：《女学利弊说》，参见全国妇联妇女运动历史研究室编：《中国近代妇女运动历史资料（1840—1918）》，第 86 页。

非有轩轾"①，男女虽然性别不同，但智力、性情等并无差异，"其聪明睿哲同，其性情气质同，其德义嗜欲同，其身收手足同，其耳目口鼻同，其能行坐执持同，其能视听语默同，其能饮食衣服同，其能游观作业同，其能执事穷理同"②，所以在受教育方面年应该享有平等的权利。

第二，强调女子教育意义重大，女学的兴衰关乎国家兴亡。为了唤醒国人对女子教育的重视，维新派大声疾呼："天下积弱之本，则必自妇人不学始。"他们环顾世界各国局势，认为"女学最盛者，其国最强，不战而屈人之兵，美是也。女学次盛者，其国次盛，英、法、德、日本是也。女学衰，母教失，无业众，智民少，国之所存者幸矣，印度、波斯、土耳其是也"③，进而得出了中国如欲富强，务须广兴女学，"女学之源，国家之兴衰存亡系焉"的结论④。值得注意的是，维新派的女学思想并非仅仅局限于表象的归纳，而是进一步阐明了女学兴衰与国家兴亡之间的内在联系。他们认为兴女学有助于女子自食其力，使其不再"待养于他人"，从而将女子从"分利之人"——物质财富的消费者，变为"生利之人"——物质财富的创造者，形成"人人足以自养""执业之人骤增一倍""民富国强"的大好局面。⑤也就是说发展女子教育可以增加社会劳动力，增强国家的经济实力。更为重要的是，发展女子教育可以提高母亲的素质，进而提高国民的整体素质。维新派认为母亲在童蒙教育方面作用巨大，"襁褓之婴，孩提之童，亲母之日多，亲父之日

---

① 梁启超：《论女学》，参见全国妇联妇女运动历史研究室编：《中国近代妇女运动历史资料（1840—1918）》，第76页。
② 康有为：《大同书》，内蒙古人民出版社2006年版，第95页。
③ 梁启超：《论女学》，参见全国妇联妇女运动历史研究室编：《中国近代妇女运动历史资料（1840—1918）》，第80页。
④ 郑观应：《致居易斋主人谈论女学校书》，参见全国妇联妇女运动历史研究室编：《中国近代妇女运动历史资料（1840—1918）》，第83页。
⑤ 梁启超：《论女学》，参见全国妇联妇女运动历史研究室编：《中国近代妇女运动历史资料（1840—1918）》，第75—76页。

少"①，儿童"天性纯一，其性情嗜好，惟妇人能因其势而利导之"②，所以如果母亲能够"通于学本，达于教法"，那么孩子自然也能学习"一切学问之浅理"以及"立志立身之道"，将来便可成长为国家的有用之材。正因为母亲的素质决定了未来国民的整体素质，所以维新派们反复强调"广育人才，必自蒙养始，蒙养之本，必自母教始，母教之本，必自妇学始"③，"妇学实天下存亡强弱之大原也"④。

第三，主张模仿欧美、日本等大力发展女子教育。由于女学关系到国家兴衰，所以振兴中国女学迫在眉睫，但关于如何兴女学，维新派并没有提出切实可行的独特见解，不过主张模仿发达国家。他们指出欧美"凡男女八岁不入学者，罪其父母，幼学处所男女并同，及其长也，别为女学以教之。学分三等，循序而升"，所学科目有"圣教、闺范、修身、教育、天文、地舆、律法、家政、医算、格致、音乐、书画、女红"等，⑤其女学制度发展成熟值得学习。而日本作为东方新兴之国，其女学亦很发达，所学课程有"一修身、二教育、三国语、四汉文、五历史、六地理、七数学、八理科、九家事、十习字、十一图画、十二音乐、十三体操"⑥。中国兴女学则应"参仿泰西，整齐严肃"，借鉴女学发达的国家学制，"通饬各省，广立女塾"⑦。

第四，女子教育的目标是培养真正遵从三从四德的贤内助。维新派虽然积极倡导女学，但其女子教育思想却存在很大的局限性。他们所倡

---

① ③ 郑观应：《致居易斋主人谈论女学校书》，参见全国妇联妇女运动历史研究室编：《中国近代妇女运动历史资料（1840—1918）》，第83页。

② ⑤ 康同薇："女学利弊说"，参见全国妇联妇女运动历史研究室编：《中国近代妇女运动历史资料（1840—1918）》，第85页。

④ 梁启超：《论女学》，参见全国妇联妇女运动历史研究室编：《中国近代妇女运动历史资料（1840—1918）》，第77页。

⑥ 梁启超："论女学"，参见全国妇联妇女运动历史研究室编：《中国近代妇女运动历史资料（1840—1918）》，第79—80页。

⑦ 郑观应：《女教》，参见戴逸主编：《近代教育文选》，巴蜀书社2011年版，第18页。

导的女子教育并非以女子的人格独立为目标，而是为了培养"纺绣精妙、书算通明、复能佐子相夫"的"贤女""贤妇""贤母"。[①] 这样的贤内助要具备"上可相夫，下可教子，近可宜家，远可善种"的社会功能，[②] 同时还要能够更好地践行三从四德的传统妇德。维新派认为古代社会女学不兴，所以女子不明"孝以事夫，贤以相夫，义以训子"的"大义"，以至于"三从之道阻矣"，而今广兴女学，则可以达到"佐妇德，善风俗"，以正教化的目的。[③] 对于这种"妇道既昌，千室良善"的"美好蓝图"，他们甚至拍手称快，直呼"岂不然哉"！维新派从挽救民族危机、富国强民的角度倡议兴女学，这无疑是具有进步意义的。然而在道德教育方面他们却没能摆脱封建妇德教育的窠臼，这也是其阶级局限性使然。

19 世纪后期，资产阶级维新派通过批判"女子无才便是德"的传统观念，并将女子教育与国家命运联系在一起，来积极提倡模仿欧美、兴办女学。这对于改变中国女子愚昧无知的落后状况、开启近代女子学校教育之门都起到了积极的作用。在维新派的呼吁及积极筹备下，1897 年由中国人自己创办的第一所女学堂——经正女学堂成立了。女学堂的创办是资产阶级维新派兴女学运动结出的硕果，结束了中国女子"十年不出，姆教婉娩听从"的历史，是近代中国女子学校教育的正式开启标志。然而好景不长，由于国内封建保守势力的打压和攻击，经正女学堂开办仅两年就随着戊戌变法的失败而匆匆关闭了。资产阶级维新派发起的兴女学活动受挫，表明近代中国女子教育的起步是多么步履艰难。

---

① 郑观应：《女教》，参见戴逸主编：《近代教育文选》，第 18—19 页。
② 梁启超：《倡设女学堂章程启》，参见全国妇联妇女运动历史研究室编：《中国近代妇女运动历史资料（1840—1918）》，第 101 页。
③ 康同薇：《女学利弊说》，参见全国妇联妇女运动历史研究室编：《中国近代妇女运动历史资料（1840—1918）》，第 86 页。

第三节　近代朝鲜女子教育的开端

随着朝鲜末期实学思想的发展、全国性的农民起义、西学的传播，性理学的影响力逐渐削弱。到 19 世纪后期，朝鲜政府不得不接受日本和欧洲列强的开港要求。从 1876 年被迫开港到 1910 年日本吞并朝鲜以前是朝鲜的近代启蒙期，此时期可以看成是近代女子教育的开端，而当时的近代启蒙思想和基督教思想对女子教育发挥了重要作用。近代启蒙期教育思想的基础是天赋人权论[①]。天赋人权论主张废除科举制度，教育内容要从儒学转变为近代学问，扩大教育机会，使女性和庶民在内的所有国民都能接受教育。在朝鲜，男性接受私塾教育的历史已有 1600多年，而女性接受学校教育只有 100 多年历史。朝鲜女性接受学校教育之前，一直深受儒家思想的影响，教育方式也以家庭为主，通过母亲的言传身教进行。1894 年，为了实现国家近代化，朝鲜政府实行甲午改革。当时，不仅是政府，民间也认识到国家的富强取决于教育革新，因此纷纷开设近代学校。一开始很多学校是由基督教和天主教的传教士设立的。1905—1910 年间，全国共出现了 5 000—6 000 多所学校，其中 3 000 多所学校为私立学校。3 000 所学校中只有 174 所为女校，其中 42 所为基督教系女校。[②]

开港后，朝鲜政府接触到西方的近代文化。为了吸收新文化，实行甲午改革，清算传统儒家教育，实施新教育。教育启蒙家意识到为了抵抗帝国主义列强的侵略，必须实施教育，培养国家实力，因此通过报刊等渠道积极宣传新式教育的重要性。他们提出的口号是"知识就是力量，

---

① 天赋人权论主张国民是国家富强的基础，天赋人权不得受任何压制，主张男女平等，提倡女子教育。

② 洪金子：《从基督新报看殖民地朝地鲜的非正式女子教育》，《东亚的国民国家形成和性别》，小明出版社 2009 年版，第 153 页。

只有学习才能生存"。教育启蒙家们认为女子无知是社会落后的根源，因此积极推动女子教育。在教育启蒙家和传教士的努力下出现了很多女子学校。

一、近代女性意识发生变化的基础

（一）近代西方女子教育理念的传入

朝鲜传统女子教育思想是培养"贤母良妻"。但长期用"禁止再婚""三从之道""七去之恶"来束缚女性，就会引起女性的反抗。随着天主教的传播、东学思想及基督教的影响，朝鲜社会环境发生了变化。[①]第一，朝鲜王朝后期出现的实学思想是近代意识的萌芽。实学思想立足于男女平等理念，重新思考女性的地位。实学思想强烈主张废除压迫女性的制度，如歧视妾生子女和再嫁子女的制度。他们要求废除禁止寡妇再嫁的规定，消除对再嫁女子女的歧视。实学思想中出现了与原来的女性观不同的视角。虽然实学思想具有一定的进步性，但并不是具有男女平等思想体系，如并未彻底克服男女有别观，无法为解决女性问题指出方向或正确看待女性的社会作用。但是毕竟实学思想从男女平等的视角批判了儒教伦理道德对女性的束缚。第二，天主教从中国传播到朝鲜，在神面前人人平等的理念深入人心。天主教的传播使女性的生活发生了巨大的变化。这种理念打破了传统的儒教伦理观，如男女可以一起祈祷、一起学习圣经和教理，这等于挑战男女有别的儒教伦理道德。尤其，在神面前人人平等的理念使女性认识到自身的独立人格。第三，东学思想[②]率先打破了男尊女卑思想。1894年，东学农民运动要求根本上打破封建社会制度，允许寡妇再嫁。东学思想批判女性服从和顺从，要求正确评价女性的人格和能力。东学思想虽然主张人人平等，但要求女性遵守三纲

---

① 南仁淑：《女性与教育》，新正出版社2009年版，第297页。

② 东学是以古代传袭下来的天神观和祈祷礼仪为基础，吸收儒、佛、仙三教的思想而成的宗教体系，它是朝鲜传统文化对西学和天主教冲击的反映和对立物。创始人是崔济愚。参见曹中屏：《朝鲜近代史1863—1919》，东方出版社1993年版，第6页。

五常。虽然东学思想所主张的男女平等观具有一定的进步性，但依然要求女性遵守三纲五常，因此也未能摆脱儒教的框架。第四，以西欧的市民思想、自由主义思想为基础的基督教思想进入朝鲜，改变了女性的意识，挑战了家长制的传统观念。[①] 19 世纪 80 年代传到朝鲜的基督教思想充分挖掘了女性的潜力。在上帝面前男女平等的基督教主张对女性的意识变化产生了巨大的影响。基督教的传入成为女性摆脱家庭束缚，走向学校、教会、社会的契机，并对当时的家长制价值观产生巨大的挑战。虽然天主教、东学思想及基督教思想并未摆脱宗教信仰的局限性，但唤醒了女性的主体意识。在这种社会背景下，朝鲜近代女子教育主要由基督教系和民间私立学校主导。新式女子学校的首推之功，不能不归功于早期传教士。尤其女传教士基于相同的性别身份，对朝鲜妇女的处境极为同情和关切，怀着男女平等的信念创办女学。

（二）早期教会女校的艰难开办

18 世纪的实学思想和 19 世纪中期的东学运动在改变朝鲜封建的男尊女卑思想方面起到了一定的作用。但真正开启朝鲜近代女子教育大门的是基督教。19 世纪中期传入朝鲜的基督教不仅带来了宗教思想，还带来了西方的自由精神、男女平等思想及女性的主体意识。基督教团体通过建立女校促使女性认识到独立人格和自我意识。甲午改革确立了新学制，这为朝鲜教育走向近代化创造了制度条件。而传教士们建立的近代学校是朝鲜近代教育的开端。

19 世纪，朝鲜社会政治腐败，社会紊乱，疾病蔓延，灾难不断。西欧列强纷纷到朝鲜海域要求通商。而在兴宣大院君执政下，继续固守锁国政策，拒绝与外国通商。1882 年，朝鲜王朝被迫与美国建交，大批传教士涌入朝鲜。他们希望通过教育、医疗事业，改变儒教传统根深蒂固

---

① 宋仁子：《开化期女性教育论的意义和局限性》，载《韩国教育史学研究》第 17 集，1995 年，第 62—64 页。

的朝鲜。当时传教士们确立了一个原则，就是每成立一所男校，就要成立一所女校，因此他们先后在朝鲜建立了很多私立学校。如，1886年5月，建立了朝鲜第一所近代女子学校——梨花学堂，6月建立了培才学堂（男校）。虽然传教士们并未严格按照1∶1的比例成立女校，但毕竟给女性创造了接受学校教育的机会，也使女子教育走向制度化。朝鲜女性通过接触女传教士了解了新文化、了解了世界，培养了救国意识。而且近代女校的出现实现了男女近代教育的同步。

梨花学堂的出现开创了朝鲜女子教育史的新纪元。1886年，在国王的鼓励下，美国传教士斯克兰顿夫人（M.F.Scranton）创办了基督教女校——梨花学堂。梨花女校的教育目标是培养朝鲜式的模范主妇，使其在邻居和亲戚中传教，宣传基督教精神，因此反对朝鲜女性按照西方的生活方式和服饰改变自己。通过梨花女校历史，可以看出斯克兰顿夫人为了建立女校经历了很多艰辛。当时社会观念陈旧，父母不愿意送女孩上学，因此寻找生源很困难。家长们担心外国传教士教坏孩子，不愿意让自己孩子上教会学校。斯克兰顿夫人一开始想招一些富裕家庭的女孩，但由于父母不同意，只好放弃。后来只好找了一些贫困人家的孩子。她不仅不收学费，还免费提供住宿和文具。为了招生，斯克兰顿曾经跟叫福顺（李乙罗）的学生家长签过协议。协议书中提到，福顺母亲将孩子交给斯克兰顿夫人教育，但保证没有征得父母同意下，不得私自带孩子出国，即使在朝鲜境内，也不得带出10里以外。如违反该协议，斯克兰顿夫人甘愿接受任何惩罚和父母的要求。到1893年为止，梨花女校的课程只有《圣经》，而且初期的学生都是孤儿和乞丐等。虽然无法从她们身上寻找新教育的先驱形象，但是毕竟女性通过教育机关接受了新型教育。因为过去女性都是在家接受儒教礼节，因此这种学校教育可以说是女性社会的重大变革。贞信、崇义、培花等女校都采取同梨花学堂相同的方式。贞信女校校长爱丽丝也费尽周折从救济院找到两个孤儿开始教学。后来陆续又招来几个孤儿，因此，当时爱丽丝居住的贞洞住宅被周围人称为孤儿院。这就是贞信女校的开端。崇义女校是传教士李吉诚和夫人一起创办的女校，一开始也只有 10 名女生。

（三）教会女校的兴起及教育课程

从梨花女校成立到 1910 年，出现了很多基督教女校（见表 2-1）。一开始以汉城为中心，后逐渐扩大到各地。由于教会女校不为社会所认可和接受，规模不大，校舍简陋；学生以教会子女、乞丐和孤儿为主；为吸引生源，学校免费提供食宿。梨花女校一开始实施的是初等教育，中等教育始于 1904 年，大学教育始于 1910 年。初等教育课程主要以《圣经》为主，到 1908 年教育课程逐渐完善。梨花实施寄宿制，入学后在校学习 10 年，什么时候结婚就算毕业。早 7 点吃早餐、8 点到下午 4 点上课，周末到正洞教堂做礼拜。学生们在一起学习生活，培养友谊及组织纪律性。由于斯克兰顿夫人的坚持及朝鲜女性对知识的渴望，梨花学堂规模逐渐扩大。

表 2-1　1886—1910 年间成立的基督教系女校（共 29 所）

年度	学校名
1886 年	梨花学堂
1887 年	贞信女校
1894 年	正义女校
1895 年	日新女校
1896 年	崇贤女校、基督女校
1897 年	仁川永化女校、耶稣女校
1898 年	培花女校
1903 年	崇义女校、元山女校、贞明女校
1904 年	好寿敦女子义塾、进诚女校
1905 年	永明女校、耶稣女校
1906 年	崇贞女校、贞诚女校、贞义女校、普圣女校、保圣女校、普信女校
1907 年	须波亚女校、信明女校、纪全女校
1908 年	贞新女校、永生女校、基督普信女校、三崇女校

资料来源：金在仁、杨爱卿等：《韩国女性教育的变迁过程研究》，《韩国女性开

发院报告书》，2000 年，第 77 页。

表 2-2　教会女校的科目

学　校	课　程												
梨花学堂（1904）	国语	汉文	算术	历史	地理	《圣经》	英语	理科	图画	生理	音乐	作文	习字	裁缝	体操
贞信女校（1904）		汉文	算术	历史	地理	《圣经》		理科	图画	生理	音乐	作文	习字	针功	体操
	家务、刺绣、语学、动物、植物												

贞信女校侧重于医学，也重视家务、针功（裁缝、刺绣）等家庭课程。表 2-3 是基督教系代表性的学校梨花学堂（女校）和培才学堂（男校）的科目的比较。

表 2-3　教会男女校课程比较

时期	培才学堂	梨花学堂
成立初期	英语、万国历史	英语、《圣经》
19 世纪 90 年代	汉文、英语、天文、地理、生理、数学、手工、《圣经》	汉文、英语、算术、生理、历史、《圣经》、初级地理、韩文、手风琴、音乐、裁缝、刺绣
1903 年（梨花 1904 年）	世界史概论（朝鲜史、中国史、日本史）、数学、物力、化学、国际法、政治经济学、植物学、《圣经》	国语、汉文、算术、历史、地理、《圣经》、英语、理科、图画、生理、音乐、作文、习字、裁缝、体操

（四）教会女校的教育理念

基督教女校的办学宗旨是培养"朝鲜女性"及"基督教女性"，因此教育理念带有双重性，既要培养朝鲜人，又要培养基督教传教士。也就是说，基督教系女校并非要培养美国式的女性，而是培养适合在朝鲜家庭生活的朝鲜女性。教育的目的并非使女生脱离自己的同胞，脱离周围环境，而是尽可能使学生适应朝鲜实际生活环境。为了培养朝鲜式女生，基督教系女校都注意教学生烹饪、制衣和收拾房间等。

表 2-4　私立女校教育理念比较

建校年度	学校名	教育理念
1886 年	梨花学堂	根据基督教精神进行人本教育（培养具有社会奉献精神的朝鲜女性，提高女性素养）
1899 年	好寿敦女校	根据基督教精神进行人本教育，提高学生素养、培养具有社会奉献精神的女性（宗教生活、家务和职业教育）
1907 年	信明女校	根据基督教精神，使朝鲜女性接受新教育，成为社会先驱
1903 年	崇义女校	对女性传教、启蒙、培养教师、培养传教人员（具有爱心的女性、有正义感的女性、具有奉献精神的女性）

资料来源：韩国女性开发研究院：《韩国女性教育的变迁过程研究》，《韩国女性开发院报告书》，2000 年，第 83 页。

梨花学堂的教育理念为培养实用、创新、和谐的人。理念包含四个方面：一是进行实用主义教育，如科学实验教育、医学教育等。二是谋求东西方文化的和谐。三是强调独创性。四是追求德智体协调发展。这些理念具体反映在课程安排上，贞信女校的宗旨是培养自立自律精神，学习母语及朝鲜式的生活方式，并学习《圣经》和基督教精神。贞信的理念：第一，培养自立自律精神。使学生尽可能做好自己的事情。第二，学习朝鲜式生活方式，学会烹饪食物，学会做衣服，第三，进行母语教育，不学英语，只学韩文和汉字。第四，进行基督教教育，通过《圣经》，学习基督教的人生生活。第五，培养信仰基督教的朝鲜人，对学生不传授不符合朝鲜家庭的教育。贞信女校强调不是培养美国女性，而是培养信仰基督教的、有修养的朝鲜人。因此，基督教女校的女生不允许对自己周围环境抱有不满情绪，因此不会脱离自己的同胞。

（五）教会女校的办学特色及教育意义

基督教系女校的办学特色：第一，按照基督教教义，给学生传授平等思想，并培养国家需要的人才；第二，强调学生自立，培养朝鲜人。基督教系女校尊重朝鲜的历史、文化，不强迫学生放弃固有的生活方式，而是要求学生成为有素养的朝鲜女性；第三，基于平等思想，开展教育活动；第四，教育课程上实施近代教育；第五，学期和时间安排上，确立了近代学制。

基督教女校对近代朝鲜女子教育的意义[①]：第一，基督教宣扬的人人平等思想打破了封建思想，对朝鲜长期将女子拒之校门外的传统提出了大胆的挑战，对朝鲜儒家伦理观产生了巨大冲击。第二，传教士开展的新文化教育使女性了解了外界，为勇敢冲破传统观念奠定了基础。传教士的天赋人权思想和性别平等观，为教育近代化和女权运动的兴起创造了条件。第三，传教士们开启了朝鲜女子教育的大门，使朝鲜女性以女传教士为榜样，走向社会。即通过基督教教育，使朝鲜女性摆脱家长制和传统恶俗的双重枷锁，使其找到真正自我。同时，为自己是朝鲜人而骄傲。第四，通过基督教，缩短了与世界的联系，基督教唤起女性爱国救国热情。除了学校内课程外，梨花还重视培养女性的社会能力。主要开展救国运动及社会服务活动。第五，基督教采取男女校同比例建校的举措极大地激励了朝鲜有识之士和女性团体，为她们倡导和建立女校创造了契机。传教士的兴女学活动激发了朝鲜民间团体自办女学的热忱，教会女学成为自办女学最早的效仿摹本。传播了男女平等思想。第六，基督教团体在朝鲜开展的活动有建立女校启蒙女性、开办医院治病救人、建立孤儿院开展慈善事业等。其中，开办女校培养了一大批受过教育的女性。这些女性在启蒙朝鲜女性、实现男女平等方面起到了积极作用。

二、近代教育启蒙家的女学倡导

（一）近代朝鲜启蒙运动的兴起

1637年，丙子之役结束后，朝鲜同清朝正式建立了外交关系，翌年始，朝鲜政府恢复向中国派遣事大使臣。事大使行员们在北京访问了天主堂，并在传教士的陪同下，参观了各种设施，还从传教士那里得到了汉译西

---

① 部分内容参考郑日焕、金南善等：《女性教育论》，教育科学出版社2003年版，第98页。

学书和各种西洋科学仪器。另外，也从北京琉璃厂购买了各种汉文文献和西洋书。17 世纪以来，通过使行员从中国引入到朝鲜半岛的汉译西教书和包含西方科学技术内容的西学书，对处于传统儒家社会的朝鲜王国来说，是一种新的文化冲击。随着西学书的流传，以及对西学书的接近、理解进一步深化，在朝鲜学界掀起了学习西学的热潮，使朝鲜社会认识了新的世界，促进了朝鲜学者传统世界观的转变。在传播、阅读汉译西学书籍、观察西学机器中，出现了"朝鲜西学"。"朝鲜西学"是在实学派代表人物李漢及继承其学统的星湖学派和洪大容、朴祉源、朴齐家等北学派的学术活动中孕育发展的。[①] 从 17 世纪到 18 世纪前半期的 150 年间，从明清引入到朝鲜的汉译西学书[②]，虽然不能精确地了解其数量和目录，但是朝鲜学者所阅读过的有记载的西洋书目有《天主实义》《畸人十篇》《交友论》《二十五言》《七克》《灵言蠡勺》《辩学遗牍》《盛世刍荛》《万物真原》等有关宗教方面的西学书，以及《治历缘起》《天问略》《同文算指》《几何原本》《西学凡》《主制群徵》《泰西水法》《职方外纪》等科学、技术书籍和包括世界地图在内的西学资料。[③]

开港后，西欧近代文明与学问传入朝鲜，受其影响，在朝鲜相继出现了近代教育机构。为了尽快接受西方的近代技术，朝鲜政府向欧洲派遣绅士游览团（1881 年）和领选使（1882 年），还派留学生去日本学习。1883 年，有识之士在元山成立了元山学舍。元山学舍是元山市民募集民族资金，以近代的开化自觉为基础设立的近代教育机构。1886 年，为了培养近代教育人才，政府成立育英公院，从美国聘请了三位教师。有识之士们在频繁接触西方文化中深刻认识到社会落后的根源在于女性未接

---

① 李元淳：《朝鲜西学史研究》，中国社会科学出版社 2001 年版，第 401 页。
② 汉译西学书是指历经明末清初，在中国从事传教活动的西洋传教士，为在汉族社会传播天主教，同时为了传授西洋文明，把有关西洋宗教、伦理、地理、天文、历史、科学以及技术的书籍，译成汉文或者是重新著述的书籍总称。
③ 李元淳：《朝鲜西学史研究》，第 25 页。

受教育，因此，有必要向女性提供教育机会，启发她们的能力。同时，《独立新闻》等媒体也提出了争取人权和男女平等的口号，宣传男女平等思想，强调女子教育的重要性，要求政府创办女子学校。1884年，发生甲辰政变。同年，朝鲜第一份报纸《汉城旬报》介绍了外国小学的学制①。当时有识之士已认识到女子教育的重要性，纷纷提出女学主张，但一般百姓尚未认识到女子教育的必要性。虽然甲辰政变只维持了三天，但开化党提出的改革政策深入民心，如废除身份制度，实现人民平等。有识之士们认识到甲辰政变失败的原因在于缺乏民众基础，因此为了建设文明开化的新国家，需要对大众进行启蒙。女子教育论作为启蒙运动的一大热点得到有识之士的关注。

（二）有识之士的女子教育观

1888年，朴泳孝因甲辰政变失败而流亡日本。他在流亡地给国王上书，提出男女到7岁就应该平等接受义务教育。朴泳孝是在朝鲜最早提出对男女进行小学及中学义务教育的人士。他虽然没有单独提出来对女性进行教育，但是他所提出的把女性纳入近代学校教育制度框架具有划时代的意义。从美国留学回来的徐载弼在1896—1898年间通过《独立新闻》社论，强调女性教育的目的在于培养国民。他认为只有母亲具有学问，才能培养出身体健康、具有正确见解及现实能力的近代国民。"大韩自强会"的创始人尹孝定深刻认识到女性教育的重要性，以身作则，把女儿尹贞媛送到日本和欧洲留学。他在《大韩自强会月报》第1期中以"女子教育的必要性"为题发表了文章。文中对文明国家受过教育的女性与落后国家未接受教育的女性进行比较，阐述受过教育的女性在子女教育方面具有合理性和条理性。他认为理想的母亲不仅重视子女的身体健康，更重视子女的道德教育，朝鲜妇女未接受理想的女子教育，从

---

① 《汉城旬报》，1884年7月11日。

而无法教育好子女。朝鲜的这种现实酿成"国民之不繁"及"人才之不兴"。因此，女性教育是国家富强的必备条件。李喆柱在《畿湖兴学会月报》第 10 期刊登了《女子教育的迫切性》的文章，强调女子教育的必要性在于培养出色的国民。他认为朝鲜未能出现孟子、欧阳修等人才，就是因为缺乏贤母。因此，根治国家的腐败，培养新人类的重任落在女子教育上。后来，"国家贤母论"通过《大韩自强会月报》《西友》《大韩学会月报》等刊物得到进一步发展。俞吉浚是第一个主张专门针对女性进行教育的知识分子，他在 1895 年出版的《西游见闻》中详细阐述了对女性传授近代教育的见解。他从"效用论"的角度阐述了女子教育的必要性。他认为，第一，未接受教育的女性很难胜任"治家"和"待客"等传统女性的职责。第二，国家有难男性奔赴战场时，女性需要具备代替男性履行职责的能力。第三，不重视女性教育的国家即使人口达到千万，也不过 500 万人。以此来表达不重视女子教育，国家会蒙受损失。第四，女性承担教育孩子的重任，因此迫切需要对女性进行教育。假如一个国家的女性没有知识，那么这个国家肯定要衰亡，女性也就成了国家的罪人。从而强调母亲的影响力和责任不应只停留在家庭，而应从国家的角度重视起来。他说，"孩子是国家的根本，而女性是孩子的根本"，由此强调女子教育的重要性。他认为，不教育女性，还希望女性成为贤母，是一种对牛弹琴的做法。政治家朴殷植强调："妇女如没有学问，就不懂家庭教育，无法培养子女的德行。朝鲜人口 2000 万人，而一半是女性，这些女性得不到教育，就会变得愚昧无知。因此，女子教育是民族存亡的关键。"朴殷植认为母亲的作用与国家兴亡有密切联系。假如母亲在教育中一再强调爱国，那么孩子不可能不爱国；假如母亲一直灌输忠孝，那么孩子不可能成为不孝之子。为了挽救衰弱的朝鲜民族，就必须进行女子教育。

（三）报刊的女学主张

在启蒙运动中，"独立协会"和《独立新闻》发挥了重要作用。当时有识之士们非常重视启蒙的重要性，因此将报纸的功能定位在启蒙上，确立了"先创新闻，后立学校"的办报方针。《独立新闻》作为最初的民间报纸，是民权启蒙的先驱。1896 年 4 月 7 日创刊的《独立新闻》是用纯韩文发行的报纸，其宗旨就是向广大人民群众传递新的社会和国家的改革思想，是不分男女、不分上下贵贱，人人都可以阅读的报纸。《独立新闻》的社长兼主编是徐载弼[①]和尹致昊[②]。《独立新闻》从男女平等思想出发宣传新型夫妻观和结婚观，强烈批判内外法、早婚制度及一夫多妻制度。《独立新闻》主张女子教育论，并要求政府设立女子教育机构。以甲午改革为契机，科举制度被废除。1895 年高宗王颁布了教育诏书，初步形成了近代教育体制。同年 7 月 19 日颁布的"小学令"规定满 8 岁到 15 岁的男女儿童都要就学。但是实际上并没有开设女校。为了呼吁政府建立女校，《独立新闻》反复强调了女子教育的必要性及重要性。[③]在"独立协会"和《独立新闻》的倡导下，逐渐形成了男女平等的近代女性观和女子教育理念。即女性拥有独立人格，需要对其进行启蒙和教育。《独立新闻》认识到女子教育的必要性，鼓励女性觉醒，并督促政府设立女校。1896 年 4 月 7 日，《独立新闻》刊登社论，提出女性也应该接受新式教育，扩大知识面，找回女性的权利。1896 年 5 月 12 日社论中提到女子教育事关国家兴亡，应建立国立女学校，使女性与男性一

① 徐载弼，1882 年科举合格，1883 年 5 月到日本庆应义塾大学学习 6 个月日语，11 月进入户山陆军学校接受新式军事教育。1884 年回国后，被任命为调练局的士官长。后参与金玉均、朴泳孝等激进改革派发动的甲辰政变。政变失败后流亡日本，后前往美国在大学研究医学。1890 年获得美国市民权，与美国女子结婚，在日本生活了 10 年。甲午改革后颁布赦免令，赦免甲辰政变中的罪人。1895 年 12 月 26 日受国内开化派的邀请回国。

② 尹致昊，1881 年 1 月，16 岁时作为绅士游览团的成员鱼允中的随行人员赴日，在同人舍学习英语和日语，1883 年作为驻朝美国公使的翻译回国，后成为总理主事。虽然并没有直接参与甲辰政变，但作为开化党成员，感到危险，1885 年流亡上海，在中西书院学习近代学问。1889 年再次赴美，1895 年 2 月回国担任政府职务。

③ 李荣娘：《近代履行期的朝鲜女子教育论》，《东亚国民国家形成和男女》，晓明出版社 2009 年版，第 131 页。

样得到教育机会。"……把可怜的女孩关在家中进行教育，只能教育女孩给男人当女仆，我们为这些可怜的女孩感到愤恨。政府既然为男孩建学校，那么理所当然也应该为女孩建校……""女孩长大后要成为妻子，假如妻子跟丈夫一样有学问有知识，那么很容易处理家务事……因此，不能区别对待男女孩。"1896年9月5日，社论说提道"朝鲜政府急需做的事情就是教育女孩，但是朝鲜从不把女孩当人看，也不进行教育，这相当于放弃了一半人口，多可惜呀……假如政府建立女校对女孩进行教育，那等于将把放弃的一半人口变成有用的人……希望朝鲜有觉悟的女性不要放弃自己的权利，要学好学问，同男人一样，做出男人不能干的事情"。1897年10月2日，《独立新闻》提道"要求基于男女平等，必须对女性实施教育。而且从经济上看，对占全国人口一半的女性进行教育等于为国家培养人力资源"。《独立新闻》的上述主张为朝鲜近代女性观的形成和女子教育的发展起到了促进作用。

与此同时，其他报刊也积极倡导开办女学。如1905年12月8日的《大韩每日新报》指出，"人的才能男女相同，反而女性的性格适合做学问。虽然具有美貌的女性不少……但无法使用自主权利，表现自己的才智……应该开设女校……使女性接受教育，积累学问，开阔见识"。"儿童教育的关键在于教师，但上课时间只占一天的1/5时间，因此即使教师再努力授课，也没有家庭教育重要……儿童教育的关键在于母亲，因此女子教育是文明的根源"（《大韩每日新报》，1908年7月20日）。《女子指南》（1908年3月）认为"女性具有的资质和性情有很多地方优于男性，但我国旧习束缚女性，不允许接受教育，使才智浪费""学习知识，人自然会变得开明"。"如今西方女子教育非常发达，连日本也在到处建立女校，向女性传授知识。在家庭男女同心协力，怎能不富裕呢？作为国家，全国男女都努力工作怎能不富强"（《帝国新闻》1903年6月19日）。

（四）近代启蒙期女子教育论

启蒙思想家主张的女子教育论引起社会舆论的关注，也促使女性自

身的意识发生了变化。近代女子教育论是女性观的表现形式，根据启蒙期
女性观可以将女子教育论分为三种：男女同权女子教育论、男女分工女子
教育论、救国女子教育论。三种女子教育论相互间有联系，无法割裂开来。
上述有识之士及《独立新闻》等报刊上的言论中可以看出这三种教育论。

表 2-5　近代启蒙期女子教育论

区分	内容
A 男女同权女子教育论	（1）"……把可怜的女孩关在家中进行教育，只能教育女孩给男人当女仆，我们为这些可怜的女孩感到愤恨。政府既然为男孩建学校，那么理所当然也为女孩建校……"（《独立新闻》，1896 年 5 月 12 日） （2）"朝鲜政府急需做的事情就是教育女孩，但是朝鲜从不把女孩当人看，也不对她们进行教育，这相当于放弃了一半人口，多可惜呀……政府假如建立女校对女孩进行教育，那等于将把放弃的人口一半变成有用的人……希望朝鲜有觉悟的女性不要放弃自己的权利，要学好学问，同男人一样，做出男人不能做的事情。"（《独立新闻》，1896 年 9 月 5 日） （3）"人的才能男女相同，反而女性的性格适合做学问。虽然具有美貌的女性不少……但无法使用自主权利，表现自己的才智……应该开设女校……使女性接受教育，积累学问，开阔见识。"（《大韩每日新报》，1905 年 12 月 8 日） （4）"女性具有的资质和性情有很多地方优于男性，但我国旧习束缚女性，不允许接受教育，使才智浪费……学习知识，人自然会变得开明。"（《女子指南》，1908 年 3 月）
B 男女分工女子教育论	（1）"我们的目的不仅通过教育把学生从无知和迷信中解救出来，还使她们成为具有良好习惯的家庭主妇。学生都有每天必须完成的家务。那就是烹饪和刷碗，打扫地板。"（梨花女子高等学校 7B） （2）"女孩长大后变成为妻子，假如妻子跟丈夫一样有学问有知识，那么很容易处理好家务事……因此，教育女孩不能跟男孩区别对待。"（《独立新闻》，1896 年 5 月 12 日） （3）"儿童教育的关键在于教师，但上课时间只占一天的 1/5 时间，因此即使教师再努力教课，也没有家庭教育重要……儿童教育的关键在于母亲，因此女子教育是文明的根源。"（《大韩每日新报》，1908 年 7 月 20 日）
C 救国女子教育论	（1）"假如国家再次面临不幸，男人需要上战场，家庭的一切事情需要由女性承担，不教育女性能行吗？因此，教育女性是头等大事。平时，女性只要有学识，就不用从事艰苦劳动也能做的事情很多。"（俞吉浚，1876 年） （2）"如今西方女子教育非常发达，连日本也在到处建立女校，向女性传授知识。在家庭男女同心协力，怎能不富裕呢？作为国家，全国男女都努力工作怎能不富强。"（《帝国新闻》，1903 年 6 月 19 日） （3）历史学家朴殷植在女子普学院的"维持会趣旨书"中提到如下观点："如今是人种竞争的年代。少数不可能成为多数竞争的对象，愚昧者不可能成为文明者的对手。朝鲜人口两千万，其中一半是女性。这半数女性不接受教育成为愚昧的人，而男性当中文明的人只占少数，那么怎么可能抗争其他开明国家的侵略。因此，女子教育从人种生存的角度来说是最为迫切。"（朴殷植，1900 年）

资料来源：韩国女性开发院：《韩国女子教育变迁过程研究》，2000 年，第 69 页。

第一，男女同权女子教育论。

女性应该跟男性一样享有同等的权利，其中当然包括受教育的权利。启蒙思想家的代表人物朴泳孝在"开化上书"中强调教育机会均等，指出国民教育是治德的根本，国民不分男女，不分身份，只要到6岁就应该上学。

上述表a（1）立足于男女同权，应享受同等受教育的权利。a（2）（3）强烈批判忽视女子教育等于放弃人口一半，主张女性受教育的权利。a（4）是专门启蒙女性的刊物——《女子指南》的主张，女子具有聪明才智，通过女子教育，可以开发潜力，磨炼德智体。

第二，男女分工女子教育论。

男女分工女子教育论认为女性在家庭承担对子女的教育，为了更好地教育子女，履行家庭内职责，需要接受教育。因此，男女分工女子教育论的出发点并非是女性的自我实现，具有很大的局限性。b（1）也把女性的作用限定在家庭内，b（2）（3）也同样强调女性作为妻子、作为儿童教育者的作用。

男女分工主义的女子教育论强调女性在家庭中的角色。这些男性知识分子的共同点在于强调女子教育是根本，是文明之源。此时期，作为女子教育的具体内容，大量翻译了西欧的著作。很多刊物都连载了"家庭学""育儿法""家庭卫生学"的内容。可见，此时期女子教育是把女性局限在贤母的角色上，灌输的知识也局限在子女教育为主。因此，女子教育的意图在于把女性单纯培养为贤母上。

第三，救国女子教育论。

开化期后期由于出现丧失国权的危机，在女子教育论中更多地谈到救国角度的女子教育之必要性。③（1）（2）都强调通过女子教育达到富国强兵的目的。《独立新闻》还谈到女子教育的意义在于以下三个方面：一是有智慧的妇女也可以议论国家大事使政治更加进步。二是婚后夫妻之间讨论家务或帮助丈夫，也能使家庭兴旺。三是承担子女教育的是母亲，母亲有知识可以教育好子女，成为子女的老师。[①]

三、私立女校的出现

开化期私立女校可以分为三类。一是基督教系女校，如梨花、贞信、培花等；二是贵族出资建立的女校，如淑明、进明等；三是民间人士出资兴办的女校，如同德等。

从表 2-6 中可以看出，除了顺城女校和贞贤女校外，其他 10 家女校都是在 1905 年后建立的。这主要是因为 1905 年被迫签订《乙巳条约》，开化人士和广大妇女团体希望通过教育挽救国家。

表 2-6　开化期创办的私立女校（共 12 家）

年度	民间创办的私立女校
1898 年	顺城女校
1902 年	贞贤女校
1905 年	太平洞女校
1906 年	进明女校、明新（淑明）女校
1907 年	明进女校、女子普学院
1908 年	美心女校、同德女子义塾、普明女校、美源女校、美贞女校

资料来源：金在仁、杨爱卿等：《韩国女性教育的变迁过程研究》，《韩国女性开发院报告书》，2000 年，第 77 页。

（一）民间创办的女校

1898 年 9 月 1 日，首尔贵族阶层居住地北村的夫人们拟定了"女权通文"。主要内容如下："物极必反是古今不变的真理……女人为什么要像病人一样守着旧闺？我们的身体和手足与男人没有两样，为什么要坐着等男人养活我们？看一下世界上已开化的国家，都是男女平等。从小上学学习各种知识，开阔视野，而且平等地过夫妻生活，一点不受男

[①] 《独立新闻》，1899 年 5 月 26 日。

人的压制，反而还受尊重，这主要是因为女人跟男人一样有学问、权利及信义。她们为什么那么美丽？……应该废除旧规，让女人也开明进步，像其他国家那样，开设女校，让女孩也学习知识和各种道理。为了达到男女平等，现在必须建立女校。有志的同胞和妇女中的英雄豪杰要奋发图强，成为我们学校的会员。"[①] "女权通文"充分揭示了女性的现状，表明了文明启蒙的意愿。她们主张男女平等，主张女子教育权。"女权通文"同时刊登在《独立新闻》和《皇城新闻》上。此后，"女权通文"得到300—400名女性的同意，成立了第一个女性团体——赞襄会（又称为养成院、顺成会）。赞襄会讨论了建立女校的事情，开展了建立官立女校的运动。为了建立官立女校，赞襄会于1898年10月10日召集100多名会员在王宫门前跪拜，向国王上书，强调女性接受教育是天赋人权，为了国家和民族，应该教育女性。这是朝鲜历史上第一次由女性上书的事件。接到妇女团体上书后，国王立刻下令要求她们制定学校规则，并提交大臣会议讨论。但是保守的大臣们以财政困难为由否决了建立国立女校议案，于是1899年2月26日，当时担任赞襄会会长的养成堂李氏捐钱在首尔建立顺城女校。当时招收20—50名学生，这是朝鲜人自己办的第一所女子学校。赞襄会副会长金养贤堂担任校长，学习科目有《千字文》《童蒙选集》《泰西新史》及缝纫。[②] 顺城女校的教育理念是"人才来自学问，学问来自教育，而朝鲜却没有专门为朝鲜女性建立的学校。女性应该跟男性一样接受教育，使朝鲜成为文明国家"。妇女们还自创赞襄会爱国歌。歌词中写道："妇女团体是第一次，女校也是第一次。创办顺城学校，教育同胞女性，不必羡慕西欧各国，文明东方更好。" 赞襄会一方面继续开展建立官立女校运动，另一方面积极

---

① 《皇城新闻》，1898年9月8日。
② 《帝国新闻》，1899年2月28日。

参加《独立新闻》组织的各种讨论会和政治集会。[①]

　　顺城女校是朝鲜人自己创办的最早的女校。学校刚开学时女生人数为 50 人，大部分女生年龄在七八岁至十二三岁。教育课程为《千字文》，养贤堂金氏担任校长，到 1903 年去世前不惜献出家产帮助学校运营。临终前她留下遗言："作为一名女子为了使我国女子像外国人一样接受文明教育，日夜向天地神明祈祷，遗憾的是我的命短暂，不知我死了后谁能教育这些学生。"顺城女校是靠赞襄会成员捐款成立的学校，经费紧张，大部分女生都是贫困家庭的孩子，无法按时缴纳学费。1901 年由于学校财政状况恶化不得不关闭。[②]

　　同德女子义塾于 1908 年 3 月由赵东植博士创立。赵东植博士是朝鲜女子教育的先驱之一，一生致力于女子教育。他的教育理念是"女子教育是培养女子的教育，女子教育能造就一个家庭一个国家"。校名"同德"来源于《论语》中的"通门修德"。当时，社会上送男孩上学校的情况并不多，一般送到私塾学习，因此送女孩上学实属罕见。因此，教师们拿着印有广告语的宣传单挨家挨户拜访。广告内容是"请送女孩上学吧""女孩也应该学习""无知跟动物没有两样"。另外举一些发达国家的例子，宣传国家要独立需要女子也学习，等等。这样好不容易召集 13 名学生，但年龄差距很大。高等课程里最大的是 23 岁的母亲，最小的 12 岁女孩。普通课程里最大的 15 岁、最小的 6 岁。1913 年，同德女校与养正女校合并。1914 年发展为高等科三年、普通科四年。

　　（二）贵族创办的女校

　　淑明女校是 1906 年 5 月 22 日由李贞淑创办的。一开始叫明新女学校，1909 年更名为明新高等女校，第二年又变更为淑明高等女校。1911

---

① 　李荧娘：《近代启蒙期的朝鲜女子教育论》，《东亚国民国家形成和男女》，第 131 页。
② 　http://www.culturecontent.com/content/contentView.do?search_div=CP_THE&search_div_id=CP_THE003&cp_code=cp0423&index_id=cp04230005&content_id=cp042300050001&search_left_menu=2.

年改为淑明女子高等普通学校。朝鲜女性教育的先驱李贞淑为女子教育事业做出了巨大贡献。她得到高宗皇后严妃的支持。当时,皇室共资助了三个学校(淑明、进明、养正)。淑明女校采用日式女校的模式,进明模仿西式教育模式,养正男校坚持韩式教育方针。淑明一开始拟模仿日本华族学校——学习院模式。一开始,学生都是汉城的贵族及名门家庭子女,并采取寄宿制。当时,教育课程相当于现在的初中程度,主要科目有国语、日语、作文、算术、理科、家政、缝纫、手艺、音乐、习字、体操等,教师基本上是日本女性。淑明第一任校长李贞淑感到在男尊女卑观念根深蒂固的封建制度下,有必要对女子进行启蒙教育。高宗皇后在亡国的悲痛中感到为恢复国权,需要启蒙女性,淑明女校的办学目的在于培养贤母良妻。1931年,淑明毕业仪式上李贞淑校长指出:"四年来,在学校学到了做女子的道理和知识、技能,作为优秀的人走向社会。但是仅仅靠这四年是不够的,需要今后在持家教育子女的过程中提高修养,为社会、学校做出应有的贡献。"在纪念淑明建校25周年刊物上进一步指出,贤母良妻型教育理念的内涵为纯洁、同情、清洁、整顿、宽恕等。要培养勤劳、贞淑的品质,通过自学、细致、自治等提高技能,通过锻炼增强体质,追求身心健康。

（三）民间私立女校的教育理念

民间私立女校的教育目标具有单一性,主要是为了培养贤母良妻。

表2-7　民间私立女校的教育理念

建立年度	学校名	教育目的及理念
1898	顺城女校	"人才在于学问,学问在于教育。但朝鲜尚未出现女校。应建立女校,跟男性一样,教育女性,要成为文明国家。"(《独立新闻》,1899年10月13日)

续表

建立年度	学校名	教育目的及理念
1906	明信（淑明）女校	"男人女人都是国家的百姓，根据国势，急需实施女子教育。" （《皇城新闻》，1906 年 5 月 26 日） "要记住正淑两个字。贤惠的家庭主妇是第一，不希望成为职业女性"（李正淑校长） "要格外注意培养人格，女性要具备纯洁、同情、整洁、整顿、宽恕、热爱劳动、醇良贞淑的品质，学会自学、自习、自治，要学会技能，增进健康，成为身心健康的人，适应社会的妇女。"
	养闺义塾	"女子聪明才智不亚于男性，通过女子教育，增加学问、学会技能和才艺。"（《大韩每日新报》，1906 年 5 月 9 日） "要学习新学问和新知识，提高普通女性的才智。"（《大韩每日新报》，1906 年 8 月 2 日）
1908	同元（同德）女校	"女子教育就是造就女子的教育，女子教育将造就家庭、造就国家。"（《同德 50 年史》，1960 年）
	女子普学院	"在国家竞争时代为了成为胜者，需要实力。女性也是国家的一员，应教育女性，使她们为国家发展做贡献。"（《女子指南》，1908 年 2 月 3 日）

资料来源：金在仁、杨爱卿等：《韩国女性教育的变迁过程研究》，《韩国女性开发院报告书》，2000 年，第 77 页。

私立学校的建立为打破封建制度、建设近代社会做出了贡献，为恢复国权培养了一批民族运动家。她们通过课外活动等教育实践，培养了抗日运动精神，激发了爱国思想。

第三章 东亚近代女子教育体制的创建

第一节 日本近代女子教育体制的建立（1868—1936）

近代日本女子教育体制的建立始于 1872 年《学制》的颁布。之后相继颁布了《教育令》（1879 年 9 月）、《改正教育令》（1880 年 12 月）、《小学校令》（1886 年 4 月）、《高等女子学校令》（1899 年 2 月）等一系列与女子教育相关的教育法令，逐渐建立了以寻常小学和高等女子学校为核心的女子教育体制。

一、《学制》与女子教育体制的初创 (1868—1878)

（一）《学制》的颁布及其内容

1871 年 7 月 18 日，明治政府发布了第 361 号太政官布告，规定"废除大学设置文部省"，作为日本最高的教育行政机构，负责统管全国的学校和一切教育事务。文部省设立后的首要任务就是制定近代化的教育体制。为此专门成立了学制调查委员会，任命箕作麟祥、岩佐纯、内田正雄等 12 人为学制调查委员，负责起草《学制》。1872 年 6 月，文部省又根据近代教育体制建设工作的轻重缓急程度制定了《学制施行计划书》，其中要求近代化学制的建设首先要大力发展小学校和师范学校，同时还要让"一般女子与男子平等受教育"。[①] 由此可见，在近代教育体制创建之处，日本不仅将发展初等教育和师范教育放在了首位，而且尤其重视女子教育的发展。之所以如此重视女子教育，一方面是因为受

---

① 三井为友编：《日本妇女问题资料集成·4·教育》，家庭出版社 1976 年版，第 144—146 页。

西方男女平等思想的影响，意识到了"人之道男女无别，男子已有学而女子不可无学"。另一方面也是认识到"欲开人子学问之端绪以辨物理者，其母教育之力甚多。故一般而言，其子才与不才，端赖其母贤与不贤"，女子身为母亲在教育子女方面发挥着重要作用。正因为如此才提出了"兴小学之教，洗从来女子不学之弊"的主张，并将"兴女学之事，令与男子并行"定位为"兴小学之第一要义"。[①] 近代日本的第一个教育法令《学制》就是遵照这样的原则制定的。

1872 年 8 月 3 日，文部省正式颁布了《学制》，这是日本教育史上第一个具有近代意义的教育法令。《学制》的内容主要参考了法国的教育制度，共计 109 章，涉及教育行政（1—19 章）、学校系统（20—39章）、教师资格（40—47 章）、考试（48—57 章）、留学（58—88 章）、学费及教育财政（89—109 章）等各个方面。通过《学制》的制定，日本确立了以文部省为最高行政机构、以大、中、小学为主体系统的近代教育体制，确定了大力发展和普及初等教育的方针。其中涉及女子教育的内容主要包括：第一，关于教育行政机构督促女子入学的规定："一般人民（华士族农工商及妇女子）之就学皆向学区督察申报，若有年至六岁而不入学者，须向学区督察申明缘由"（第 12 章）；第二，关于开展女子教育的初等教育机构的规定："小学乃教育之初级，一般人民必须入学。小学有如下几种，即寻常小学、女子小学、村落小学、贫民小学、私塾小学、幼稚小学等"（第 21 章）；"幼稚小学（幼稚园）收男女子弟之不足六岁者入学，教授小学前之学问端绪"（第 22 章）；第三，关于女子教育的具体教学科目的规定："女子小学除寻常小学之科目外，另设手艺课"（第 26 章）、"寻常小学分为上下二等，此二等男女皆须毕业。下等小学所设课程有缀字、习字、词汇、会话、读本、

---

① 三井为友编：《日本妇女问题资料集成·4·教育》，第 144 页。

修身、书牍、文法、算术、养生法、地学大义、理学大意、体育、音乐。上等小学则在下等小学课程之外增加史学大意、几何大意、博物学大意、化学大意。此外还可酌情开设外国语学、记簿法、画学、天球学四科。下等小学学生为六岁至九岁，上等小学为十岁至十三岁"（第 27 章）。[①]

通过以上内容可以看出，在《学制》时期，着重发展的是女子初等教育，在寻常小学中实施的是男女共学制度，学习内容男女相同。与此同时，女子小学作为寻常小学的补充，专门招收女学生入学，所学内容除了寻常小学的科目之外，还结合女子的特点专设手艺课。显然，明治政府在制定《学制》时已经认识到了发展女子教育的重要性，并通过制定男女共学制，将女子教育首次纳入国家教育体系之中，建立了一套较为系统的女子初等教育制度。《学制》的出台标志着近代日本女子教育体制的初步建立。在《学制》公布的同时，为了督促各地积极贯彻实施近代化教育，明治政府还以太政官布告的形式发布了《学业奖励之告谕》。其中批判了封建时代"学问为士人所专事，农工商及妇女子则置之度外，不知学问为何物"的特权教育制度，发出"一般人民（华士族农工商及妇女子）必邑无不学之户，家无不学之人"的倡议，要求"幼童则不分男女皆须入小学"，[②]树立了在初等教育阶段推行男女共学机制、普及全民教育的目标。尽管《学制》并中没有对女子中等教育以及高等教育做出具体规定，但其对初等教育阶段男女共学的倡导，也大大推动了近代日本女子学校教育的发展。

（二）女子初等教育的初步实施

在《学制》时期，明治政府着重发展的是女子初等教育，教育的目的是培养既具备一定知识才学又能承担教育子女成才这一重任的欧式贤

---

① 《学制》原文参见文部省编：《学制百年史·资料篇》，帝国地方行政学会 1975 年版，第 11—19 页。

② 三井为友编：《日本妇女问题资料集成·4·教育》，第 146—147 页。

母。故而这一时期的教育内容以模仿欧美教育内容为主，无论是课程设置还是教材选择大都直接取自欧美。但是由于这种舶来的教育与日本社会的现实状况脱节，加上受到当时经济水平的制约，在《学制》时期，女子的入学率并不高。

寻常小学及女子小学的建设

《学制》颁布后，日本各地方政府响应中央政府的号召纷纷发布劝学告谕，积极督促适龄女童入学。如山梨县的告谕指出，"受教育的女子不仅可得眼前之幸福，而且还可辅助丈夫之业，内治家事，以保常年荣华"；茨城县的告谕指出，"教育之初级，其责任唯在母亲，将来民众之开智、国家之富强，端赖母亲之丹诚"。[①] 这些告谕虽然与中央政府的《学业奖励之告谕》内容不尽相同，但其目的均是为了让民众重视女子教育。在日本各级政府自上而下的积极推动下，男女共学制的初等教育体系得以逐步建立。

根据《学制》规定，寻常小学是明治政府重点建设的初等教育机构。为此各级地方政府均出台了小学教学规章，以小学区为单位建设寻常小学校。下面的表3-1显示了《学制》实施期间，近代日本寻常小学校的发展情况。

表3-1　《学制》时期的初等教育（1873—1878）[②]

年　代	寻常小学的数量（所）	学生人数（人）		
		男　生	女　生	合　计
1873年（明治六年）	12 558	879 170	266 632	1 145 802
1874年（明治七年）	20 017	1 297 240	417 528	1 714 768
1875年（明治八年）	24 303	1 462 059	464 067	1 926 126
1876年（明治九年）	24 947	1 540 841	526 960	2 067 801
1877年（明治十年）	25 459	1 594 742	568 220	2 162 962
1878年（明治十一年）	26 584	1 671 276	601 948	2 273 224

---

① 梅根悟：《世界教育史大系34 女子教育史》，讲谈社1977年版，第221—222页。
② 参考文部省编：《学制百年史 资料篇》，第492—493页"第3表"的数据制成。

从上表中可以看出，在《学制》实施期间，近代日本的初等教育无论是学校数量，还是学生、教师的人数都呈现出逐渐增加的态势。从1873 年到 1878 年的六年间，小学校数量共增加了 14026 所，增长了 1.1 倍。女学生总计增加了 335316 人，增长了 1.3 倍。显然在《学制》实施期间，日本基本上建立起了必要的初等教育设施。当然由于幕末时期寺子屋等私塾教育机构已经有相当大的规模，因此明治维新以后，除了一部分新建的小学校之外，很多地方的寻常小学都是在寺子屋的基础上合并、重组后建立的。甚至有些地方还出现了旧式寺子屋与新式小学并存的情况。

《学制》时期的初等教育机构以寻常小学为主，此外还有一种专门招收女学生的学校——女子小学。据统计，在《学制》实施期间，日本各地共计出现了二百五十多所。[①] 这些女子小学遍布全国各地，有的直接冠以"女子小学"之名，也有的以"女学校""女校""手艺学校"等来命名，还有的是作为寻常小学的分校、附属学校等形式存在。根据《学制》规定，女子小学的课程设置比寻常小学多了一门手艺课，该课程主要依据传统的性别分工，传授西洋女红、裁缝、礼仪等内容。根据学生的出身特点，明治初期的女子学校大致可以分为两大类别，一类是专门招收士族女子的学校，另一类则是面向平民女子的学校。[②] 前者为士族主导型学校，以石川县金泽市的女子小学为代表，授课内容以手艺、礼仪的传授为主，裁缝女红教育为辅，其教学目的是提高士族女子的修养水平，为上流社会培养贵妇人。后者为平民主导型学校，以宫城县和千叶县的女子小学为代表，授课内容以实用的裁缝女红技能为主，主要适应平民女子的学习特点和学生家长的要求，以培养普通的家庭主妇为目的。

---

① 高野俊：《明治初期女子小学研究——近代日本女子教育的源流》，大月书店 2002 年版，第 66—78 页。

② 高野俊：《明治初期女子小学研究——近代日本女子教育的源流》，第 27—30 页。

欧式贤母教育的施行

根据《学制》的规定，寻常小学分为下等和上等两个级别，教学内容也各不相同。为了推进初等教育的具体实施，1872 年 9 月，文部省制定了《小学教学规章》，详细规定了小学中的课程设置，以及每门课程的教材、教学目的、教学大纲等内容。根据该规章的规定，明治初期的寻常小学共开设 27 门课程，包括缀字、习字、单词读法、洋法算术、修身口授、单词背诵、会话练习、单词默写、读本阅读、会话背诵、地理读练、养生口授、会话默写、读本讲论、语法、地理学讲论、穷理学讲论、书牍、各科温习、小体字习字、书牍作文、史学讲论、小体字速写、绘画、几何、博物、化学、生理。从课程设置来看，《学制》时期的初等教育除了继承读、写、算等寺子屋教育的核心内容外，地理、速写、绘画、几何、化学、博物等西学课程占了大多数，而涵养道德的修身课占比重极小，由此可见明治初期的初等教育主要以学习洋学知识为主，传统的修身教育受到了冷落。

除了规定具体课程以外，《小学教学规章》中还指定了七十多种教材。这些教材中除了福泽谕吉的《劝学篇》《西洋事情》等日本人自己编的、介绍西方社会的书籍之外，大部分都是直接翻译了欧美教材。例如《小学读本》翻译了美国教材《威尔逊读本》（*Willson's Reader*）；《万国地略志》是对英国的多种地理书籍的翻译和汇编；《地理初步》是翻译了美国的《初等地理》（*Cornell's Primary Geography*）。甚至道德教育课"修身口授"所用教材也是翻译本，如箕作麟祥的《劝善训蒙》翻译了法国的教科书，福泽谕吉的《童蒙教草》译自英国的寓言故事集，阿部太藏的《修身论》翻译了美国的伦理书。在这些修身教材所描绘的众多女性形象之中，启发、训导、教授子女的"教育妈妈"的形象占很大比例。[①]此外，当时女子用的家政教材如《家政要旨》《家事俭约训》《养生浅说》《子女育草》《母亲心得》《育婴新书》《民间经济》等，也都是翻译了西方的家政教材，在近世女子教育中被广泛应用的女训书则基本上遭到了淘汰。从课程设置及教材来看，《学制》时期女子初等教育内容完全以欧美教育为蓝本，表现出了全面西化的倾向，其目的就是要让女子自幼掌握必要的文化知识和西学知识，以便将来她们能够成长为优秀的欧式贤母。

《学制》时期的女子入学率

近代伊始，明治政府颁布《学制》，提倡"全民皆学"，鼓励女子与男子接受同等教育，但是从实际的入学情况来看，初等教育尚未在一般民众中间广泛普及开来，能够进入小学学习的女子更是占少数。据日本文部省统计，[②]在《学制》实施的次年，即 1873 年日本整体小学入学率仅为 28.13%，其中男子为 39.9%，女子的入学率仅有 15.14%，这一入学率跟幕末时期女子入学率相比并无太大变化。到《学制》实施的最后一年，即 1878 年，整体小学入学率为 41.26%，其中男子入学率为 57.59%，女子入学率为 23.51%。从以上统计数据来看，《学制》实施期间，初等教育阶段的男子入学率增长较快，而女子入学率增长缓慢，自 1873—1878 年的六年间，女子入学率一直徘徊在男子的半数以下，平均每年增长仅 1% 左右。

女子入学率之所以比较低，其原因主要有三个方面：第一，由于《学制》的制定全盘模仿欧美，呈现一边倒的态势，脱离了日本当时的社会现状，遭到了民众的排斥。这里最突出的问题就是小学教育中大量采用翻译教材，其内容以介绍西方知识为主，很难在实际生活中立即发挥作

① 氏原阳子：《论良妻贤母的女性形象——从分析明治时期小学校修身教科书入手》，《名古屋大学教育学部纪要（教育学科）》第 43 卷第 1 号，1996 年，第 120 页。
② 文部省编：《学制百年史·论述篇》，第 195 页"表 4"。

用。正因为如此，为了提高女子入学率，明治政府才不得不在寻常小学之外设立女子小学，通过开设裁缝课来吸引女学生入学。第二，《学制》中规定学费主要由学生个人承担，而且学费的数目在当时看来并不低。小学学费是每月 25—50 钱，大概相当于寺子屋费用的十倍左右，对于当时的民众来说是不小的负担。过重的经济负担使得人们不能或不愿将女儿送入学校学习。第三，在文明开化的大潮下，《学制》中虽然倡导"男女无别"的平等思想，但是根深蒂固的男尊女卑观念不可能在短期内消失。对于父母而言，女子是出嫁前可以帮助做家务的劳动力，而出嫁后则就会成为另一个家庭的一员，很多民众认为这种教育投资并不划算，所以一般来讲，同等条件下女子受教育的机会要远远少于男子。

《学制》时期，不仅女子的小学入学率远远低于男子，而且从全国各地的小学校在吸纳女学生、推行男女共学理念方面来看，也出现了发展不均衡的状况。《学制》中将寻常小学分为上下两等，不仅规定"此二等男女皆须毕业"，而且在课程设置方面也没有性别差异。但是从当时《文部省日志》《文部省年报》等资料中所记载的各府县的小学教规来看，男女共学的方针只在下等小学得以全面贯彻，而在上等小学中男女适用同一教规的府县却在逐年减少。据统计，1875 年全国 85% 的府县采用了男女无别的教规，到 1876 年减至 65%，1877 年为 52%，1878 年减少到了 43%。[①] 不仅如此，在女子教育发达、女子入学率高的地方，如东京府、神奈川县等地，女子高等小学一直采用与男子完全不同的教规。而在女子入学率排倒数的秋田县、青森县等地则一直采用男女无别的教规。这表明《学制》虽然赋予了女子与男子接受同等教育的权利，确立了初等教育阶段男女共学制，但是在具体的实施过程中，许多地方依然坚持实施男女差别教育，"男女有别"的观念仍然存在。

---

① 深谷昌志：《增补 良妻贤母主义的教育》，黎明书房 1981 年版，第 48—49 页。

综上所述，《学制》时期，明治政府制定了较为系统的初等教育制度，通过开设大量官立寻常小学校，推行男女共学制的教规等措施，促使女子初等教育取得了一定发展。同时在教育内容方面，摒弃了传统的妇道伦理的说教，完全以欧美为蓝本，注重培养女子身为母亲所应具备的知识修养。这些都反映出明治政权急于通过发展教育以建设近代国家的迫切愿望。但是这种全盘欧化的做法脱离了当时日本社会的现状，导致《学制》的实施大打折扣，女子的入学率远远低于同时期的男子，各地对男女共学理念的贯彻并不均衡。面对女子教育发展不振的状况，人们对全盘模仿欧美的做法提出了质疑，于是从 1879 年开始，明治政府开始了对女子教育政策的调整。

二、《教育令》与女子教育体制的调整 (1879—1885)

自 1879 年开始，为了扭转明治初期全盘欧化的倾向，明治政府开始调整教育政策，相继公布了《教育令》和《改正教育令》等教育法令代替了之前的《学制》。在这种情况下，女子教育的相关政策和内容也随之发生了变化。《教育令》由当时的文部省大辅田中不二麿负责起草，共计 47 条，于 1879 年 9 月颁布实施。该法令废除了学区制，改为以町、村为单位来开设小学校。因为该法令在学校设置、教学内容、管理规定、就学年限等方面赋予地方政府更多的教育自主权，因而一般称之为"自由教育令"。之后文部省又先后于 1880 年和 1885 年两度对此"自由教育令"进行修改，最终公布的《改正教育令》褪去了自由主义色彩，否定了人民参与教育行政的管理权，加强了中央对各地教育的监督力度，大大强化了国家对教育的统治和干预，因此修改后的教育令便被称作"干涉教育令"。尽管《教育令》和《改正教育令》的内容大不相同，但是就女子教育的方针而言却一脉相承，都开始转向保守。通过这些法令的实施，不但加强了女子初等教育阶段对女红技能的培养和传统妇德的灌输，而且还确立了除小学校之外，"男女不得同室而学"的原则，间接规范了女子的中等教育。

（一）女子初等教育的调整

1879 年以后明治政府对女子初等教育的政策调整主要有两个方面：其一是重视女红技能的培养。在女子小学教育中正式加入了裁缝课，标志着"女主内"这一传统的角色意识开始左右国家教育政策的制定，打破了此前基于男女平等思想而形成的"男女无别"、平等受教育的局面。其二是传统妇德涵养得以加强。道德修身课被置于所有课程之首，妇道涵养再次成为女子教育的主要内容，儒家伦理再次成为道德教育的指导思想，改变了《学制》时期重智育、轻德育的基本原则。通过这样的调整，逐渐将《学制》时期全盘欧化的教育拉回到了保守复古的轨道上。

重视女红技能的培养　在明治初期的《学制》对裁缝等女红技能并不重视，寻常小学没有为女子特设裁缝课，这成为女子入学率低迷的原因之一。尽管当时有专门开设"手艺课"的女子小学作为寻常小学的补充，向女子传授裁缝等女红技能，但是由于这类学校数量有限，所以并不足以改变女子入学率偏低的局面。为了适应现实社会的需要，吸引女童入学，明治政府在调整教育政策时考虑到女子教育的特点，开始将裁缝课列入小学校的正规课程中。如在 1879 年的《教育令》第三条中规定："小学校向儿童传授普通教育。设读书、习字、算术、地理、历史、修身等科。各地可依据实际情况酌情增加绘画、唱歌、体操、物理、生物、博物等课程。"[1] 1880 年修改教育令时，保留了小学阶段"为女子特设裁缝等科"的规定。[2] 由此，裁缝课作为女子初等教育的专修课程被固定下来。

关于裁缝等女红技能教育的具体内容，在 1881 年制定的《小学校教则纲要》中做了具体规定。其中将小学校细分为初、中、高三等，施行三三二制，规定从小学第四年，即中等小学阶段开始设女子裁缝课，

---

[1]　文部省编：《学制百年史·资料篇》，第 29—30 页。
[2]　文部省编：《学制百年史·资料篇》，第 31—32 页。

并且要求裁缝课每周上三次，每次为一个课时。从第四学年到第八学年，裁缝课的具体教学内容各有侧重。第四学年上学期学习运针的技法，下学期开始学习缝制简单的物品。第五学年上学期继续学习缝制单衣，下学期开始学习如何缝制夹衣。第七学年上学期学习缝制绢类夹衣。第八学年下学期学习和式裤裙、外套、腰带等衣物的缝制。此外在第八学年还开设专门以女子为对象的家政经济课，内容涉及衣服、洗涤、住所、器具、食物、烹调、理发等日常生活的收支出纳。在"教育令"时期，女红技能的培养主要是4—8年级学生，而到了"学校令"时期，教育对象被进一步扩大为1—8年级。如1890年10月公布的《小学校令》中规定，"寻常小学设修身、读书、作文、习字、算术、体操等科目，各地依据实际情况……可为女子特设裁缝课"；"高等小学设修身、读书、作文、习字、算术、日本地理、日本历史、外国地理、理科、图画、唱歌、体操、裁缝（女子）"。[①] 自此以后直至近代结束，裁缝等女红技能的培养都成为整个初等教育阶段女子的必修课程。

裁缝等女红课的开设标志着近代日本的女子教育开始重视女子特性的培养。所谓的女子特性，实际上是"男主外、女主内"的传统的性别分工对女性职责的界定。关于这一点，文部省在1882年向学事咨询会下达的指示中做出了解释。其中指出，由于男女的"处世业务"不同，所以女子教育应该依据其自身需要而定，不能与男子等同划一。[②] 所谓女子的"处世业务"是指生儿育女、洗衣做饭、缝补浆洗等家务劳动，这实际上是一种建立在"妇无公事，修其蚕织"的传统女性观基础上的性别分工。裁缝课正是适应这种性别分工而为女子特设的。1885年9月，在华族女子学校成立之际，明治天皇亲自下达训示，进一步明确指出女子的本分是"嫁为人妇以侍奉丈夫"，所以女子的教育不应欧化，而应

---

① 文部省编：《学制百年史·资料篇》，第90页。
② 转引自桥本纪子：《男女共学制的历史研究》，大月书店1995年版，第37页。

该注重其"为人妇、治内廷"的特点，"在和汉之学的基础上增加裁缝课，以培养女子的实用技能"。① 由此可见，开设裁缝等女红课的根本目的是为了培养胜任家务劳动的"优良妇女"，让她们更好的发挥"掌管内廷"的"天职"。这是对《学制》时期全盘欧化的女子教育模式的修正，表明明治政府的女子教育方针开始转向保守。

加强传统妇德的涵养　《学制》注重对包括女子在内的学生实施智育教育，而不强调道德修身教育。当时修身课被排在缀字、习字、单词读法、洋法算术四门课程之后，修身课的教材也直接采用翻译教材。这种做法遭到了以明治天皇的侍讲元田永孚为代表的保守派的攻击，1879年元田永孚以"圣旨"名义撰写了《教学大旨》，指责明治维新以来推行的欧化教育"专尚知识才艺""徒洋风是竞"，而"轻仁义忠孝"导致了"品行破而风俗伤"的后果，主张恢复以儒家伦理为主要内容的道德教育，在各小学校内悬挂古今的忠臣、义士、孝子、节妇的画像，使学生"感受忠孝之大义"。② 与元田等保守派的主张相呼应，1880年的《改正教育令》中也强化了道德修身课的地位。其中规定小学开设的课程依次为"修身、读书、习字、算术、地理、历史等科"。③ "修身"被放到了各门课程之首，表明明治政府开始强化道德教育的主导地位。此后在1881年的《小学校教则纲要》中又进一步将修身课的学习年限由《学制》时期的两年延长到了八年，同时还规定修身课每周上三次，每次两个小时，具体的学习内容为初等小学"通过简易的格言、事迹来涵养德行，并传授礼仪"；中、高等小学"通过比较高深的格言、事迹来涵养德行，并传授礼仪"。④ 《小学校教则纲要》是对《改正教育令》教育理念的

---

① 海后宗臣：《海后宗臣著作集·第10卷·教育敕语成立史研究》，东京书籍1981年版，第124页。
② 三井为友编：《日本妇女问题资料集成·4·教育》，第175—176页。
③ 文部省编：《学制百年史·资料篇》，第31—32页。
④ 文部省编：《学制百年史·资料篇》，第83—88页。

具体贯彻，其最大特点便是对道德教育的重视。

在《改正教育令》及《小学校教则纲要》公布实施的同时，为了强化道德教育，文部省还着手编撰审定了小学修身教科书。自1880年《改正教育令》实施到1886年《小学校令》出台的七年间，共出版小学修身教科书274部，其中包括23部女子修身教科书。[①] 这些修身教科书中大部分是男女通用，其中较具代表性的是文部省编辑局长西村茂树编的《小学修身训》（1880年）、天皇侍讲元田永孚编的《幼学纲要》（1882年）、文部省编的《小学修身教科书》（1883年）等。其内容一改《学制》时期清一色翻译欧美伦理道德书的做法，增加了儒家道德及其妇道伦理的内容。如《小学修身教科书》是一部宣扬孝行、忠义等儒家道德伦理的古今格言集，其中全部都是从和、汉典籍中选录的格言，对女子道德的说教则复制了近世女训《女大学》的内容。例如其中写道"女子成人后，皆嫁为人妇，侍奉舅姑。故较之男子更应受父母训诲"，"为女子者常思用心，谨守其身。早起晚寝，专事女工，专心家事，织缝纺绩，不可惰怠"等。[②] 元田永孚的《幼学纲要》则是奉天皇敕令所编，其中将"孝行""忠节""和顺""贞操"等儒家德目列为小学道德教育的主要内容，重弹"夫妻和顺乃人伦之大义""女正位乎内，男正位乎外""一与之齐，终身不改"的论调，要求女子发挥其内治的作用，以源渡之妻袈裟、源义经之妾静、楚国之白贞姬、汉朝之陈孝妇等和汉经典中的贞女孝妇为榜样，恪守"在父母膝下时，幽娴淑静，不敢从非礼。嫁为人妻则终身不移，遭遇事变而不移操守"的柔顺、贞节之德。[③] 无疑是在赤裸裸地宣扬传统的儒家妇道伦理。这一特点在专门以女子为教育对象的修身教科书中更为明显。当时的女子教科书有的侧重于传统妇道德目的直接

---

① 片山清一：《近代日本的女子教育》，建帛社1984年版，第239页。
② 片山清一：《近代日本的女子教育》，第244页。
③ 三井为友编：《日本妇女问题资料集成·4·教育》，第178—181页。

说教，如千河岸贯一编的《女子修身训蒙》（1880 年）、冈本贤藏编的《修身女训》（1882 年）、西天敬止编的《帝国女子修身鉴》（1893 年）等。有的侧重于对历史上节妇烈女的典型事迹的节录，如内田尚长编的《女子孝节谈》（1879 年）、河野善编的《小学修身女训》（1882 年）、西村茂树编的《妇女鉴》（1887）等。不论哪种教科书，对《女大学》式的儒教妇道伦理的鼓吹都是其主要的内容。

综上所述，1879 年以后女子的特性教育成为女子教育的侧重点，其初衷是为了提高女子入学率，但现实情况却差强人意。《教育令》《改正教育令》等法令的实施虽然调整了近代日本女子教育发展的总方针，但是没有改变女子教育发展缓慢的现状。在此期间期间，女子小学入学率的增长十分缓慢。据统计，1879 年全国有小学校 28 025 所，到 1886 年时共计有 28 556 所，仅增加了 531 所。小学教师的人数从 1879 年的 71 046 名，增至 1886 年的 79 676 名，共计增加 8 630 名。[1] 从入学率来看也呈现出微增的趋势，适龄儿童的总体入学率从 1879 年的 41.16% 增长到了 46.33%，女子入学率由 22.59% 增长到了 29.01%。[2] 甚至在此期间，女子的入学率还曾出现两次倒退。第一次倒退出现在 1879—1880 年间，女子入学率由 22.59% 降到了 21.91%；导致这种状况的直接原因是 1879 年颁布的《教育令》放宽了国家对学校教育的干预，赋予地方自由办学的权利。其初衷是为了迎合当时自由民权派的自由教育主张，结果却导致很多地方都借"自由"之名，大幅度减少对教育的投入，致使学校教育出现了衰退的趋势。第二次倒退出现在 1884—1886 年间，女子入学率由 33.29% 降到了 29.01%。造成这次学校教育持续萎缩的根本原因是经济发展不景气。当时处于西南战争时期（1877 年 2—9 月），为了筹集庞大的军费开支，明治政府大量发行纸币，造成了严重的通货膨胀，

---

① 文部省编：《学制百年史·资料篇》，第 492—493 页"第 3 表"。

② 文部省编：《学制百年史·资料篇》，第 496—497 页"第 1 表"。

财政金融濒临崩溃。为了整顿金融秩序，抑制通货膨胀，1881 年，松方正义就任大藏卿以后开始整顿货币，出现了通货紧缩的现象。其结果使得中小工商业者相继破产，农民也因农产品价格下跌而破产，经济发展陷入了萧条，学校教育也因此受到了严重影响。总体看来，这一时期明治政府调整教育体制的成效并不理想，不仅教育设施、教育师资有所减少，女子的小学入学率增长也十分缓慢。

（二）普通中学的男女别学

明治初期的《学制》中，要求适龄儿童不分男女都要入小学学习，确立了男女共学的教育体制。关于女子中等教育则没有任何规定，不过当时也出现了少量实施女子中等教育的女子学校，东京女子学校便是其中比较具有代表性的。该学校以英语等洋学为主要课程，体现了明治政府模仿欧美的办学宗旨。随着中学校中女生人数的逐渐增加，1879 年制定新的教育法令时开始关注女子的中等教育。《教育令》第四十二条规定："凡于学校之内，男女不得同室而学，但小学校中男女同室则不妨。"[①]自此后以后，日本公布的各项教育法令中都写有该条款。这项规定虽然保留了小学校中的男女共学制，但是也标志着男女别学的理念开始被纳入国家教育政策之中。更为值得关注的是，通过男女别学制的建立，间接规范了女子中等教育。到 1882 年时，文部省以"中学校设置"的训示进一步明确了中学校中贯彻男女别学的原则，要求"寻常中学中不能接受女子"，即便是"在其中单独开设女子科也不妥当"。[②]自此以后，近代日本的中等教育中实施严格的男女别学体制，女子被挡在普通中学的大门之外，只能在专门的女子学校就学。

《教育令》的出台标志着由男女共学体制向男女别学教育体制的转

---

① 文部省编：《学制百年史·资料篇》，第 29—30 页。
② 国立教育研究所第一研究部教育史料调查室编：《学事咨询会与文部省示谕》，国立教育研究所 1979 年版，第 61 页。

变，受其影响，虽然小学中还有男女共学现象存在，但在普通中学里就读的女学生逐渐减少。据统计，1879 年时，在男女共学制中学中就读的女学生共有 2 747 人，《教育令》出台后的翌年人数便骤降为 389 人，之后逐年减少，到 1884 年时，在普通中学中再也看不到女学生的身影了。[①]从那时起直至二战结束，日本近代女子教育史上再也没有出现过男女共学制的中学。由此可见《教育令》"男女不得同室而学"的规定标志着男女别学的差别教育方针的确立，它的颁布实施，否定了《学制》以来的男女共学、平等教育的欧式女子教育理念，基本上决定了此后女子中等教育的发展方向。

三、"学校令"与女子教育体制的确立（1886—1916）

自 1886 年开始日本相继颁布了《小学校令》《高等女子学校令》等一系列"学校令"，逐渐建立了以义务教育制度和高等女子学校制度为核心的近代日本女子教育体制，大大推动了女子教育的发展，实现了女子初等教育的全面普及和女子中等教育的迅速发展。

（一）义务教育制的确立与实施

1886 年 4 月，日本公布了《小学校令》，废除了"教育令"时期将小学分为初、中、高三等的做法，规定小学校设寻常小学和高等小学两级，学习年限各为四年。此后分别于 1890 年 10 月、1900 年 8 月两次修改《小学校令》，确立了四年制义务教育制度。在普及了四年制义务教育之后，日本又于 1907 年 3 月第三次修改《小学校令》，最终建立了六年制义务教育，进一步推动了初等教育的普及。

小学义务教育的普及

日本四年制义务教育制度的建立始于 1900 年 8 月公布的《小学校令改正》。此法令规定"寻常小学的学习年限为四年，高等小学为两年，

---

① 桥本纪子：《男女共学制的历史研究》，大月书店 1995 年版，第 38 页"表 4"。

也可为三年或四年"（第十八条），儿童到达学龄以后须入寻常小学，
"学龄儿童的保护人有义务让学龄儿童接受寻常小学教育"（第三十二
条），"市立、町立、村立的寻常小学不得征收学费"（第五十七条）。[①]
这几项规定将公立的四年制寻常小学教育定为免费的义务教育，减轻了
民众的经济负担，提高了适龄儿童的入学率。与此同时，为了保证小学
义务教育能够贯彻落实。明治政府还从国家财政上对义务教育加以支持。
在《小学校令改正》公布两个月后，就出台了《市町村立小学校教育费
用国库补助法》，由国家按照学龄儿童人数与入学儿童人数的比例，向市、
町、村各级部门发放国库补助金。义务教育费用国库补助金制度的建立
为义务教育制度的实施提供了强有力的财政保障。[②]

  对于女子教育而言，四年制义务教育制度的建立更具有重要意义。
它从法律上确保了女子能够与男子享有同等的受教育权利，大大提高了
女子的小学入学率。据统计，在四年制义务教育制度实施的 1900 年，
女子入学率为 71.33%，远远低于男子入学率（男子为 90.55%）。到
1907 年六年制义务教育建立时，女子的小学入学率已达到 96.14%，已
经基本与男子入学率相当（男子为 98.53%）。[③] 随着四年制义务教育的
快速普及和小学教育方面男女差距的不断缩小，高等小学教育也迅速发
展起来，学校数量和在学人数都呈现出逐年增加的状况。据统计，1900
年全国共有高等小学 5123 所，在学人数有 87 万多人，到 1905 年时，
高等小学增加至 8 146 所，在学人数达到 123 万多人。[④] 在初等教育发展
过程中，有一些两年制的高等小学与寻常小学合并，形成了很多六年制
的寻常小学。1900 年，这种六年制的寻常小学有 3 619 所，到 1907 年

---

① 文部省编：《学制百年史·资料篇》，第 100—103 页。
② 文部省编：《学制百年史·论述篇》，第 295—296 页。
③ 文部省编：《学制百年史·资料篇》，第 496—497 页"第 1 表"。
④ 文部省编：《学制百年史·论述篇》，第 320 页的"表 10"。

达到 7 881 所。[①]高等小学的迅速发展以及六年制寻常小学的大量增加，加快了义务教育年限延长的步伐。

随着四年制义务教育的普及和高等小学的迅速发展，六年制义务教育的普及也被提上了议事日程。1907 年 3 月，明治政府再一次修改小学教育法令，将寻常小学的学习年限延长至六年，最终确立了六年制义务教育制度。关于延长义务教育年限的理由，在文部省 1907 年 3 月 25 日发布的教育训令中指出，早在 1900 年制定《小学校令改正》之时，文部省就考虑到了延长义务教育年限的问题。只因受当时教育水平的局限，没能付诸实施。而"将义务教育的年限即寻常小学的学习年限延长至六年"是此次修改教育法令的重点所在。由于"以往的学习年限难以完成义务教育的宗旨"，而"近来不仅义务教育得以广泛普及，寻常小学与高等小学合并的学校也大增"，再加上"战后（日俄战争——笔者注）有不断提高国民德智的需要"，因此日本政府认为"修改之机已经成熟"。[②]从训令的内容看，日本政府在发展初等教育时有一个基本的规划，义务教育的普及实际上是日本国立逐渐增强的体现。在 1907 年 3 月修改了小学校令后，六年制义务教育于 1908 年 4 月开始正式付诸实施，女子初等教育也得到进一步发展。到 1917 年日本召开临时会议讨论全面整顿教育体制时，女子小学入学率为 98.38%，男子为 99.12%，男女之间的差距不足 1%。可以说此时日本已经基本实现了女子初等教育的全面普及。

义务教育中的性别差异

义务教育制度的确立和初等教育的普及虽然确保女子拥有了同男子平等入学的机会，但是并不等于初等教育完全实现了男女平等。这主要表现在两个方面：

①　文部省编：《学制百年史·论述篇》，第 320 页。
②　文部省编：《学制百年史·论述篇》，第 322—323 页。

首先，教育内容存在性别差异。从当时学校的课程设置可以发现，男女之间存在差异。义务教育制度建立以后，女子教育中仍然延续明治中期以来为女子特设裁缝课的做法。而且在四年制义务教育下，裁缝课可以自由选修，到了六年制义务教育时期，裁缝课则被定为全国统一的必修课。与此同时，修身课、国语课等也加强了对女子的规诫。如修身课要求对女子"尤其注重贞淑之德的涵养"，国语课强调"女生所用的国语课本应该特别加入家务方面的内容"。[①] 对传统妇道的涵养、对女子"内助"角色的期待，非但没有随着女子初等教育体制的逐步完善而淡化，反而被进一步强化了。

其次，男女别学制被纳入初等教育阶段。在寻常小学中，班级划分遵循男女不同学的原则，尽量避免男女同班、同校。1897 年颁布的《男女别学训令》认为男女别学有利于女子初等教育发展，要求小学校中"须将男女学生分别置于不同的班级及教室中，条件便利者还可将其置于不同的学校中"[②]。1900 年的《小学校令施行规则》进一步规定，"寻常小学同年级女生的人数足以编成一个班时，须依照男女性别的差异划分班级"，"高等小学全校的女生人数足以编成一个班时，也须按照男女性别划分班级"。[③] 由此初等教育阶段男女别学方针得以确立，此后直到二战结束，它作为近代日本女子初等教育的指导原则一直在发挥作用。

综上所述，在六年制义务教育制度确立以后，男女的入学率差距基本消失，但是在课程设置以及班级编排方面还存在男女差别。女子被赋予了管理家庭事务、从事家庭劳动这一"内助"职责，所以对女子的教育也兼顾到这种"特性"的培养。裁缝课的特设，修身课、国语课中对女子学习内容的特殊强调正是其体现。"男主外，女主内"的性别分工

① 中野光、藤田昌士编：《史料 道德教育》，综合劳动研究所 1982 年版，第 52 页。
② 三井为友编：《日本妇女问题资料集成·4·教育》，第 256—257 页。
③ 文部省编：《学制百年史·资料篇》，第 105 页。

意识也通过女子初等教育的普及而被逐步强化了，这成为女子中等教育阶段贯彻良妻贤母主义理念的现实基础。

（二）女子中等教育制度的建立

近代日本的女子中等教育在《学制》时期就已经萌芽，但是直到"学校令"时期，相应的教育制度才得以正式确立。《高等女子学校令》的出台便是女子中等教育制度建立的标志。它在大大促进了女子中等教育发展的同时，也将近代日本女子教育的发展禁锢在中等程度的良妻贤母主义教育范畴之内。

《高等女子学校令》的颁布

《学制》时期，明治政府对于女子的中等教育，基本上持放任自流的态度。1879 年的《教育令》中明确规定除小学校外，原则上不允许男女同校，间接将女子中等教育纳入了国家政策的规制范围之中。为了进一步规范女子中等教育，1882 年，文部省又发布女子教育训令，提倡开设"女子高等普通学科"，传授"修身之道，进退起坐之节，家政经济之要，养育子女之法"等"女子之要务"。[①]同年 7 月开设了第一所具有示范意义的官办高等女子学校——东京女子师范学校附属高等女子学校。1885 年 9 月，又开办了华族女子学校，以"涵养温良贞淑的女德"为指导方针，实施女子中等教育。[②]随着高等女子学校的出现，1891 年 12 月公布的《中学校令》中规定，"高等女子学校对女子进行必要的高等普通教育，归入寻常中学校之列"[③]，至此女子中等教育被正式纳入国家教育体系之中。《中学校令》的规定既为高等女子学校正了名，也为接下来女子中等教育制度的建立奠定了基础。

在近代日本的历任文部大臣中，最先提出建立女子中等教育制度构

---

① 涩川久子：《近代日本女性史·1·教育》，鹿岛研究所出版会 1970 年版，第 25 页。
② 涩川久子：《近代日本女性史·1·教育》，第 29—30 页。
③ 文部省编：《学制百年史·资料篇》，第 130 页。

想的是井上毅（1848—1895）。他就任文部大臣后有感于"女子的就学与男子相比极少，只有其半数，我国向来缺乏女子教育传统"的现状，[①]开始对女子教育制度进行改革。在写给首相伊藤博文的信中，建议政府以"规定"的形式建立女子学校制度，指出"若不采纳此法而任由其自然衰落，则女子教育将进步无望"。[②]在他的直接主持下，文部省起草了《高等女子学校规定》的草案。井上毅之后，继任的文部大臣西园寺公望（1849—1940）于1895年1月主持颁布了近代以来第一个女子中等教育的独立法规——《高等女子学校规定》。其中规定高等女子学校是六年制中等教育机构，入学者须是寻常小学四年级毕业的学生，并明确要求"不遵守本令者，不得称作高等女子学校"。但由于该法规没有对高等女子学校的设置标准、审核主体等进行界定，导致它缺乏实质性的规范力度，故未能真正得到贯彻落实，于是文部省开始着手起草更为完善的女子中等教育法令。

　　1898年11月，在第二次高等教育会议上，文部大臣桦山资纪就制定高等女子学校令进行咨询，经过会议讨论，一致认为"为填补教育制度上的缺漏，有必要制定高等女子学校令"。[③]随后文部省便向内阁总理大臣递交了《高等女子学校令的制定请示》，并且起草了《高等女子学校令》草案，提交内阁会议审查。1899年2月，《高等女子学校令》正式公布。该法令共有20条，涉及到高等女子学校的教育目的、学校设置、学习年限、入学资格、课程设置、教师资格、编制、设备等方面的内容。其中规定高等女子学校是以"传授女子必需的高等普通教育知识"为目的的四年制女子学校，[④]教育对象是高等小学二年级毕业的学生。同时

①　海后宗臣：《井上毅的教育政策》，东京大学出版会1968年版，第947—967页。

②　李文英：《井上毅教育思想述评》，《日本问题研究》1995年第2期，第47—48页。

③　高等女子学校研究会编：《高等女子学校的研究——制度的沿革以及设立的过程》，大空社1990年版，第20—21页。

④　文部省编：《学制百年史·资料篇》，第134—135页。

还要求到 1903 年（明治三十六年）之前，全国各府县至少要设立一所公立的高等女子学校。《高等女子学校令》公布后，文部省又相继公布了《高等女子学校的编制及设备规则》和《高等女子学校的课程及其程度规则》《高等女子学校令施行规则》等配套的法令法规。其中 1901 年 3 月制定的《高等女子学校令施行规则》对女子中等教育的具体实施进行了全面、细致的规定，除了课程设置外，还规定了各年级每周的课时安排、教学内容、编制、设备、学校的开设及废止、学生守则等方面的详细内容。此后虽然多次修改高等女子学校的相关法令规定，但基本上都没有触及该规则的实质内容，因此它被视作近代日本高等女子学校教育的基本规范。[①] 值得注意的是，近代日本将女子的中等学校冠以"高等"之名，意味着相当于中等教育水平的高等女子学校被设定成为女子的最高教育机关。

高等女子学校的发展

《高等女子学校规定》出台以后，高等女子学校进入初步发展阶段。1895 年时官、公、私立高等女子学校共计 15 所，学生人数共计 2 897 人，到 1899 年《高等女子学校令》出台时增至高等女子学校 37 所，学生人数增至 8 857 人。[②]《高等女子学校令》中提出截至 1903 年为止，全国各都、道、府、县中至少要开设一所县级高等女子学校的目标，因此自该法令颁布以后，高等女子学校进入快速增长阶段。据统计 1899 年日本只有 7 个都、府、县设有县级官办高等女子学校，到 1901 年，开设了官办高等女子学校的都、府、县增加到 27 个，到 1903 年，全国 47 个都、道、府、县都按时完成了预期任务，其中除长野和福冈两个县是用市立或町立来代替县立的学校外，其余都是县立的高等女子学校。在高等女子学

---

① 青山奈绪（音）：《明治女子学校的研究》，庆应通信 1970 年版，第 23 页。
② 高等女子学校研究会编：《高等女子学校的研究——制度的沿革以及设立的过程》，"资料二"第 25、29 页。

校就学的人数也不断增加，到 1903 年时，全国共有 91 所学校，在校学生共计 25 719 人。[①]

高等女子学校的建设之所以能够迅速开展，一方面得益于中央政府的大力倡导和县知事、市长、地方议员等地方行政长官的积极配合，同时也离不开教师、妇女会、教育会等民间力量的支持。私立高等女子学校一直是近代日本女子中等教育的重要组成部分。最早的私立高等女子学校出现于 1887 年。到 1903 年时，全国共有 8 所私立学校，在校学生有 2 573 人。[②]另一方面女子中等教育的发展也是女子初等教育的普及带来的必然结果。自从 1900 年实行四年制义务教育以来，希望继续接受中等教育的女子不断增加。据统计 1899 年，官办高等女子学校入学竞争比例为 1.2∶1；1900 年 1.5∶1。在大中城市中竞争更为激烈，以东京为例，1899 年的竞争比例为 2.7∶1；1900 年的竞争比例为 3.7∶1，远远高于当时的全国平均水平。[③]女性杂志《女子之友》记录了当时东京女子踊跃报名的盛况："今年高等女子学校的报名入学者多得令人惊奇，以御茶水女子高等师范学校附属高等女子学校为首，包括跡见女子学校在内的多所学校都已经爆满。"[④]从 1907 年 3 月起日本开始实行六年制义务教育。义务教育年限的延长使得三年制高等女子学校已经不能适应女子中等教育的实际情况，于是文部省 1907 年 7 月公布了新的《高等女子学校令》，规定高等女子学校的学制为四年，各地根据实际情况可以增加一年。与此同时新法令也对入学资格进行了调整，将原先"年龄 12 岁以上，并且具有高等小学二年级学历"的规定，改为"年龄在 12

---

① 高等女子学校研究会编：《高等女子学校的研究——制度的沿革以及设立的过程》，"资料二"第 26、30 页。

② 高等女子学校研究会编：《高等女子学校的研究——制度的沿革以及设立的过程》，"资料二"第 26、30 页。

③ 深谷昌志：《增补 良妻贤母主义的教育》，黎明书房 1981 年版，第 183—184 页"第 44 表"。

④ 《女子之友》，1901 年（明治三十四年）4 月 20 日。

岁以上的寻常小学毕业生"。[①] 通过以上论述不难发现女子中等教育的发展与女子初等教育的普及有着密不可分的关系。

实科高等女子学校的设立

随着高等女子学校的蓬勃发展，在一些偏远地区出现了仅以裁缝、家政等实用技艺为主要教育内容的高等女子学校。针对这种现象，文部省于1909年起草了《高等女子学校家政科创设草案》，在现有的高等女子学校之外，增设以裁缝等家政技艺及传统女德为主要教育内容的家政科。1910年3月，草案被提交到高等教育会议讨论，文部大臣小松原太郎（1852—1919）认为现有的高等女子学校的教育内容以上流社会女子为教育对象，与"中层以下农村女子的实际生活很不相适应"，"有丧失质朴的淳风美俗的危害"，因此决定在现有的高等女子学校之外，新增设家政科，力求"尽量以简便易行的方法来办女子教育"。[②] 当时与会的学士院院长菊池大麓建议"现行的高等女子学校以培养良妻贤母为目的，当然很重视家政科。不过本次草案中以'家政'冠名并不妥当，应当改称作实科女子学校"。[③] 这一提议获得会议的认可，家政科草案遂改称实科女子学校草案。该草案经过高等教育会议讨论通过后，1910年10月文部省再次修改《高等女子学校令》，增加了有关实科的内容。

修改后的《高等女子学校令》规定，"在高等女子学校中，为主修家政相关课程的学生增设实科，也可以单设实科，这种学校称作实科高等女子学校"；"实科的入学资格要求年龄在12岁以上，取得寻常小学毕业或者更高学历的女子"；实科的学习年限最长为四年，根据学生入学时的学历，最短可以缩短为两年。[④] 在学习内容方面，修身、国语、数学、家政、裁缝、实业、体操是必修课，历史、理科、图画、唱歌等

---

① 文部省编：《学制百年史·论述篇》，第349页。
②③ 《教育时论》，1910年（明治四十三年）5月5日。
④ 三井为友编：《日本妇女问题资料集成·4·教育》，第289—290页。

可以依据学习年限而增减。在课时安排上大幅度增加了裁缝课的比例，裁缝课最少每周有 14 个课时，最多每周达到 18 个课时，占到了每周总课时的一半。从该法令的内容可以看出实科高等女子学校是适应中下层女子的实际生活情况和求学需要而开设的中等教育机构，因其侧重家政、裁缝、实业等实用技能的培养，故而也是近代日本女子职业教育的重要组成部分。在该法令颁布实施之后仅五年时间，到 1916 年时，全国的实科高等女子学校就达到了 149 所，在校学生数共计 21 198 人。[①] 这些实科高等女子学校大部分都是官办学校，有的是由女子手艺学校改编而来，还有的前身是私立女子裁缝学校，也有的是在原先的高等女子学校中开设实科演化而来。实科高等女子学校的发展表明从明治后期开始的中等教育在政府的推动下逐渐向中下层社会的女子普及。

良妻贤母主义教育的实施

近代日本不断建设高等女子学校、大力发展女子中等教育的目的是培养国家需要的良妻贤母。关于这一点，当时的文部大臣菊池大麓曾有过明确阐述。在 1902 年 5 月的高等女子学校校长会议上，菊池首先以性别差异为基准，把女性的活动范围限定在狭小的家庭范围之内，强调"做良妻成为一家之主妇，贤母是女子的天职"。进而又提出"家庭为国家之本"的命题，认为家庭主妇所做的贡献不亚于男子在外工作所做的贡献，从而赋予"良妻贤母"这一"天职"以国家主义意义。最后明确提出"女子教育的主要目的就是为了让女子实现这种天职而设置的"必要的中流以上的女子教育机关"。[②] 在此之前，关于女子教育的目标有"良妻""良母""贤母""慈母""贤妇良母""贤母良妻""良妻贤母"等等多种提法，自菊池大麓发表讲话之后，便统一为"良妻贤母"，并

---

① 高等女子学校研究会编：《高等女子学校的研究——制度的沿革以及设立的过程》，"资料二"第 26、30 页。

② 《教育时论》，1902 年（明治三十五年）5 月 5 日。

得到了高等女子学校校长们的热烈响应。当时的《妇女新闻》中写道："现任的菊池文相凭借其强势地位，主张在女子高等师范学校等所有的女子教育机关中实行良妻贤母主义，一时间众多的女子教育家皆趋之若鹜。"[1]自此以后，培养良妻贤母便成为社会公认的女子教育理念，在高等女子学校中被广泛推广。

近代日本的高等女子学校以培养良妻贤母为目标，其教育内容主要侧重三个方面：

第一，传统妇德的涵养。在高等女子学校中，道德修身课被置于所有课程之首，每周两课时，其教学内容为"遵照教育敕语的主旨，培养道德思想情操，使学生具备中等以上社会的女子所必备的品格"。[2]所谓"女子必备的品格"，从当时的修身教科书来看包括"侍奉丈夫""孝敬舅姑""和睦亲友""恪守贞操""戒除嫉妒"，等等。[3]可以说这些妇德条目与封建社会对女子训诫如出一辙。

第二，知识技能的培养。有知识、懂学问是教育子女、辅助丈夫的重要保障。为此高等女子学校的课程设置中就可以看出来。根据《高等女子学校令施行规则》的规定，高等女子学校课程中，外语、历史、地理、数学、理科等知识性课程占有相当的比例。外语课以英语或法语为主，要求"能够实际运用，以资增进知识修养"；历史课主要"传授历史上的重要事件，使学生了解社会变迁及文化由来，尤其注重国体独特性的阐述"，所学内容既有日本历史也有外国历史；地理课以"让学生了解地球形状、地表人类生活、我国及外国国势"为宗旨，内容包括日本的地理位置、日本与其他国家的关系等；理科传授"植物、动物、矿物、

---

① 《妇女新闻》，1903 年（明治三十六年）5 月 25 日。
② 三井为友编：《日本妇女问题资料集成·4·教育》，第 268 页。
③ 高等女子学校研究会编：《高等女子学校资料集成·10·修身教科书》，大空社 1989 年版，第 34—35 页。

人体构造、生理卫生、机械构造、元素及化合物知识"等内容。[①]

第三，国家观念的灌输。良妻贤母区别于封建时代女性的重要标志之一就是她们具备国家观念，能自觉将教育子女、辅助丈夫的"内助"职责与国家的发展需求结合起来。为此高等女子学校的修身教材主要从"尊重国体""遵守国家宪法及法律""义勇奉公""维护国家利益"等方面开展国家主义教育。[②]目的就是要让女子在家中"照顾家人""教育子女"等个人行为与"淳风美俗""国家的盛衰"联系在一起，使其通过在家庭中发挥作为妻子和母亲的作用，间接地为国家的发展贡献力量。

综上所述，良妻贤母主义教育思想就是既要"把女子作为女人"，教育其遵守传统的妇道，也要"把女子作为人"，教育其学习一定的知识技能，还要"把女子作为国民"，教育其养成必要的国家观念。[③]其中既有对封建妇德观的继承，也有对西方女性观的借鉴，是一种进步性与保守性并存的教育思想。良妻贤母主义教育思想一经确立，便主导了近代日本女子教育的发展方向。此后直至日本战败，尽管"贤""良"的标准随着时间的推移而有所变化，但女子教育的目标是培养良妻贤母这一总方针一直未变。这使得"良妻贤母"观成了近代日本的主流女性观，不但对日本社会产生了深远影响，甚至还对近代中国及朝鲜的女子教育和女性观产生了很大影响。

四、临时教育会议与女子教育体制的整顿 (1917—1936)

进入大正时代以后，伴随着民主主义、社会主义思潮的兴起，普选、工人运动、妇女解放运动逐渐展开，教育界吹进了一股提倡自由、民主的新风。1906 年，教育家谷本富出版了《新教育讲义》，介绍欧美以儿童为中心、注重培养儿童独立自主性的新教育思想，由此拉开了日本教

---

① 三井为友编：《日本妇女问题资料集成·4·教育》，第 285—286 页。

② 高等女子学校研究会编：《高等女子学校资料集成·10·修身教科书》，第 116 页。

③ 片山清一：《良妻贤母主义教育的意义》，《女子教育》1978 年第 1 期。

育界倡导自由主义教育思想的新教育运动的序幕。第一次世界大战之后，自由民主运动高涨，自由主义教育思想受到了越来越多的人的关注，一些私立学校率先开始对其进行实践。1917 年，著名教育家泽柳正太郎在东京创办了成城小学，对文部省规定的课程设置进行了大胆调整，大大压缩了修身课的学习年限，转而重视理科。[1]继成城小学的新教育的改革之后，不断有学校开始实施自由主义教育实践，其中既有私立学校也有公立学校。前者如 1921 年羽仁元子创办的自由学园等，后者如 1919 年奈良女子高等师范学校附属小学的主事木下竹次主持实施的综合学习等。随着实施新教育改革的学校不断增多，1921 年 8 月，小原国芳等八位倡导新教育的教育家联合发表了《八大教育主张》，将新教育运动推向高潮。通过这八个新教育主张可以看出当时日本新教育运动主要有四点特征，即：主张学校教育不是以教育内容为中心，而是应该以儿童的成长为中心的儿童中心主义；强调学校教育应该注重德、智、体之有机统一的全人教育；鼓励学生通过调查、讨论、演讲等各种实践活动来培养自主性的活动主义；主张学校不应该仅仅是学习知识的地方，更应该是大家互相帮助，共同成长的场所的生活中心主义。新教育运动是在大正时期社会民主运动蓬勃开展的背景下兴起的，当时日本共有约 234 所学校导入了自由主义教育思想，[2]对旧的教学方法进行了不同程度的改革，有力冲击了以《教育敕语》为指导、强调忠孝伦理和妇道涵养的国家主义教育体制，引起了统治者当局的担忧。为此，日本政府开始着手整顿教育体制，强化对教育界的思想统治。

（一）初等教育强化国体观念

为了压制提倡自由主义教育的新教育运动，维护天皇制国家的"固

---

[1]　宫原诚一：《日本现代史大系 教育史》，东洋经济新报社 1963 年版，第 228 页。
[2]　吴德为：《关于日本大正时期新教育运动的研究》，《长春大学学报》2003 年第 4 期，第 73 页。

有之淳风美俗"，"明征国体之本义，使其显扬于海内外"，日本政府于 1917 年 10 月决定召开临时教育会议，对包括女子教育在内的教育体制进行全面整顿。此次教育会议任命平田东助为总裁，久保田让为副总裁，田所美治为干事长，牧濑五一郎、吉田熊次等 14 人为干事，小松原太郎、江木千之、成濑仁藏等 21 人为委员。此次会议从 1917 年 10 月一直持续到 1919 年 5 月，历时一年零七个月，分别就小学教育、男子高等普通教育、大学教育及专科教育、师范教育、夜校教育、女子教育、实业教育、通俗教育、学位制度九个议题进行讨论，最后形成了临时教育会议审议文件。

在"女子教育相关事宜"提案中，明确提出女子教育的改革宗旨"应着力于让女子充分领会教育敕语之主旨，尤其要巩固国体观念，涵养淑德贞节之操守"，"戒除虚荣、奢侈之心，养成与我家族制度相适应之素养"。[①] 其中所涉及的改革措施主要包括以下几个方面的内容：第一，女子教育要以《教育敕语》为指导，尤其注重国体观念的巩固和妇德的涵养；第二，高等女子学校要注重与实际生活相关的知识技能的培养，着力传授经济、卫生、理科等知识；第三，修改高等女子学校及实科高等女子学校的入学年龄和学习年限，使之与各地的实际情况更相适应；第四，为高等女子学校毕业后有进一步学习要求者设置专科或高等科；第五，增加高等女子学校的选修科目；第六，提高高等女子学校校长及教师的待遇，招纳优秀人才；第七，奖励适合女子的实业教育。

此提案于 1918 年 9 月被提交临时教育会议审议，先后经过主审委员会四次审查之后，于同年 10 月在临时教育会议第 25 次会议上获得表决通过。此后遵照提案中的指导意见，日本政府修改了《小学校令施行规则》《高等女子学校令》等教育法令，着手整顿女子教育体制。

---

① 海后宗臣：《临时教育会议的研究》，东京大学出版会 1960 年版，第 735 页。

就女子的初等教育而言，由于当时日本已经普及了义务教育，所以整顿改革的重点并不是提高入学率，而是就教育内容加以规范。当时临时教育会议提出的小学教育的方针是，"彻底贯彻国民道德，巩固儿童的道德信心，尤其注重培养帝国臣民之根基"。[1]根据这一建议，1919年3月，文部省修改了小学校令的施行规则，对小学校的课程进行调整。与1907年的《小学校令施行规则》相比，小学校的课程设置基本没有改动，只是对具体的课时安排做了调整，将原来日本历史、地理每周合上三个课时，增加为每周各上四个课时，显然这是为了向学生传授更多的本国史地知识，达到强化国体观念的目的。

从教科书内容来看，也体现了强化国体观念的宗旨。临时教育会议就小学教科书提出改革意见，"小学校教科书仍应该沿用现行的国定方针，同时注意强化国民教育和道德教育"。[2]根据这一方针，教科书中有关国民道德的内容也大大增加。以当时新修订的《寻常小学修身教科书》部分标题为例：第三卷（1920年启用）："皇后陛下""忠君爱国""孝行"；第四卷（1921年启用）："明治天皇""能久亲王"……第五卷（1922年启用）："我国""皇太后陛下""忠义"；第六卷（1923年启用）："皇大神宫""国运发展之一""国运发展之二"。仅从这些标题，就能充分了解到这一时期的初等教育十分注重对日本国体观念的强调。在该教材的第六卷第21课"男子的本分与女子的本分"一文中这样写道："男子要为社会繁荣做贡献，女子同样也是如此。女子必须行为谨慎，男子同样也是如此。作为人、作为国民，男子与女子所应遵守的道德并无差别。但是男女的实际职责却各不相同……男子生性刚强，而女子生性柔顺……男子的本分是保护国家、社会、家庭的安全，女子的本分则

---

① 海后宗臣：《临时教育会议的研究》，第143页。
② 海后宗臣：《临时教育会议的研究》，第299页。

是维系家庭和乐并养育子女。"① 在以往的修身教科书中，只是强调女子可以通过相夫教子间接为国家繁荣贡献力量，而修订后的教材不仅承认女子与男子同为国民，而且更加注重男女职责的不同，这样的改动体现了国家教育指导方针中对男女的不同定位。

（二）女子中等教育继续扩充

临时教育会议审议通过的"女子教育相关事宜"中大部分是关于女子中等教育的改革建议，涉及高等女子学校的教育内容、学习年限、课程设置等各个方面。尤其是在教育内容方面，批判了以往的女子中等教育内容流于形式、不利于女子养成勤劳、节俭习惯的弊端，要求此后的教育"注意涵养女子的经济、卫生思想，尤其要着力传授作为家政基础的理科"。遵照临时教育会议的建议，文部省对高等女子学校制度进行了调整，于 1920 年 7 月公布了新的《高等女子学校令》。与之前的法令相比，此次修订从教育宗旨、学校设置、学习年限、学科设置、教育内容等方面做了全面扩充。具体而言主要有如下改动：第一，修改高等女子学校的教育宗旨，在"高等女子学校以传授女子高等普通教育为目的"的基础上，增加了"尤其注重国民道德的养成和妇德的涵养"。②第二，为了满足不断增长的入学需求，放宽了高等女子学校的设置资格，允许市、町、村设立高等女子学校。第三，延长高等女子学校的学习年限，由四年延长至五年，同时允许各地因地制宜设立三年制或四年制的高等女子学校。第四，为了满足女子接受专科教育或更高程度普通教育的需求，在高等女子学校中开设专科和高等科，高等科招收高等女子学校的毕业生入学。

为了落实高等女子学校的改革，半个月后文部省又颁布了《高等女子学校令施行规则中改正》，特别强调所有课程内容都须特别留意国民

① 片山清一：《近代日本的女子教育》，建帛社 1984 年版，第 278 页。
② 文部省编：《学制百年史·资料篇》，第 139 页。

道德的养成和妇道的涵养。同时在课程设置方面增加了教育、法制、经济、手艺、实业等选修科目，尤其要求法制课、经济课需"以传授国民生活方面的必要知识为主旨"。此外，高等女子学校以及实科高等女子学校的教育内容在加强修身课的同时，还依据临时教育会议的指示精神，增加了理科和数学的课时。为了强化学生的国体观念，1927 年 11 月，文部省再次修改高等女子学校的施行规则，将日本历史课改称国史课。

　　随着女子中等教育制度的调整和扩充，高等女子学校和实科高等女子学校也取得了一定的发展，无论是学校数量，还是在学人数都呈现出逐年增加的态势。据统计，[①]在从大正后期开始，普通高等女子学校的数量以及学生人数的增长尤其迅速。从 1921—1936 年的 15 年间，普通高等女子学校共增加了 389 所，平均每年增加 25 所以上，学生人数增加了 249 090 人，平均每年增加 16 000 人以上。相比之下实科高等女子学校的增长缓慢。这是因为实科高等女子学校是为了适应地方城镇及偏远地区女子教育不发达的情况而设立的，所以其教育内容、所学知识的难易程度以及学习年限等都不及普通高等女子学校。随着女子教育的不断发展和女子初等教育的普及，实科高等女子学校已经不能满足人们的需求，即使在市、町、村等基层，希望进入普通高等女子学校接受中等教育的女子也不断增加。于是很多实科高等女子学校开始升格为普通高等女子学校。由此造成了普通高等女子学校发展迅速的局面。到中日战争全面爆发之前的 1936 年，日本的高等女子学校达到 985 所，比 1921 年增加了 404 所，女生人数总计为 432 547 人，比 1921 年增加了 255 746 人。作为女子中等教育的主要机构，高等女子学校的不断发展，使这一时期以巩固国体观念和涵养传统妇道为核心内容的保守的国家主义女子教育理念日渐普及开来。

---

① 高等女子学校研究会编：《高等女子学校的研究——制度的沿革以及设立的过程》，"资料二"第 27—31 页。

（三）女子高等教育开始启动

自 20 世纪初期开始，随着女子中等教育的不断发展，日本的女子高等教育也开始萌芽。最早涉足女子高等教育的是私立教育机构，女子英学塾、日本女子大学校等私立女子高等教育机构便是其代表。进入大正时代后，为了满足从高等女子学校毕业的学生产生了进一步学习深造的愿望，东北帝国大学等官办高等教育机构开始向女子开放，女子高等教育逐渐得到了发展。在此背景下，人们开始关心女子高等教育制度的建设。为此临时教育会议在审议女子教育问题时，也专门对女子高等教育制度的建立进行了讨论。当时赞成为女子特设高等教育机构的只有成濑仁藏和嘉纳治五郎两位委员，而以山川健次郎等为代表的大部分委员对此都持反对意见。他们反对设立女子高等教育制度的理由是认为发展女子高等教育将给日本女性带来重大压力，有损女性的身体健康，同时还将使女子的婚期延迟，妨碍人口的增长，最终影响日本民族的发展。最终临时教育会议提交的"女子教育相关事宜"提案中关于女子高等教育做出的结论是：第一，虽然东北帝国大学已经开女学之禁，允许"女子高等师范学校等之毕业生，或拥有高等学校同等学力之学生入大学"，但"为女子特立大学制度之事宜，尚未到适当时机"。因此，女子高等教育制度的设置被搁置。第二，作为权宜之计，将在"高等女子学校中设立高等科，传授更高程度之教育"，也就是说女子高等教育仅仅被置于女子中等教育的附庸地位。第三，对现实社会已经存在的私立女子高等教育机构给予承认。"若有特为女子开设教授专门学术之高等学校者，亦不应杜绝其途"，但要求这些私立学校遵守专科学校令，"此类学校如不违反现行之专科学校令，可令其依据专科学校令，为女子开设学术研究之教育"。[①] 此次临时教育会议关于女子高等教育的决议被一直延

---

① 海后宗臣：《临时教育会议的研究》，第 739 页。

续下来，此后直到 1945 年战败，日本都没有制定相关的女子高等教育政策。由此看来，虽然近代日本女子的初等教育和中等教育较为发达，但是在女子高等教育方面并没有走在中国和朝鲜之前。

虽然近代日本并没有建立相应的女子高等教育制度，但是也出现了一些专门的教育机构，其中以私立的女子高等学府居多。近代日本最早的女子高等教育机构是女子英学塾，该校由首批五位赴美留学生之一的津田梅子于 1900 年 3 月创办，专门向女子传授英语等西洋知识。1901年 4 月，著名教育家成濑仁藏创办了日本女子大学校，这是日本历史上第一所综合性的女子大学。进入大正时代以后，一些也开始向女子敞开大门。1913 年，东北帝国大学率先打破了大学不招收女学生的惯例。紧接着，北海道帝国大学（1918 年）、九州帝国大学（1924 年）、东京文理科大学（1929 年）、广岛文理科大学（1929 年）、东京工业大学（1931年）等官办、公立大学也开始允许女子入学。除此之外，同志社大学（1923年）、明治大学（1932 年）、东洋大学（1933 年）、早稻田大学（1938年）等私立大学也相继开始招收女学生。虽然大学门户已经向女子开禁，但能够进入大学学习的女子毕竟只是极少数。

除了大学之外，近代日本还出现了专门招收女子的专科学校。明治时代共计有八所分别是 1909 年 4 月创办的帝国女子专科学校、1909 年10 月创办的神户女子学院专科部、1911 年 7 月创办的东京女子神学专科学校、1912 年 2 月创办的同志社女子学校专科部、1912 年 3 月创办的东京女子医学专科学校，此外还有东京女子高等师范学校和奈良女子高等师范学校两所高等师范学校实施女子高等教育。但此时的女子高等教育所设专业也局限在英语、国文、家政、医学、神学等范围内。进入大正时代后，女子专科学校的数量大大增加，1926 年时，日本的各类女子专科学校共计有 27 所，到 1930 年时，女子专科学校的数量增加到 44

所。[①]其中大部分是私立的女子专科学校，同时也出现了几所公立的女子专科学校。其中比较著名的有：福冈县立女子专科学校（1922 年 6 月）、大阪府立女子专科学校（1924 年 2 月）、宫城县立女子专科学校（1926 年 3 月）和京都府立女子专科学校（1927 年 5 月）。学生人数也在不断增加，1915 年女子专科学校中的学生总数为 746 人左右，到 1925 年时达到了 6 381 人左右。[②]大正时代的女子高等教育不仅学校数量和学生人数有所增加，所设专业也进一步扩充，涵盖了音乐、医学、文学、家政、宗教、教育、体育等领域。尽管在近代日本已经出现了女子大学和女子专科学校，女子高等教育已经起步，但其数量和质量都不能与男子相提并论。更重要的是近代日本的女子高等教育制度一直未能建立，接受大学教育始终是男子的特权。直到经过战后民主改革，女子才取得了接受高等教育的权利。

第二节　中国近代女子教育体制的建立（1902—1936）

近代中国女子教育体制的创建始于 20 世纪初期，比日本落后了整整 35 年。自清末"新政"时期开始，中国先后公布了《壬寅学制》（1902 年）、《癸卯学制》（1903 年）、《壬子·癸丑学制》（1912—1913 年）、《壬戌学制》（1922 年）等多个学制，逐渐将女子教育纳入了国家教育体制之中。依据其发展的历史脉络，近代中国女子教育体制的发展历程大致可以分为三个阶段：清末女子学堂章程的颁布、民国初期女子教育体制的建立及国民政府时期女子教育政策的调整。

一、清末女子学堂章程与学校教育（1902—1907）

戊戌变法时期，维新派的兴女学活动虽然失败了，但其对国人的思

---

① 日本女子大学女子教育研究所编：《女子教育研究丛书·5·大正的女子教育》，国土社 1975 年版，第 342 页"表 4"。

② 樱井毅：《教育名著丛书·3·女子教育史》，日本图书中心 1981 年版，第 250—251 页。

想启蒙作用并没有随着经正女学堂的关闭而消亡。20 世纪初，民间兴女学的活动悄然兴起，出现了上海的务本女学（1902 年由吴怀疚创办）、上海爱国女学（1902 年由蔡元培等创办）、上海城东女学社（1903 年由杨士照创办）、山东女学堂（1904 年由王伯安创办）、北京豫教女学堂（1905 年由沈钧等创办）、竞化女学堂（1906 年由张振埙等创办）、山西女学堂（1907 年由林传甲夫妇创办）等一大批私立女子学堂。面对民间女学渐兴的局面，清政府却迟迟未将女子教育纳入国家教育体制之中。1902 年颁布的《壬寅学制》（又称《钦定学堂章程》）和 1903 年拟定的《癸卯学制》（又称《奏定学堂章程》）中完全将女子教育排斥在外，一味强调"女子只可于家庭教之，或受母教，或受保姆之教"，"断不宜令其结队入学，游行街市，且不宜多读西书"。[①] 然而这种倒行逆施并没能遏制女子教育的发展，到 1907 年时，女子学堂几乎已经遍布全国。迫于女学蓬勃发展的大势，清政府不得不于 1907 年 3 月 8 日颁布了《学部奏定女子小学堂章程》26 条和《学部奏定女子师范学堂章程》39 条，正式将女子教育纳入国家教育体制之中。

（一）《女子小学堂章程》与女子初等教育的开展

《女子小学堂章程》包括"立学总义""学科程度""编制设备"和"教习员管理"四章。[②] 其中规定女子小学堂分为初等、高等两类，初等女子小学堂招收 7—10 岁的女童，高等小学堂招收 11—14 岁女童。二者均以"养成女子德操与必须之知识技能，并留意使身体发育"为宗旨，初等女子小学堂开设的有：修身、图文、算术、女红、体操及随意科（图画、音乐）六科，高等女子小学堂在此基础上增加了中国历史、地理及格致三科。大致看来其教育内容有三个方面：

---

① 舒新城编：《中国近代教育史资料》中册，人民教育出版社 1981 年版，第 388 页。
② 《女子小学堂章程》内容参见舒新城编：《近代中国教育史资料》下册，人民教育出版社 1981 年版，第 792—801 页。

第一，妇德修身。章程中制定的培养目标第一条便是中国女德，要求女子教育"首当注重于此，总期不悖中国懿嫕之礼教，不染末俗放纵之僻习"，故而修身课最受重视，其宗旨是"涵养女子德性，使知高其品位，固其志操"，内容包括"授以孝弟慈爱、端静贞淑、信实勤俭诸美德，并就平常切近事项，指导其实践躬行，渐进则授以对于伦类及国家之责任"。在具体的授课过程中要"援引古今名人及良媛淑女嘉言懿行，以示劝诫，常使服膺勿忘"。由于女子学堂的道德修身注重的仍是三从四德的传统妇道涵养，因此学校教育也秉承"男女七岁不同席"传统，实行严格的男女别学制，要求女子小学堂"与男子小学堂分别设立不得混合"。而且女学堂的校长及教师都要由年长、素有学识的女子担任。

第二，知识技能。章程中规定女子小学堂中教授的知识技能"须选适于日用生计者"，具体包括国文（日常语言文字的书写阅读等）、数学（加减乘除、珠算等）、历史、地理以及生物、物理、化学、卫生等自然科学的入门常识等内容；常用技能则主要是学习衣服的裁剪、缝纫等女红手艺。

第三，体格锻炼。章程指出缠足"最为残害肢体，有乖体育之道"，因此要求女子小学堂一律禁止缠足，同时各年级均开设体操课，旨在"使身体各部发育均齐，四肢动作机敏，咸知守规律、尚协同之公义"。课程内容有日常游戏以及普通体操等，但同时又特别强调所学内容不能出格，保证学生"不蹈放纵之行为"。

通过考察《女子小学堂章程》的内容可以看出，清末的女子普通教育被限定在初级阶段，女子最多只能接收八年的小学教育，高等小学毕业以后没有升入中学继续受普通教育的机会，只能入师范学校学习。而关于初等教育，清政府的态度也很保守，章程中并没有对官方开设小学堂事宜做出明确规定。这与明治初期日本政府为了"洗从来女子不学之弊"，制定《学制》，在全国范围内创办小学校，要求适龄女子必须入学的积极做法有着根本不同。显然清政府颁布此章程的目的并非是要在全国范围内积极推行女子教育，而只是对民间的私学加以规范管理，要求"凡设女子小学堂须先将办法情形禀经地方官核准方许开办，该地方官并应随时将办法情形禀申本省提学使以备查核"。正因为如此，所以当时女子初等教育主要有赖于私人出资的私立女学堂以及官绅、士绅出资的公立女学堂开展，而由政府出资创办的官立女子学堂则发展较为迟滞。据统计，清末各类女子小学堂的数量及女学生人数如下表所示：[①]

表 3-2　清末各类女子小学堂的数量及女学生人数

年 代	女子小学堂数量（所）				女学生人数（人）
	官立	公立	私立	合计	
1903 年（光绪二十九年）	0	2	4	6	40
1904 年（光绪三十年）	1	12	13	26	494
1905 年（光绪三十一年）	17	29	25	71	1 761
1906 年（光绪三十二年）	54	126	65	245	6 791
1907 年（光绪三十三年）	113	159	124	402	14 658
1908 年（光绪三十四年）	156	199	152	512	20 557

从该表中可以看出，1903—1908 年这 5 年间，官立女子小学堂经历了从无到有，不断增多的发展过程。尤其是在 1906—1908 年间增幅很大，以《女子小学堂章程》颁布为契机，官立女子小学堂从 1906 年的 54 所猛增到 1908 年的 156 所，增长了近两倍。然而从官立女子小学堂在所有女子小学堂中所占的比例来看，情况并不尽如人意。以 1908 年为例，在所有 512 所女子小学堂中，官立学堂的比例仅为 30.5%，显然在清末，政府在女子初等教育教育方面发挥的作用十分有限。

再从女子学生的人数变化来看，在女子小学堂中接收初等教育的人

①　本表根据廖秀真的《清末女学在学制上的演进及女子小学教育的发展 1897—1911》一文中数据制成，参见李又宁、张玉法编：《中国妇女史论文集》第 2 辑，台湾商务印书馆 1988 年版，第 224—226 页。

数也随着学校数量的增多而不断增加。尤其是 1906 年以后增长幅度大大提高，到 1908 年的两年间增长了 2 倍多。女子就学人数的增加得益于《女子小学堂章程》的实施以及 1908 年清政府所颁布督促儿童必须入学的诏谕。诏谕要求凡八岁以上儿童必须入学，不然其父母或亲人将受处罚，若无父母或亲人，地方官应负其教育之责。[①] 然而若考察女子入学率的话，女子初等教育的发展仍相当滞后。据清政府光绪三十四年（1908 年）第二次教育统计显示，1907 年全国小学堂学生总数共计 943 443 人，其中男学生共计 928 775 人，女学生 14 658 人，女学生所占百分比仅有 1.55%。而在同一年日本小学校中的女学生人数为 3 244 423 人，女子的小学入学率已经达到了 96.14%。[②] 由此可见，清末的女子初等教育虽然有所发展，但是相比男子教育而言是非常落后的，更远远落后于同时期日本的女子初等教育发展水平。

（二）《女子师范学堂章程》与女子师范教育的开启

《女子师范学堂章程》分为"立学总义""学科程度""考录入学""编制设备""监督教习管理员"及"教职义务"六章。[③] 其中规定"每州县必设一所"，一般由各省官府负责创办，官办女子师范学堂的经费由各地方政府筹集。同时允许民间设立，但是"须由地方官查明，确系公正绅董经理者，方可设立，并须先将详细办法禀经提学使批准"。女子师范学堂学制四年，招收女子高等小学堂毕业、年龄在 15 岁以上的女子。其设立宗旨是"以养成女子小学堂教习，并讲习保育幼儿方法，期于裨补家计，有益家庭教育"，也就是说女子师范学堂的设立以培养女教师为主要目的，因此入官办师范学堂学习的女子不用缴纳学费，但是"自领毕业文照之日起，三年内有充当女子小学堂教习或蒙养院保姆之

---

① 张玉法：《清季的立宪团体》，台北时报文化出版社 1982 年版，第 84 页。
② 文部省：《学制百年史·资料篇》，第 497 页。
③ 《女子师范学堂章程》内容参见《女子小学堂章程》内容参见舒新城编：《近代中国教育史资料》下册，人民教育出版社 1981 年版，第 803—810 页。

义务"。

女子师范学堂的课程有修身、教育、国文、历史、地理、算学、格致、图画、家事、裁缝、手艺、音乐、体操等科目，教育内容也首重妇德涵养。其中规定"今教女子师范生，宜注重于此，务时勉以贞静、顺良、慈淑、端俭诸美德，总期不背中国向来之礼教，与懿媺之风俗"。修身课所用教材有《列女传》《女诫》《女孝经》《内训》《家范》《闺范》《教女遗规》等，无外乎是传统的女训书籍。为了培养出合格的女教师，师范学堂还十分注重教学方法的培训，"教育"课旨在于使学生"理会女子小学堂教育、蒙养院保育及家庭教育之旨趣法则，并修养为教育者之精神"，具体内容有教育原理（包括心理学概要、德育智育体育的原理等）、教育方法（包括家庭教育之法、蒙养院保育之法、小学堂教授管理训练之法等）等，此外还要使学生了解家庭教育与学校教育及国家的关系等。此外女子师范学堂还教授必要的文化知识（包括经史子集等文章的阅读理解、中外历史的大要、中外地址知识等）、科学知识（包括代数、几何等数学知识、生物、化学、物理、生理等）、家政技能（包括衣食起居、看病育儿、家计簿记等家政知识，衣服裁缝修补之法以及编织、刺绣等女红技艺）和文体知识（包括绘画、音乐、体操游戏等）。尽管《女子师范学堂章程》中包含了大量封建女德教育的内容，所学内容与男子师范学堂相比也都比较低浅，不过它的问世首次将女子师范教育合法化，因而具有拓荒意义。

《女子师范学堂章程》的问世促成了中国第一批女子师范学堂的问世。据统计截至1910年（宣统二年），全国共有15所女子师范学堂。具体如下表所示：

表 3-3　20 世纪初期中国女子师范学堂

学校名称	创办年代	开设地点
宁垣女子师范学堂	1904 年	南京
浙江女子师范学堂	1904 年	杭州
私立竞仁女子师范学堂	1904 年	上海
福建女子初级师范学堂	1904 年	福州
安徽全省公立女子师范学堂	1906 年	芜湖
湖北省立女子师范学堂	1906 年	武昌
天津北洋女子师范学堂	1906 年	天津
奉天女子师范学堂	1906 年	奉天
京师女子师范学堂	1907 年	北京
江西官立女子师范学堂	1908 年	南昌
云南省会女子师范学堂	1908 年	昆明
吉林女子师范学堂	1909 年	吉林
四川省城女子师范学堂	1909 年	成都
山东官立女子师范学堂	1910 年	济南
山西官立女子师范学堂	1910 年	太原

　　这些女子师范学堂大部分都是官立的，其中较为著名的是北洋女子师范学堂和京师女子师范学堂。北洋女子师范学堂成立于 1906 年，由著名教育家傅增湘任监督。该校以"养成高等小学、初等小学女教员，期于女学普及"为宗旨，[1] 设简易科和选科两种，简易科分为一、二部，每部招生 40 人，选科限定为 20 人。学生年龄要求 20 岁以上、40 岁以下，学习年限均为一年半。1908 年 2 月北洋女师首届学生 78 人毕业，军界、政界及地方名流均出席了毕业典礼，《顺天时报》也对毕业典礼的盛况详加报道，足见北洋女师在当时的影响力之大。京师女子师范学堂成立于 1907 年，傅增湘因"办理北洋女子师范学堂成效昭著"，[2] 被学部亲点为首任京师女师的总理。该校由清政府的主管文教事业的最高

---

① 　《北洋女子师范学堂章程》见《东方杂志》第 3 年第 9 期，1906 年 9 月，引自璩鑫圭等编：《中国近代教育史资料汇编：实业教育 师范教育》，上海教育出版社 2007 年版，第 789—791 页。
② 　璩鑫圭等编：《中国近代教育史资料汇编：实业教育 师范教育》，第 795 页。

机构——学部创办，是清末女子师范教育的"样板"学校，因而所设课程秉承《女子师范学堂章程》规定，"总以启发知识、保存礼教两不相妨为宗旨，以期仰副圣朝端本正俗之至意"。[①]京师女师设简易科、完全科两个类别，简易科修业年限为两年，完全科修业年限为四年。1911年6月首批简易班学生137人顺利毕业后，有8人担任地方女子小学堂的校长，有65人从事女校教员等工作，共有73人服务于女子教育事业，服务率达53.3%。[②]由此看来，清末京师女子师范学堂等第一批女子师范学校的创办标志着近代中国女子师范教育的起步，为社会培养了许多从事女子教育的师资人员，大大促进了当时女子教育的发展。

二、民国初期女子教育体制的建立（1912—1926）

（一）民国初期的学制沿革

1912年中华民国临时政府在南京成立后，将清朝的学部改为教育部，临时大总统孙中山任命教育家蔡元培担任中华民国第一任教育总长，着手重新制定学制。1月19日，在蔡元培的主导下，教育部颁布了《普通教育暂行办法》和《普通教育暂行课程标准》，规定将"从前各项学堂均改称学校"，并制定了学制改革的总方针。其中涉及女子教育的内容主要有：初等小学男女可以同校；高等小学以上可以设立女子中学、女子师范学校及女子高等师范学校；女子教育不再另立系统，不再另行规定女学的课程标准；女子教育的课程可适当增减学科，小学校一律废除读经科，女子加裁缝课；中学校及师范学校，女子加家政、裁缝课；原先的特设女子学校章程暂时照旧等。[③]遵照这一方针，1912年9月3日，教育部颁布了《学校系统令》，之后又相继颁布了《小学校令》《中学校令》《师范教育令》《实业学校令》《高等师范学校令》等一系列教

---

① 璩鑫圭等编：《中国近代教育史资料汇编：实业教育 师范教育》，第596页。
② 何玲华：《新教育·新女性 北京女高师研究（1919—1924）》，中国社会科学出版社2007年版，第37—38页。
③ 璩鑫圭等编：《中国近代教育史资料汇编：学制演变》，第766页。

育法令。这些法令由于出台于壬子年（1912 年）至癸丑年（1913 年）间，故而通称《壬子·癸丑学制》。此学制结束了清末学制中男女教育完全分离、女子学校另立系统的局面，在初等小学阶段实现了男女共学，同时还向女子开放了中等教育（包括普通教育、职业教育和中等师范教育）及高等教育（主要是高等师范教育）的门户，正式将女子教育纳入了国家教育系统之中，对于推动民国初期女子教育的发展起了积极作用。

袁世凯任大总统后，为了复辟帝制开始推行封建复古教育。1915 年 7 月 31 日，教育部重新修订《小学校令》，将初等小学改称国民学校，并公布了《国民学校令》和《高等小学校令》。1916 年 1 月 8 日颁布了《国民学校令施行细则》和《高等小学校令施行细则》。此次重修学制复古色彩明显，恢复了《壬子·癸丑学制》中被废除的读经科，要求国民学校三、四年级讲授孟子，高等小学 1—3 年级均讲授《论语》。不仅如此，还对民国元年所设定的男女共学制加以限制，规定国民学校或其分校的三、四学年在编制班级时，如果"同学年之女生数足敷编制一学级时，应分别男女各编学级"。[1] 高等小学校中则要求三个学年均实行"男女各编学级"的规定。[2] 这就造成了初等教育阶段男女可以同校但不能同学的局面，不得不说是一种历史的倒退。

第一次世界大战结束以后欧洲各国兴起了学制改革运动，受其影响，国内要求改革学制的呼声也日渐高涨，自 1919 年 10 月的第五届全国教育会联合会议开始，教育界人士开始详细讨论学制改革方案，至 1921 年 10 月第七届全国教育会联合会召开时终于制定了《学制系统草案》。1922 年 11 月 1 日，以大总统令的形式颁布了《学校系统改革案》，这便是通常所说的《壬戌学制》。[3] 其中规定学校教育分为初等、中等和

---

① 璩鑫圭等编：《中国近代教育史资料汇编：学制演变》，第 803 页。

② 璩鑫圭等编：《中国近代教育史资料汇编：学制演变》，第 815 页。

③ 璩鑫圭等编：《中国近代教育史资料汇编：学制演变》，第 1008—1012 页。

高三个级别。初等教育包括幼稚园和小学校，前者收 6 岁以下儿童入学，后者分为初等小学和高等小学两级，实行四二制，且规定初等小学四年为义务教育阶段，且"各地方至适当时期得延长之"。中等教育包括中学校、师范学校和职业学校，其中中学校分初级和高级，实行三三制或四二制，师范学校修业年限六年，职业学校的修业年限由各地方酌情规定。高等教育包括大学校、专门学校和大学院，其中大学校有综合大学、医科大学、法科大学、师范大学等，修业年限为 4 至 6 年，专门学校 3 年，大学院为研究之所，年限不限。《壬戌学制》仿美国学制而制定，此后 30 年内虽然几经修改但其基本框架一直沿用至 1951 年，故而此学制在近代中国教育史上具有十分重要的意义。其中实行完全的男女同等教育，没有再对女子教育做任何附加规定，这较之《壬子·癸丑学制》无疑是一个重大进步。它在制度上保证了女子拥有与男子平等受教育的权利，进一步促进了近代中国女子教育的发展。

（二）女子义务教育的开展

民国初期，女子初等教育的内容随学制的变化而不断调整。1912 年公布的《小学校令》规定小学教育的宗旨是"留意儿童身心之发育，培养国民道德之基础。并授以生活所必需之知识技能"，初等小学遵照男女可以同校的原则，招收 6—14 岁的学龄儿童入学，开设修身、国文、算术、手工、图画、唱歌、体操，女子另加缝纫课。高等小学中遵照"女学不另设系统"的原则，女子所学课程与男子基本相同，均设立修身、国文、算术、本国历史、地理、理科、手工、图画、唱歌、体操、英语等，不同之处在于男子加农业课，女子加缝纫课。1915 年修改《小学校令》以后，国民学校及高等小学中的课程基本未变，只是恢复了被废止的读经课。1922 年《壬戌学制》实施以后，四年制初等小学被定为义务教育阶段，小学校的课程调整较大，设国语、算术、地理、历史、公民、卫生、自然、园艺、工用艺术、形象艺术、体育 11 科，各科的施教标准不再因男女性别而有差异，而是实行分数制，要求初级小学前二年每周至少上 1 080 分钟，后二年每周至少上 1 260 分钟，高级小学每周至少上 1 440 分钟。

这一时期得益于男女共学制和四年制义务教育制度的贯彻实施，女子初等教育有了较大的发展。从就学人数来看，全国初等小学校女生人数在 1913—1914 年为 133 508 人，1918—1919 年为 190 882 人，到 1922—1923 年时增至 368 560 人，十余年间增长了 2.76 倍。高等小学校女生人数 1913—1914 年为 17 783 人，1918—1919 年为 24 744 人，到 1922—1923 年时增至 35 182 人，十余年间增长了近一倍。再从初等教育阶段女生占小学生总数的比例来看，1912—1914 年女生总数为 151 291 人，所占比例为 4.39%，1918—1919 年女生总数为 215 626 人，所占比例为 4.41%，到 1922—1923 年时，女生总数为 403 742 人，所占比例为 6.31%，显然，无论是从绝对数量来看，还是就相对比例而言，初等教育阶段女生的数量都在持续增加。具体如下表所示：[①]

表 3-4　民国初期女子小学生数与小学生总数比较表

类别 人数 年代	初等小学 （国民学校）			高等小学			合　计		
	学生 总数 （人）	女生 人数 （人）	女生 比例	学生 总数 （人）	女生 人数 （人）	女生 比例	学生 总数(人)	女生 总数 （人）	女生 比例
1913— 1914	3 040 744	133 508	4.39%	403 382	17 783	4.41%	3 444 126	151 291	4.39%
1918— 1919	4 439 116	190 882	4.3%	446 643	24 744	5.54%	4 885 759	215 626	4.41%
1922— 1923	5 814 375	368 560	6.34%	582 497	35 182	6.04%	6 396 872	403 742	6.31%

① 　该表依据杜学元：《中国女子教育通史》，贵州教育出版社 1995 年版，第 432—434 页数据以及李桂林等编：《中国近代教育史资料汇编：普通教育》，上海教育出版社 2007 年版，第 548—590 页数据制成。

虽然民国初期的女子初等教育取得了持续发展，但是总体情况并不容乐观。当时中国初等教育发展迟缓，整体水平远远落后于东亚的近邻——日本。1919 年时日本已经普及了四年制义务教育，总体入学率为 98.92%，[①] 其中女生的人数与男生基本相当。而这一年中国的四年制义务教育总体入学率仅有 11.22%，[②] 其中女生人数远不及男子，仅占约 4.3%。不仅小学校中女生所占比例大大低于男子，而且全国各地女子初等教育的发展也极不均衡。据统计显示，1922—1923 年江苏、黑龙江、山西等省女生比例在全国名列前茅，女生在初等小学和高等小学中所占比例依次是江苏省 10.5% 和 13.63%，黑龙江省为 9.01% 和 16.03%，山西为 17.60% 和 6.89%，这些地区的女子入学率远远超过全国平均水平。而在甘肃、新疆、绥远等省女子教育则十分落后，其中甘肃省的女生比例仅为 1.79% 和 0.73%，而新疆和绥远两省则只有初等小学女生，所占比例分别为 2.78% 和 1.81%，远远低于全国平均水平。即使是在女子入学率高的省份，也存在女子就学率为零的县区，如在全国入学率最高的江苏省尚有 1 个县无初等小学女生，16 个县无高等小学女生。[③]

（三）女子中学教育的肇始

清末的学制中并未将女子中等教育纳入其中，女子能够接受普通教育的最高机构是女子高等小学堂。民国以后，女子获得了进入中学继续学习的权利。民国初期的女子中等普通教育主要在女子中学校中开展，据 1912 年的《中学校令》规定："专教女子之中学校称女子中学校。"[④] 此法令首次赋予了女子中等普通教育合法地位，规定男女中学校的修业年限均为四年，但是教育内容依据性别不同而有差异。《中学校令施行规则》规定中学所修课程有修身、国文、外语、历史、地理、数学、博物、物理、

---

① 王慧荣：《近代日本女子教育研究》，中国社会科学出版社 2007 年版，第 274 页。
② 根据李桂林等编：《中国近代教育史资料汇编：普通教育》，第 794 页数据算出。
③ 杜学元：《中国女子教育通史》，第 432—434 页。
④ 璩鑫圭等编：《中国近代教育史资料汇编：学制演变》，第 669 页。

化学、法制经济、图画、手工、乐歌、体操等，女子中学增加家事、园艺、缝纫三门课程，此外女子中学的数学课可以减去三角法，手工课以编物、刺绣、摘棉、造花为主，体操课可以只上普通体操，免去兵式体操。[①]1922年学制改革以后，中学校改为三三制，所授课程实行学分制，不再有性别差异，初级中学需修满 180 分，课程共有 6 科：社会科（公民、历史、地理）、言文科（国语、外语）、算学科、自然科、艺术科（图画、手工、音乐）、体育科（生理、卫生、体育）。高级中学根据就学目的分为两个科目：以升学为目的的普通科和以职业为目的的职业科，所有学生均需学习 7 门公共必修课：国语、外语、人生哲学、社会问题、文化史、科学概论和体育，这些课程共计 67 学分，占总学分的 43%。除此之外再根据所选科目学习相应的课程。尽管这一时期女子中等教育已经被纳入国家教育体系中，且具备较为完善的学制制度，但是女子就学的现实情况并不理想。到《中学校令》颁布实施的五年后的 1917 年时，全国的女中学生仅有 724 人，分散于北京、黑龙江、江苏、福建、湖北，仅占中学生总数的1.29%。[②]女子中等普通教育发展缓慢的一个重要原因是"实由女子中学校太少"，到 1919 年时全国的官办女子中学仅有 9 所，[③]以至于教育部不得不于 1919 年 5 月和 1921 年 7 月两次发文督促各省区速速设法"筹办省立或区立女子中学"。[④]到 1923 年时，全国的女子中学校增至 25 所，女中学生增至 3249 人，女生所占学生比例为 3.14%。[⑤]虽然在北洋政府的督促下女子中学教育的情况有所好转，但并未改变其发展落后的现状。

（四）女子职业教育的起步

民国初期女子职业教育的起步始于 1913 年 8 月公布的《实业学校

---

① 璩鑫圭等编：《中国近代教育史资料汇编：学制演变》，第 681 页。
② 杜学元：《中国女子教育通史》，第 443 页。
③ 熊贤君：《中国女子教育史》，山西教育出版社 2006 年版，第 247 页。
④ 李桂林等编：《中国近代教育史资料汇编：普通教育》，第 842 页。
⑤ 杜学元：《中国女子教育通史》，第 444 页。

令》。其中规定"实业学校以教授农、工、商业必需之知识、技能为目的"，包括农业学校、工业学校、商业学校、商船学校、实业补习学校等，均分为甲、乙两等，甲种学校实施"完全之普通实业教育"，修业年限预科一年，本科三年，还可延长一年。乙种学校实施"简易之普通实业教育"，修业年限为三年。同时明确规定"女子职业学校得就地方情形与其性质所宜，参照各项实业学校规程办理"。虽然该法令为女子职业教育提供了制度保障，但是现实中"各省女子职业学校多未设立"，到 1917 年时全国实业学校中女学生仅有 1 866 人，分布于江苏、福建、黑龙江、山东、浙江、湖南、云南七省，女生比例仅为 6.2%。[①] 为了促进女子职业教育的发展，教育部于 1919 年 5 月发布了《教育部咨各省区为女子中学校可附设简易职业科文》的公文，以扩充女子职业教育。同年 10 月，第五届全国教育会联合大会还议决了女子职业教育的科目及实施方法：[②]

1.家事园艺科

（1）设备 家事实习室应酌设上、下、中三等，其陈设亦如之，以代表普通社会之家庭。校园除种植外，应设饲养鸡、鸭、蜂、蚕各室。

（2）教授 除授以家事园艺学外，应兼授饲养学。

（3）练习 应自第一学年起，除正课外，课余任其自由处理，以养成其治家之能力。

2.手工科

（1）设备 设特备教室，筹工艺基本金。

（2）教授 授以家庭及社会需要之手工。

（3）练习 除正课外，课余注重经济之制造，与营业性质之练习。

3.缝纫科

（1）设备 设特备教室，筹缝纫科基本金。

---

① 杜学元：《中国女子教育通史》，第 447 页。
② 璩鑫圭等编：《中国近代教育史资料汇编：实业教育 师范教育》，第 218—219 页。

（2）教授 授以常服及新式衣服之制法。

（3）练习 除正课外，课余练习经济之制作，注重出品及销售二项。

除以上各科外，其他关于职业之学科，各学校得酌量地方情形设置之。此项规定将女子职业教育内容集中于家事、园艺、手工、缝纫等科目，虽然范围过于狭窄，但也为女子职业教育的具体实施指明了方向，为其发展奠定了基础。到 1923 年时，全国实业学校中的女生人数增至 3 209 人，女生比例为 7.86%。[①] 女子职业学校也由 1919 年的 20 所增至 76 所。[②] 其中规模较大的有山东省立女子职业学校，浙江私立甲种女子职业学校、云南省会公立女子职业学校、北京女子职业学校、安徽女子职业学校等等。这些女子职业学校的创办推动民国初期女子职业教育取得了初步发展。

（五）女子师范教育的推进

女子师范教育早在清末就已经被纳入国家教育体制中，不过当时的女子师范教育仅限于中等程度。民国以后，不但女子中等师范教育得以进一步发展，而且还开始推进女子高等师范教育。1912 年 9 月教育部颁布的《师范教育令》规定"专教女子之师范学校称女子师范学校，以造就小学校教员及蒙养园保姆为目的"，"女子高等师范学校以造就女子中学校，女子师范学校教员为目的"，[③] 从而将女子师范教育细化为中等和高等两个级别，在法律上赋予了女子接受高等师范教育的权利。

关于女子中等师范教育的具体实施办法，在 1912 年 12 月教育部颁布实施的《师范学校规程》中有详细规定。其中明确规定师范学校可设预科和本科，本科又可分为第一部和第二部，并要求女子师范学校的修业年限应与男子师范学校一样，预科为一年，本科第一部为四年，本科第二部为一年。预科的课程有"修身、国文、习字、英语、数学、图画、

① 杜学元：《中国女子教育通史》，第 449 页。
② 璩鑫圭等：《中国近代教育史资料汇编：实业教育 师范教育》，第 405 页。
③ 璩鑫圭等：《中国近代教育史资料汇编：学制演变》，第 670 页。

乐歌、体操。女子师范学校加课缝纫"，女子师范学校本科第一部的课程与男子师范学校大体相同，都开设修身、教育、英语、国文、习字、历史、地理、数学、博物、物理化学、法制经济、图画、手工、乐歌、体操等课程，在此基础上女子师范学校还要增加家事园艺、缝纫两门课程，男子师范学校则增加农业或商业课。此外英语课是男子的必修课，女子则"视地方情形"增减，是选修课；手工课女子师范学校应"兼授编物、刺绣、摘棉、造花"等女红技能。本科第二部课程男女均设修身、教育、国文数学、博物、物理化学、图画、手工、乐歌、体操等课程，此外男子加农业课，女子家缝纫课。1916 年教育部公布了修正后的《师范学校规程》，在原先的课程基础上，男女均增加了读经课。1922 年新学制实施以后，师范学校的修业年限延长至六年，同时为了发展师范教育还允许单设后二年或后三年接收初级中学的毕业生，或者在高级中学中开设师范科。教育内容则遵循男女平等教育的原则，男女师范学校采用统一的课程标准。据 1925 年制定的《新学制师范科课程标准纲要》规定，六年制师范学校开设社会科、言文科、算学科、自然科、艺术科、体育科、教育科七大类别 32 门课程，师范学校后三年及高中师范科则开设公共必修科和师范专修科两大类别 17 门课程。[①]

　　民国初期师范教育制度的不断扩充为女子师范学校的发展提供了制度保障。据统计，1916—1917 年间，全国中等师范学校女生人数为 5792 人，占当时中等师范学生总数的 23.2%。到 1923 年时，中等师范学校的女生人数增至 6 724 人，所占比例为 17.57%。[②]虽然女子师范教育的发展不如男子快，但是在女子中等教育领域，女师范生的人数一直遥遥领先，具体如下表所示：

---

① 　具体各类别所包含的课程参见舒新城著：《中国近代师范教育小史》，载璩鑫圭等编：《中国近代教育史资料汇编：实业教育 师范教育》，第 1091—1092 页。
② 　杜学元：《中国女子教育通史》，第 457—459 页。

表 3-5　民国初期各类女子中等教育比较

学校类别 学生数量 年代	女子中学		女子职业学校		女子师范学校	
	女生人数	所占比例	女生人数	所占比例	女生人数	所占比例
1916—1917 年	724 人	1.29%	1 866 人	6.2%	5 792 人	23.2%
1922—1923 年	3 249 人	3.14%	3 209 人	7.86%	6 724 人	17.57%

从该表中不难看出，女子师范学校女生的数量不仅超过了同时期女子中学和女子职业学校中的女生人数之和，而且师范学校女生所占的比例也遥遥领先。显然师范教育在当时女子中等教育中占据主要地位。

女子高等师范教育虽然在民国初年就已经纳入学制，但是一直没有相应的实施细则出台，因此直到 1919 年为止全国并无一所女子高等师范学校。1919 年 3 月教育部颁布了《女子高等师范学校规程》，规定女子高等师范学校设预科、本科，也可酌情设选科、专修科及研究科。预科修业年限一年，招收中学校或女子师范学校毕业的学生，预科学习结束后可升入本科。本科又分为文科、理科和家事科三种，均开设伦理、教育、国文、外语、家事、乐歌、体操 7 门课程。此外文科还开设历史、地理 2 门课程；理科还开设数学、物理、化学、植物、动物、生理及卫生、矿物及地质、图画 8 门课程；家事科还开设应用理科、缝纫、手艺、手工、园艺、图画 6 门课程。此规程公布以后，同年 4 月，北京女子师范学校率先改称国立北京高等女子师范学校，以"养成女子师范学校、女子中学校教员、管理员及小学校教员、管理员、蒙养院保姆"为办学宗旨。[①]这是当时中国第一所实施女子高等师范教育的学府，也是当时最重要的公立女子高等教育机构。据统计，1922 年全国实施女子高等师范教育的机构共有三所：北京高等女子师范学校、北京师范大学和武昌高等师范

---

① 璩鑫圭等编：《中国近代教育史资料汇编：实业教育 师范教育》，第 1070 页。

学校。[①] 这位三所高等师范中招收的女生共计 284 人，[②] 其中有 236 人就读于北京女子高等师范学校。《壬戌学制》公布以后，要求高等师范学校"应于相当时期内提高程度，收受高级中学毕业生，修业年限四年，称为师范大学"。[③] 于是 1924 年北京高等女子师范学校又改称为国立北京女子师范大学。随着学校级别的升格，培养目标也更改为：培养中等学校师资、养成教育行政人员、研究高深学术及发展女性特长。虽然除了师范教育之外增加了学术研究的内容，但是并未影响其作为近代中国最大的女子高等师范教育机构的重要地位。

（六）女子大学教育的开禁

民国初期的女子高等教育中只有女子高等师范教育被明确纳入学制，获得了合法地位。同时还有金陵女子大学、北京协和女子大学、华南女子学院、广州夏葛女子医学校等少数教会女子大学实施女子高等教育。1919 年以后，随着五四运动的开展，邓春兰、王兰等 9 名女子冲破普通大学不召女生的"禁忌"，获得了北京大学旁听生的资格。以此为开端，全国的各类大学开始招收女子入学，高等教育阶段男女共学的局面逐渐形成。到 1922 年时，除教会学校外，全国共有 32 所大学招收女生。其中的国立大学有北京大学、北京师范大学、北京女子高等师范学校、北京法政大学、北京农业大学、北京工业大学、北京医科大学、北京美术专门学校、南京东南大学。还有 4 所省立学校：天津河北大学、武昌外国语专科学校、广东法政专门学校、云南东陆大学。其余均是私立大学，其中较为著名的有天津南开大学、广州岭南大学、北京中国大学、南京金陵大学、上海南方大学，等等。[④] 另据中华教育改进社统计，1922—1923 年间，全国共有女大学生 887 人，大学生中女生所占比例约为 2.54%，其中国立大学 405 人，

---

① 杜学元：《中国女子教育通史》，第 464—465 页。
② 杜学元：《中国女子教育通史》，第 468 页。
③ 璩鑫圭等编：《中国近代教育史资料汇编：学制演变》，第 1011 页。
④ 杜学元：《中国女子教育通史》，第 464—465 页。

省立大学 7 人，私立大学 125 人，其余 350 人，教会学校 350 人。这些女生所学专业既有普通高等教育的内容，也有师范、工业、商业、医学、法政等专科职业教育的内容。[①] 到 1925 年时，全国的大学女生增至约 972 人，所占比例为 4.5%。[②] 大学中女生人数的增加表明在民国初期女子高等教育虽然未被完全纳入国家教育体制中，但也取得的初步的发展。

三、南京国民政府的女子教育政策（1927—1936）

1927 年 8 月南京国民政府实现了形式上的统一之后，于 1928 年公布了《中华民国学校系统草案》和《学校系统表》，基本延续了《壬戌学制》的学制结构设置。在此基础上 1929 年 4 月公布了《中华民国教育宗旨及其实施方针》，规定"中华民国之教育，根据三民主义，以充实人民生活，扶植社会生存，发展国计民生，延续民族生命为目的，务期民族独立，民权普遍，民生发展，以促进世界大同"，具体到女子教育方面，则规定"男女教育机会平等，女子教育并须注重陶冶健全之德性，保持母性之特质，并建设良好之家庭生活及社会生活"。[③] 在这种以三民主义为根本原则，强调女子母性特质的教育方针的指导下，国民政府公布了《大学组织法》（1929 年 7 月公布，1934 年 4 月修正）、《专科学校组织法》（1929 年 7 月）、《小学法》（1932 年 12 月）、《中学法》（1932 年 12 月）、《师范学校法》（1932 年 12 月）和《职业学校法》（1932 年 12 月）等一系列教育法令。统观这一时期国民政府的女子教育政策，其特点可以归纳为：着重推行义务教育、中等教育男女分校、高等教育男女兼收。

（一）着重推进义务教育

南京国民政府成立以后，在初等教育阶段实施男女无差别教育，着

---

① 杜学元：《中国女子教育通史》，第 468—469 页。
② 杜学元：《中国女子教育通史》，第 471 页。
③ 宋恩荣等编：《中华民国教育法规选编（修订本）》，江苏教育出版社 2005 年版，第 35—36 页。

重发展初等小学教育，以推进义务教育的普及。1932 年国民政府颁布的《小学法》规定，小学教育"应遵照中华民国教育宗旨及其实施方针，以发展儿童之身心，培养国民道德之基础"[①]为宗旨，小学校分为初级小学和高级小学两个阶段，修学年限实施四二制，原则上均不收取学费。1913 年公布的《小学规程》明确规定"小学为施行国民义务教育之场所"，[②]这就从制度及法律上确立了六年制义务教育制度。然而由于当时的小学教育尚不发达，对于义务教育的普及也采取了折中的做法，《小学规程》规定"在教育未普及之前，修业四年，即作为义务教育终了"，此外，"为推行义务教育起见，各地并得设简易小学及短期小学"。简易小学招收不能入初级小学的适龄儿童，短期小学招收 10—16 岁的失学儿童，是正规小学的有益补充。

1935 年，《实施义务教育暂行办法大纲》和《实施义务教育暂行办法大纲施行细则》相继出台，树立了"使全国学龄儿童（指 6—12 岁儿童而言）于十年期限内逐渐由受一年制二年制达于四年制之义务教育"的目标，并制定了分三期推行义务教育的具体实施细则：1935 年 8 月—1940 年 7 月为第一期，"在此期内一切年长之失学儿童及未入学之学龄儿童至少应受一年义务教育"；1940 年 8 月—1944 年 7 月为第二期，"在此期内一切学龄儿童至少应受两年义务教育"；1944 年 8 月起为第三期，"义务教育之期间定为四年"。[③]为了确保能够实现既定目标，国民政府还要求各级主办义务教育机关成立义务教育委员会，并且先后出台了《一年制短期小学暂行规程》（1935 年 7 月）、《短期小学制实验办法》（1935 年 11 月）、《各省县市等筹集义务教育经费暂行办法大纲》（1935 年 11 月）、《各省市义务教育师资训练班办法》（1936 年 8 月）、《二

---

① 宋恩荣等编：《中华民国教育法规选编（修订本）》，江苏教育出版社 2005 年版，第 238—239 页。
② 宋恩荣等编：《中华民国教育法规选编（修订本）》，第 263 页。
③ 宋恩荣等编：《中华民国教育法规选编（修订本）》，第 285 页。

年制短期小学暂行规程》（1937年6月）、《二年制短期小学课程标准总纲》（1937年6月）、《学龄儿童强迫入学暂行办法》（1937年7月）等一系列规章制度。然而随着1937年7月7日日本全面侵华战争的爆发，国民政府制定的义务教育推行计划也大打折扣。

自南京国民政府成立以来经过近10年的发展，尤其是得益于国民政府对义务教育的重视和不断推行，女子小学教育取得了较大的发展。如对比民国十九年度（1930—1931年）与民国十一年度（1922—1923年）的女生人数，如下表所示：

表3-6 民国十一年度（1922—1923）

与民国十九年度（1930—1931）小学女生人数对比

类别	初等小学（国民学校）			高等小学			合 计		
人数\年度	学生总数（人）	女生人数（人）	女生比例	学生总数（人）	女生人数（人）	女生比例	学生总数（人）	女生总数（人）	女生比例
1922—1923	5 814 375	368 560	6.34%	582 497	35 182	6.04%	6 396 872	403 742	6.31%
1930—1931	9 145 822	1 348 244	14.74%	1 396 704	250 446	17.93%	10 542 526	1 598 690	15.16%

从该表中可以看出，八年间小学校中的女生人数从403 742人增加到了1 598 690人，其中初等小学的女生由368 560人增至1 348 244人，增长了2.7倍，高等小学的女生由35 182人增至250 446人，增长了6.1倍。小学女生所占的比例也由原来的6.31%增至15.16%，显然在国民政府时期女子的义务教育发展取得了一定的成绩。

（二）中等教育男女分校

在南京国民政府统治时期，女子中等教育领域出现了复古倾向，《壬戌学制》确立的男女无别的教育方针被打破，转而强调女子"博大慈祥之健全的母性"。1928年5月第一届全国教育会议召开，不仅在《全国教育会议宣言》中明确要求"女子中等教育应以培养女子特殊的社会职分，而适应其特殊的需要"，而且在此次会议通过的《中等女子教育应有特殊设施案》中也强调小学教育和职业教育可以不分性别统一实施，但是"中等教育在年龄关系上及教育机能上，皆为养成社会的生活能力之重要时期"，因此"中等女子教育必须有特殊之设施"。同时要求中等女子教育的内容"须注重培养特有之社会职分，加入关于处理家政教养儿童等学科及训练，女子德性之涵养，应注意于艺术的陶融及体育"。此外还要求"女子高初级中学以特别设置为原则"，条件不足达不到者也至少要在"中学校中分设男女两部"，[①] 即要求在中学校中严格贯彻男女别学制。受其影响，1928 年 7 月，广东省教育厅要求各中等学校，无论公立私立自 1928 年上学期起施行男女分校。此后各地纷纷效仿，最终中学校的男女分校被写入了国家法规中。在国民政府 1933 年公布的《中学规程》及 1935 年公布的《修正中学规程》中均明确规定："中学学生以男女分校或分班为原则"，[②] 这标志着中学校中男女分校制的确立。

在师范教育方面，《壬戌学制》时期开设六年制师范教育或在高级中学中设师范科，并未明确要求男女必须分校。南京国民政府成立以后对此进行整顿，于 1928 年 7 月公布了《师范教育制度》，规定取消六年制师范学校，单设三年制或两年制师范学校，且各省须为女子特设女子师范学校，如不能设立则须在师范学校中特设女子师范科。受其影响，在此期间，湖北、江苏、浙江等省相继出现了单独设立的女子师范学校以及男女同校分部的师范学校。到 1930 年时，全国共有 132 所单独设立的女子师范学校，和 16 所附设于中学的女子师范科，女子在学人数为 159 495 人。[③] 随着全国范围内师范教育的独立和女子师范学校的增多，国民政府又相继公布了《师范教育法》（1932 年 12 月）和《师范学校规程》

① 杜学元：《中国女子教育通史》，第 494—495 页。
② 中国第二历史档案馆编：《中华民国史档案资料汇编·第 5 辑·第 1 编·教育》，江苏古籍出版社 1994 年版，第 426 页。
③ 杜学元：《中国女子教育通史》，第 512 页。

（1933 年 3 月公布，1935 年 6 月修订），明确规定师范学校应以独立设置为原则，一般修业年限为三年，特别师范科为一年，幼稚师范科为二至三年，并强调"专收女生之师范学校称女子师范学校"。[①] 至此，师范学校中的男女分校制也得以确立。

在实业教育领域，这一时期着力发展平民女子职业教育，强调应根据女性的性别特点实施职业教育。当时大力发展女子职业教育已经成为教育界人士的共识。1928 年 5 月的全国教育会议通过了推行职业教育案，强调"多数女子的知识能力及天性与男子不平等，职业就应该有别，尤其是年长失学的最为需要"，因此建议"由中央政府通令各省县广设平民女子职业学校，并注意各地经济情形、各地社会需要、各地妇女状况以及主科限定一门，以求技能娴熟"。[②] 1929 年全国职业学校联合会在杭州召开大会，再次强调女子职业教育应适应女子之特殊性。同年南京召开的妇女代表大会也请求广设妇女职业学校和夜校。在社会各界的呼吁下，南京国民政府出台推动平民女子职业教育训令。1929 年教育部通令各省酌情开设妇女职业学校及夜校，指出"查职业教育与补习教育亟应提倡，早为国人所公认，其在女子，需要尤甚"，因此要求各学校"均应兼筹并顾"。1930 年，教育部又通令各省教育厅在所辖的大学或中学中"择其设备完全及经费充实者，酌设妇女职业班"。[③] 此后国民政府又相继颁布了《职业学校法》（1932 年 12 月）、《职业学校规程》（1933 年 3 月颁布，1935 年 6 月修订）及《职业补习学校规程》（1933 年 10 月）等法令，将职业学校分为初、高两级，每级各细分为农业学校、工业学校、商业学校、家事学校、其他职业学校五个类别。这些法令中对职业学校种类的划分较之《壬戌学制》更为详细、丰富，为女子职业教育的发展

---

① 中国第二历史档案馆编：《中华民国史档案资料汇编·第 5 辑·第 1 编·教育》，第 440 页。
② 程谪凡：《中国现代女子教育史》，中华书局 1926 年版，第 212 页。
③ 杜学元：《中国女子教育通史》，第 515—516 页。

提供了制度上的保障。

　　尽管南京国民政府在中等教育领域推行男女分校制度，强调女子教育应注重女子的特性，但是在这一时期内随着初等教育阶段义务教育的推进，各类女子中等教育均取得了一定的发展。试对比民国十九年度（1930—1931 年）与民国十一年度（1922—1923 年）女子中学、女子师范学校及女子职业学校的女生人数，如下表所示：

表 3-7　民国十一年度（1922—1923）

与民国十九年度（1930—1931）中等教育女生人数对比

类别 人数年代	女子中学			女子师范学校			女子职业学校		
	学生 总数 （人）	女生 人数 （人）	女生 比例	学生 总数 （人）	女生 人数 （人）	女生 比例	学生 总数 （人）	女生 总数 （人）	女生 比例
1922— 1923 年	103 385	3 249	3.14%	38 277	6 724	17.57%	40 827	3 209	7.86%
1930— 1931 年	381 422	56 851	14.91%	93 540	22 612	24.17%	39 647	10 923	27.55%

　　从该表中可以看出，八年间女子中学的女生人数从 3 249 人增至 56 851 人，增长了 16.5 倍，女子师范学校的女生由 6 724 人增至 22 612 人，增长了 2.4 倍。女子职业学校的女生由 3 209 人增至 10 923 人，增长了 2.4 倍，显然女子中等普通教育的增幅最大。

　　（三）大学教育男女兼收

　　国民政府时期公布的高等教育法规主要有《大学组织法》（1929 年 7 月颁布，1934 年 4 月修订）、《大学规程》（1929 年 8 月）、《专科学校组织法》（1929 年 7 月）、《专科学校规程》（1921 年 3 月）、《大学研究院暂行组织规程》（1934 年 5 月）、《学位分级细则》（1935 年 5 月）等。通过这些法令的颁布实施进一步完善了高等教育体制，但是其中仍然与《壬戌学制》时期一样，没有关于女子普通高等教育的相关规定。尽管如此，这一时期仍新增了一所省立女子高等学校，即河北女子师范学院（1929 年成立）。到 1937 年时，该校共开设了国文、英文、史地、教育、家政、音乐六个系。此外还有华南女子文理学院、金陵女子文理学院等私立高等院校专门招收女子。更值得一提的是，当时还有一些高等学府实施男女兼收的原则，坚持向女子开放门户。因此这一时期，大学校园中女生的数量也在不断增加。据统计，1929 年时全国共有女大学生 1 835 人，女生所占比例为 8.42%，到 1932 年时女大学生人数增至 4 535 人，所占比例为 11.64%，[①] 四年的时间女大学生的人数翻了一番多，平均每年增长近千名。

综上所述，近代以来中国女子教育体制的创建始于 20 世纪初期，经历了清末新政时期、民国初期和南京国民政府时期的三个阶段的发展，基本建立了初等—中等（普通、师范、职业）—高等（师范类）的教育体系。也确立了小学义务教育制度及男女共学制，这与近代日本的女子教育体制结构基本相同。但从教育制度的创建时间，中国比日本晚了三十余年。从女子教育的普及程度来看，日本早在 20 世纪初就已经实现了全民义务教育的普及，女子的中等教育、师范教育及职业教育发展也取得了很大进展，而中国的发展水平和普及程度还远不及日本。

第三节　韩国近代女子教育的发展

《朝鲜教育令》是日本殖民当局颁布的有关教育的基本法令，反映了日本帝国主义的殖民地教育政策，主要以敕令的形式颁布。1910 年日本吞并朝鲜后，1911 年朝鲜总督府以韩国人为对象建立殖民地教育体制，并以《朝鲜教育令》的形式颁布。第一次《朝鲜教育令》是针对朝鲜人制定的教育政策，当时在朝鲜的日本人主要适用日本本国的法令。1919 年三一动后，日本帝国主义在朝鲜殖民统治方针中实施所谓"文化政治"。这一方针体现在第二次《朝鲜教育令》中。1937 年，日本发动全面侵华战争后，日本殖民当局制定"内鲜一体"的统治方针，对朝鲜人民实施

---

① 杜学元：《中国女子教育通史》，第 522 页。

同化政策。这主要反映在第三次《朝鲜教育令》上。1941 年太平洋战争爆发后，日本殖民当局将朝鲜统治方针转变为战时总动员体制。这种方针反映在第四次《朝鲜教育令》上。在日本殖民统治时期，殖民当局采取皇民化教育政策，镇压朝鲜人的民族自觉运动。皇民化教育政策的根本目的在于通过对朝鲜人实施区别于日本国内的教育政策，抹杀朝鲜人的思想和独立文化，在女子教育方面推行侧重于培养贤母良妻的殖民化教育。对广大朝鲜民众来说，最紧迫的课题就是争取民族自主独立，朝鲜国民在抗日斗争过程中认识到女子教育的重要性，三一运动成为朝鲜女性自我觉醒和提高社会地位的契机，她们利用接受教育这一女性接触社会的难得机会积极参与抗日斗争，通过独立运动、启蒙运动、传教活动、扫盲运动、改善社会生活运动等形式走向社会，在此过程中，朝鲜自身的民族主义女子教育及以女性解放为目的的女子教育也得到了发展。

一、日本殖民统治初期的女子教育论

在丧失国权的危机下，近代韩国的女子教育刚刚起步就面临新的考验。在日本殖民政府的强压下，朝鲜半岛丧失了国家权力，沦为日本殖民地。此时期，从数量上看，女子教育取得了发展和扩大，但实际上这种发展只是有限的发展。通过考察此时期女性观的变化可以了解女子教育的发展过程。此时期朝鲜女子教育中始终围绕两个问题展开，一是日本殖民当局的统治，另一个是朝鲜民众的抵抗。

（一）殖民统治初期的女性观

此时期朝鲜的女性观可以分为三种：一是日本殖民统治当局为了在朝鲜建立殖民体系而确立的女性观；二是从日本殖民统治中解放自己国家的意识，即为了恢复朝鲜主权而形成的朝鲜民众的女性观；三是从开化期形成并发展而来的近代女性的主体意识，即女性自身的意识变化。

第一，殖民当局的感化（同化）女性论。

1910 年日本强制合并朝鲜后实行同化政策，即要把朝鲜人同化成日本人。日本殖民当局不仅通过制度、法律，还通过"日朝一体化"来达到同化的目的。在此过程中，女性是重要的同化对象。1916 年，日本某参事官针对女子教育发表了以下意见，"经济融合和社会融合是殖民地政策的根本，其中社会感情融和却更加困难，但一旦成功，比经济融合更加坚固。达到此目的的捷径在于感化妇女。欧洲先进国家在殖民政策或宗教传播上非常重视妇女。妇女比较感性，缺乏自我和自觉，因此比男人更容易感化，而且一旦被感化后很难改变。只要女子被感化，男性自然被感化。只有感化女人，才能感化朝鲜人家庭，这样才能长久维持我们的统治。因此，教师尽量要让日本妇女担任，这样即使学生毕业，也可以自由出入学生家庭，继续感化她们"[①]充分显露出日本殖民主义者的朝鲜女性观，日本殖民当局为了确立殖民地统治，从社会的最基本单位——家庭入手，贯彻殖民统治的意图。日本殖民当局另一个同化政策是奉行让朝鲜人和日本人之间的通婚政策，他们认为最好的组合是朝鲜男人和日本女人的结合，这样可以通过女性达到建设殖民地家庭的目的。为了达到同化朝鲜人的目的，首先将朝鲜女性作为同化对象，其次是将日本女性嫁入朝鲜人家庭，从而顺利地推行殖民统治。

第二，朝鲜民众的救国女性论。

形成于启蒙时期的救国女性论到殖民地时期一直延续下来。只是在日本殖民当局的残酷统治下，无法公开宣扬救国女性论。但是三一运动前后，女性通过参与运动，抵抗殖民统治，谋求恢复国权的救国精神在朝鲜各阶层中传播开来。日本帝国主义的殖民女子教育政策却激发了朝鲜女性的愤怒和抵抗情绪。三一运动是朝鲜各阶层参与的全民族的民族解放运动，参与人数多达 200 万人。救国女性论充分在三一运动中的影响得以扩大，尤其反映在大韩民国爱国妇女会的宗旨上。该会成立于 1919 年 9 月，会长

① 南仁淑：《女性和教育》，新正出版社 2009 年版，第 299 页。

是金玛利亚。大韩民国爱国妇女会成立时强调："古人云，爱国如爱家，作为家庭一员不爱自己家，家就不完整。同样，作为国民不爱自己国家，就无法维持国家。我们妇女也是国民一员。为了恢复国权和人权，只能前进不能后退。有国民性的妇女就应该团结起来，保护自己国家。"大韩民国爱国妇女会为了实现民族独立，设立决死部和红十字部，在 13 个道设立支部，形成组织网络，会员有一千多人，而且还设有海外支部。[①]

第三，新女性论。

日本殖民政府在残酷镇压了三一运动后，为了分化朝鲜人并笼络人心，在统治政策上做出了一些改变，从过去的高压统治变为采取"文化政治"的统治方针，如经过新闻审查后朝鲜人可以发行朝鲜文字报纸；允许朝鲜人在警察参加、监视下搞集会活动等，实际上不过是加强殖民统治的怀柔手段。朝鲜民众为了抵抗日本殖民当局的统治，各团体和组织纷纷发行报纸和杂志进行宣传活动，为了对朝鲜女性进行启蒙，建设新社会，20 世纪 20—30 年代《新女性》《新家庭》《女性》等杂志应运而生。这些杂志旨在改变女性的意识及生活方式，在其影响下，关于新女性的讨论逐渐活跃起来，女性的意识发生了很大变化，出现了大量的新女性。她们走出家庭进入社会，不仅改变了传统发型和服装，还勇敢发表自己的意见。不少新女性呼吁男女平权，追求自由恋爱，反对传统的包办婚姻，反映了女性意识的觉醒。

（二）殖民统治初期的女子教育论

这一时期的女子教育论深受当时女性观的影响。日本殖民当局通过殖民地女子教育政策达到把朝鲜女性殖民化的目的。为了反抗日本的殖民教育，朝鲜民众一方面通过殖民当局控制相对少一些的非正规教育机构如夜校、讲习所等实施女子教育；另一方面，通过私立女校实施女子教育。

---

① 首尔特别市教育研究院：《女性教育的昨日与今日》，农园文化社 1997 年版，第 150 页。

贤母良妻主义的殖民化教育

日本殖民当局认为，殖民地教育是削弱朝鲜人抵抗的最有效的统治手段。因此，殖民当局力图通过教育改变朝鲜人的意识和生活，使其顺应殖民统治。殖民地教育政策的特点是"同化教育"，是试图把朝鲜人改造为忠良的臣民、抹杀民族意识的政策。这种"同化教育"是通过"愚民化"教育和"差别化"教育来实施。如控制高等教育，重点放在日语教育上，以实用主义教育为借口，实施实业教育，实业教育不过是基础性的技术教育。日本发动全面侵华战争后，"同化教育"转变成民族抹杀教育，这种政策一直持续到1945年朝鲜半岛解放。殖民地女子教育也在殖民地教育政策的框架下实施，女子教育的重点是培养贤母良妻，就是要把朝鲜女性培养成皇国女性，为此需要培养女性的绝对服从。1931年担任朝鲜总督的宇垣一成在1935年召集京畿道一千多名女子学校教员及女子师范学校学生集会并发表演讲，演讲题目为"促进朝鲜妇女觉醒"，演讲中鼓吹"贤母良妻论"。他说："对长辈的服务，即对父母尽孝、为丈夫守贞洁；管理好家庭，使男人没有后顾之忧专心从事外部活动；在家庭中好好养育和教育子女；成为家庭和睦的中心，使家庭总是充满和气。"上述四条是立足于东方道德的根本即所谓儒教道德精神，把女子教育成贤母良妻，从而达到维持殖民统治的目的。颁布《朝鲜教育令》的目的在于"通过女子教育使女性具备忠良的帝国新民的资格"。在1911年11月1日颁布的布告中，第一任朝鲜总督寺内正毅也在其中强调"女子教育的关键在于使女性具备贞淑温厚的德行"。[①]

"贤母"和"良妻"是日本从明治时期开始使用的词汇，特指理想型女性。在日本，"良妻贤母"成为女子教育政策是19世纪后期。1895年中日甲午战争后，女子教育引起社会普遍关注，"良妻贤母"作

---

① 教育伦理研究室：《韩国近现代教育史》，1995年版，第669页。

为支撑天皇制国家的女性形象，是近代日本女子教育的基本理念，也用来规范日本女性的行为。19 世纪晚期，日本国内国家主义高涨，以中产阶级女性为对象的近代女子教育把培养良妻贤母作为教育理念，并把这种理念用于殖民地朝鲜的女子教育政策的内容。

女性解放主义教育论

由于西方自由主义及女性解放主义思想的传入，接受近代女子教育的新女性随之产生，朝鲜半岛内出现了体现女性自身独立性和实现自我价值的女性解放主义教育论。女性解放主义教育论强烈批判旧道德体制下的女性观，即把女性只看作母亲和妻子，忽视女性作为与男性平等的人格的特点。这种教育论主张女性只有通过职业活动，才能实现生活独立，才能具有男女平等的政治或经济条件，因此需要通过女子教育实现女性解放。以下可以通过当时的新闻报道了解女性解放主义教育论的主张。

"所谓女子教育就是贤母良妻主义教育，也就是把女性培养成贤母。这种观点成为日本和朝鲜女子教育的主调。我认为这种主义和教育是错误的。因为这种观点是把女人首先看成是母亲、妻子，忘记女性是独立的人。这种观点的出发点是男性本位，即男性地位优于女性的地位，因此只把女人看成是男性本位下的贤母良妻。"①

"女子追求教育是为了充实自己，加深其深度。女性接受教育是为确保其生活的独立性，充分发挥个人价值。因此，女子教育的目的在于女性解放。没有教育怎么可能实现自觉，没有职业怎么可能实现富裕的生活和有价值的事业？眼下进行女子教育是实现女性解放的第一步，是战斗的第一线。"②

当时，还有一些报道批评殖民当局的女子教育是以普及日语及日本精神为目的，并不是为了挖掘女性的个性和激发女性的潜力。

---

① 《东亚日报》1922 年 11 月 13—14 日，金在仁：《韩国女性教育的变迁过程研究》，韩国女性开发院报告书，2000 年版，第 115 页。
② 尹心德：《关于朝鲜女性》，《韩国精神文化研究院和日韩男女平等社会研究会的共同报告书》第 3 页。金在仁：《韩国女性教育的变迁过程研究》，第 115 页。

"如今朝鲜教育非常可怜……日本人的教育方法是向朝鲜人注入日语和日本精神。如今女子教育只是为了培养小学教师，没有更高层次的女子教育。应该改变教育方向，为了朝鲜人，需要尽快实施纯粹的教育，造就新女性，不然社会组织无从谈起。"[①]

在民族矛盾压倒一切的殖民地时期，以启发人的自觉为目的的女子教育既是女性解放的必经道路，也是社会解放的基石。当时，有识之士已经认识到女子教育的迫切性，呼吁从民族解放的角度开展女子教育。

二、近代韩国女子教育的起步

（一）《朝鲜教育令》的颁布与女子教育

当朝鲜人想通过教育恢复国权，建设近代国家时，日本殖民当局企图通过教育同化、愚化朝鲜人，把朝鲜人改造成"皇国"新民。日本殖民当局认为，女性担负着培养子女的责任，应该通过女子教育来加强殖民地统治，这样一来，女子教育成为抹杀民族主体性的殖民地统治手段。日本殖民当局加强家长制社会秩序，作为女子教育的基础，提出服从型女性是理想的女性形象。1910年日本吞并朝鲜后，日本殖民当局颁布《朝鲜教育令》（1911年），试图通过奴化教育来抹杀朝鲜民族。为了同化朝鲜人，特意开设公立女子学校，灌输殖民意识。此后，为了加强殖民统治，日本殖民当局又先后三次修改了"教育令"（1922年、1938年、1943年）。1911年的《朝鲜教育令》第十五条中提出培养日本臣民、普及日语的教育目标，并强调"女子高等普通学校是实施普通教育的机构，是培养妇德，陶冶国民性格，传授生活所需知识和技能的机构"。殖民当局提出要对朝鲜人实施符合国情的教育，把教育重点放在"普通教育"和"实业教育"上。为此，缩短学生的学习时间，学制上比日本少4—5年，采取差别化战略。[②] 1915年，颁布《私立学校规则》，严格

---

① 《朝鲜日报》1924年5月7日，金在仁：《韩国女性教育的变迁过程研究》，第116页。
② 吴千锡：《韩国新教育史》，现代教育丛书出版社1964年版，第239页。

管控朝鲜人开办的私立学校，造成私立学校减少，1910 年，私立学校为 973 所，而到了 1919 年，减少到 690 所。[①] 1914 年，朝鲜总督府撰写的女子高等普通学校教科书对妇德——"顺从"做了如下定义："假如女子不遵从父母的教训，妻子不服从丈夫，那么一家的秩序与和睦就无法维持……不服从父母和教师教训的女子怎么可能服从公婆和丈夫，怎么可能维持家庭的和睦？"[②] 1919 年三一运动爆发后，殖民当局为了缓和朝鲜人民对日抵抗情绪，对学制进行了改革，普通学校从四年延长六年，高等普通学校从四年改为五年，女子高等普通学校从三年改为四年。

1911 年颁布的《朝鲜教育令》将殖民教育分为普通教育、实业教育、专门教育等。普通教育机构设三种学校，即普通学校（学制四年）、高等普通学校（学制四年）、女子高等普通学校（学制三年）。作为实业教育机构，开设实业学校（学制二年至三年），专门学校的学制三年或四年。初等教育机构称作普通学校，中等教育机构称作高等普通学校（包括男校与女校）。但是与日本人的中学不同，高等普通学校学制短，无法直接升入高等教育机构，而且教育课程主要以就业为目的设置。女子高等普通学校也同样适用上述教育方针，比日本女子高等普通学校学制短，教育内容以培养贤母良妻为主。该《朝鲜教育令》还规定，普通学校、高等普通学校、女子高等普通学校、实业学校、专门学校的设立或废除需要得到总督的许可，这些学校的教育课程、科目设置、教师、授课费、教科书等均需要遵循朝鲜总督的规定。可见，各类学校的控制权牢牢掌握在日本殖民当局手中。

（二）公共初等教育机会的增加

19 世纪后期，韩国近代女子教育被纳入正规教育体制框架内，到殖民地时期，女子教育有了显著发展。这主要是由于日本殖民当局实施的教育政策是把普通教育视为最终教育，因此，从公立普通学校的数据中

---

① 教育伦理研究室：《韩国近现代教育史》，第 665 页。
② 金在仁、郭三根等：《女性教育概论》，教育科学社 2009 年版，第 49 页。

可以看出，在初等教育阶段，女子公立普通学校显著增加。1910 年，男女生比例为 15∶1，1920 年为 8∶1，1930 年为 5∶1，1940 年为 3∶1，女生人数的增幅高于男生。殖民地时期，公立学校女生数的显著增加，一方面反映了启蒙期以来民众对女子教育的热情，另一方面也反映了殖民当局通过普通教育的普及来巩固统治基础的意图。此时，随着近代教育的普及，朝鲜社会也逐渐从身份等级社会转变为学历社会，还形成了不懂日语就跟不上社会发展的氛围。

表 3-8　日本殖民地时期普通学校及公立普通学校学生数[①]

区分	普通学校数				公立普通学校学生数		
	官立	公立	私立	合计	男	女	合计
1910	1	100	72	173	18 920	1 274	20 194
1920	2	641	38	681	90 770	11 176	101 946
1930	2	1 750	79	1 831	365 404	72 204	437 608
1940	10	2 851	134	2 995	980 162	343 642	1 323 804
1942	12	3 110	141	3 263	1 205 041	505 907	1 710 948

资料来源：朝鲜总督府（1911—1942），《朝鲜总督府统计年报》。

（三）私塾女子教育的发展

在日本殖民统治下，韩国女子教育机构不得不带有双重性，一是在殖民地女子教育政策和制度下实行的学校教育，二是针对那些被学校教育排除在外的大多数女性实施的私塾教育。前者的目的是通过教育培养顺应殖民统治的良民，教师和学生们为了摆脱殖民教育，进行了不懈的反抗运动。后者教育内容相对自由，侧重传授民族文化，主要针对不能接受学校教育的成年女性展开。[②] 启蒙家们强调学校教育的必要性，一边呼吁政府以教育立国，建立学校；一边启蒙民众促进民族觉醒。1905 年前后，民族觉醒升华为教育救国，民族教育成为国民

---

① 金在仁：《韩国女性教育的变迁过程研究》，第 118 页。
② 教育伦理研究室：《韩国近现代教育史》，韩国精神文化研究院 1995 年版，第 748 页。

运动的一环。1910 年，近代私立学校达到 5000 所。[①] 私立学校的共同特点是：（1）为了恢复国权培养民族运动家，（2）通过排日教学提高民族意识，（3）通过课外活动提高民族意识，（4）通过教育实践开展抗日运动。

1910 年后，国家、民族处于危难时刻，国民对女性的认识也发生了深刻变化，从原先强调男女差异转变为强调同族意识，开始逐渐认同男女平等。有识之士为了恢复国权，强调通过教育对国民进行启蒙。因此，当时比起男女有别，更加重视同族意识。这种意识结构的变化反映在教育领域就是男女平等思想深入人心。当时，很多受过教育的朝鲜女性追求的并非是贤母良妻，而是为民族独立培养实力人才。她们高喊男女平等和民族主义。在日本东京的朝鲜女留学生创办的杂志《女子界》成为启蒙女性、促进女性觉醒的先锋。她们肩负恢复国权和实现男女平等的使命，投入社会活动和女子教育。三一运动成为女性觉醒的契机，很多受过教育的女性纷纷走向社会。1918 年，一位女留学生发表了题为"女子教育论"的论文，主张男女平等思想和民族主义。文中提到"女子教育并非特殊教育，那些认为应与普通教育区别开来的想法是错误的。带着这种错误的想法实施女子教育，不可能取得效果，也达不到目的。女子教育不应该制造贤母良妻，而应该培养具有独立人格的女性，培养能够对社会、对民族有用的人才。"[②] 此时期，殖民当局并没有对私塾制定具体的管理规定，这给私塾创造了发展空间，当时，在私立学校和私塾学习的女生远远超过公立学校的女生数量，而且很多私塾后来发展成私立女校。在私立学校和私塾中，女性受到了民族主义教育。因此，1919 年三一运动时期，很多女性投入到争取独立的运动当中。

---

① 金在仁、郭三根等：《女性教育概论》，第 48 页。
② 金蕙卿：《韩国女性教育思想研究》，韩国学术情报株式会社 2002 年版，第 40 页。

　　日本殖民地时期女子教育中私立学校所占比重很大，尽管私立女校受到殖民当局的监督，但与公立学校相比，可以独自设立各种科目，因此私塾女子教育一定程度上得到了发展。1920 年，在私塾学习的男生比1911 年增加近 2 倍，而女生数则增加了 3 倍。由于公立学校少，很多达到就学年龄的儿童无法上学。1919 年，殖民当局为朝鲜儿童准备的学校只有 482 所，总人数为 84306 名。与此相反，在韩日本人小学有 380 所，总人数为 42732 名。当时，朝鲜人和在韩日本人的人口比例为 1700 万∶35万，朝鲜儿童就学率为 3.7%，而日本儿童就学率为 91.5%。日本殖民统治 10 年间正规学校和在校生数增幅并不大。[①] 与此相反，韩日合并后，上私塾的学生急剧增加。1919 年 5 月，全国私塾为 23556 所，学生数达到 268607 名。[②] 这主要是因为无法上学的儿童只好选择私塾接受教育。可以看出，日本的殖民统治阻碍了近代教育的发展。

　　（四）"实业学校令"与女子职业教育

　　李氏朝鲜的高宗王李熙（1852—1919）早在 1894 年"教育诏书"就中强调实业教育的重要性，1899 年颁布督促建立实业学校的诏书。根据诏书，1899 年成立商工学校，后又陆续成立矿务学校、邮务学堂、工业电习所等各种实业学校。为了统筹安排实业学校教育课程，1909 年 4 月27 日颁布了《实业学校令》，7 月 9 日制定了《实业学校试行规则》，7月 10 日发布实业教育方针的训令。该令指出，实业教育的目的在于对那些今后从事实业的人提供适当的教育，其教育宗旨与普通教育完全不同。根据各个地方情况，既可以设立与农业、商业、工业有关的各类实业学校，也可以设立与蚕业、林业、畜牧业、水产业有关的学校。实业学校的学制一般三年，根据情况，可以延长到四年或缩短到两年。对于入学年龄并未有具体规定。《实业学校令》颁布后，1911 年共设立了 25 所实业学校，

---

① 首尔特别市教育研究院：《女性教育的昨日与今日》，农园文化社 1997 年版，第 153 页。
② 首尔特别市教育研究院：《女性教育的昨日与今日》，第 153 页。

在校生达到 1011 人。学制的公布，兴学热潮的出现，进一步推动了女学教育的发展，出现了女子师范学校和女子专门职业学校。

京城女子商业学校（后更名为首尔女子商业高等学校）成立于 1926 年，是专门针对女性的最早的实业学校。日本殖民政府在制定朝鲜教育方针时就倾向于实业教育，而朝鲜人也当时希望自己的女儿能到日本的企业或银行工作，领取高一些的工资，因此京城女子商业学校的入学竞争率很高。实际上毕业后能进入银行的极少，大多数女生不得不在商店或百货店工作。

保育学校是为了培养幼儿园老师而设立的教育机构。朝鲜最早出现的学前教育机构釜山幼儿园成立于 1887 年，后来陆续成立了仁川公立幼儿园、京城幼儿园、梨花幼儿园、中央幼儿园、崇义幼儿园等，因此对幼师的需求逐渐增加。1914 年，梨花保育学校开学，1922 年中央保育学校、1926 年京城保育学校陆续建校。梨花保育学校校长是布莱恩·李女士，1915 年开设两年制的幼儿师范科，专门培养教师。主要课程有《圣经》、英语、律动、游戏、幼儿歌曲、幼儿教授法、认知教育、手工玩具制作、儿童心理、体操、教育实习等。梨花保育学校 1916—1936 年间共培养了 303 名幼儿教师。1922 年 9 月，中央保育学校开设幼儿师范科，以女性为对象培养幼儿园教师。1933 年，从美国留学归来的任永信接管保育学校，完善了教学设施。保育学校培养一批专门从事幼儿教育的女性，为女性从事职业活动提供了便利。

师范学校是培养普通学校（小学）教师的教育机构。1910 年，日本帝国主义控制朝鲜近代教育体制后，急需培养能够担任普通学校教学任务的教师。1914 年，在京城女子公立普通学校增设师范科，1919 年又在京城女子高等普通学校内增设临时女子教员养成所。由于师范教育是日本殖民者贯彻殖民教育的核心，因此师范学校只能由国家和地方政府开设。1935 年，京城女子师范学校开设四年制寻常科和练习科，1938 年还成立宫主女子师范学校。1935 年成立京城女子师范学校后，规定师范教育要由独立的专门教育机构承担。学制为五年（男子师范学校为六年）。虽然梨花女校和贞信女校也设立师范科培养了教师，但只能取得比官立师范学校低的资格，找工作时往往受到差别待遇。师范学校很受当时学生和父母的欢迎，不但全额减免学费，学习好的同学还能领取每月 7—10 元的生活费，而且还能保证找到好工作，因此入学竞争非常激烈。从师范学校毕业的女教师主要承担刺绣、裁缝、家政等与家事有关的课目教学。另外，教英语、日语以及音乐课的女老师也多，只有极少数女教师承担美术、数学、物理、化学、神学、地理等课目的教学。

三、三一运动后女子教育的变化

（一）女性的觉醒及新女性的出现

1919 年三一运动后，民众对男女平等思想和女子教育增加了关注度，越来越多的女性进入社会，激发了女性的自觉与自信。基于自由与平等思想的启蒙主义氛围越来越浓厚。一方面，西欧思想和文化的流入与传统习惯和制度发生冲突；另一方面，三一运动的失败使人们深刻认识到培养实力和宣扬民族精神的必要性，更加强调国民启蒙教育。20 世纪 20 年代，女性接受教育的机会也随之增加，但是真正能够有机会进入学校学习的女性毕竟还是少数。很多已过学龄期的女性只能通过讲习会、夜校、传教活动等接受新知识，培养民族精神。此时期，梨花女子大学培养了第一批大学生，到国外留学的女学生也逐渐增多。在这种背景下，出现了被称为"新女性"的新群体。新女性是指受过高等教育、摆脱传统观念、活跃在社会中的女性。很多女性作为女学生、知识分子、传教士、职业女性、社会活动家等身份活跃在社会。20 年代末期，在社会上逐渐形成"无学是女人的耻辱"的观念。与此同时，社会主义思想也在劳动阶层和学生人群中迅速传播，社会主义女性运动认为女性受压迫是因为封建制和资本主义制度引起的，因此只有打破封建制度和资本主义，才能实现真正的男女平等。[①]

（二）女子夜校的教育课程

1910—1920 年，全国公立普通学校能接收的学生数只占学龄青少年的 10%，虽然到 20 年代，扩大了初等教育机构，但也只能接收 20%—30%。同期，接受初等教育的女生只占全体学生数的 1/10—1/5。[②] 在这种情况下，女生只好通过私塾、夜校、讲习所等机构接受教育。1920 年，殖民当局提出要实行融合政治，允许朝鲜人集会结社，学生们带着满腔的爱国热情投入启蒙运动和扫盲运动。但是大多数国民仍处于文盲或半文盲状态，其中主要是劳动者和女性。在日本殖民统治下，普通学校教育并非义务教育，上学需要付学费，劳动者和女性很难有机会上学。三一运动后，国内民族运动的目标转向提高民族智力水平和经济水平，扩大社会中间层。为了达到此目标，女子教育启蒙运动引起社会关注。尤其是女教师和女学生活跃在三一运动当中，对民众起到了引领作用，社会上希望接受教育的女性急剧增加，女子教育运动遂成为抗日文化运动的重要一环。

表 3-9　女子夜校教育课程（1920 年）[③]

算术（228）朝鲜语（213）	日语（153）	汉文（72）习字（40）作文（39）	家政学（29）卫生学（29）赞美歌（20）	演讲讨论（14）《圣经》（13）书信（10）地理（10）	历史（9）普通常识（9）家务（8）刺绣裁缝（8）天道教理（7）理科（6）生理（5）

备注：表中括号内数据为实施该课程的夜校数

①　教育伦理研究室：《韩国近现代教育史》，韩国精神文化研究院 1995 年版，第 748 页。

②　郑一焕、金南善等：《女性教育概论》，教育科学社 2003 年版，第 101 页。

③　金在仁：《韩国女性教育的变迁过程研究》，第 147 页。

从表中可以看出，大多数夜校以算术和朝鲜语教育为主，其次日语、汉文、习字、作文等。夜校属于短期教育，传统的女性必修课程（裁缝、家务）等并未成为主要课程。夜校主要科目为朝鲜语，主要以启发民族意识为主，反映了当时教育救国运动中夜校的职能。

（三）第二次《朝鲜教育令》的颁布及女子专门学校的成立

以三一运动为契机，日本殖民当局在舆论压力下，不得不颁布在1922 年第二次《朝鲜教育令》，增加学校，缩短韩日间的教育差距。第二次《朝鲜教育令》将各类朝鲜人学校和日本人学校的教育统一起来，实现学制统一，即普通学校（六年）、高等普通学校（五年）、女子高等普通学校（五年或四年）。对于大学教育及师范类教育也做出了新的规定。六年制师范学校可以设置普通科（五年）、实习科（一年）。该令明确规定要实行大学教育在内的高等教育，并且把梨花、贞信、培花、同德、崇义、正义、好寿敦、一新、永生等私立女校升格为女子高等普通学校，教育年限也延长至四年。

此外，还承认一批女子专门学校。1925 年，梨花女校升格为梨花女子专门学校，1928 年，创立朝鲜女子医学专门学校。另外，还出现中央保育学校、京城保育学校等。虽然新教育令颁布后增加了女子高等普通学校及专门学校，但是民族歧视、男女差别等日本殖民地教育政策并没有发生根本改变。新教育令还限制女童入学年龄，已超过学龄的女孩和希望接受新教育的年轻主妇无法得到教育机会。进入 20 世纪 30 年代后，随着殖民当局采取战时体制，女子教育也围绕着日语教育和培养皇民的教育展开。日本殖民统治初期消极对待女子教育，但到 30 年代后期，采取扩大教育政策，增加女童的普通学校就学率，其结果，女童就学率从 1919 年的 0.7% 增加到 1930 年的 30%。[①]

---

① 金在仁、郭三根等：《女性教育概论》，第 49 页。

梨花女子专门学校谋求文科、音乐科、家政科的均衡发展，各科的课程都分为公共必修课、专业课、一般教养课等。其中，伦理学、日语、体育、宗教学等成为公共必修课。一般教养课是各科的学生可以自由选择，这在当时属于新的尝试。比如，文科生可以选修音乐和家政学；音乐科生可以选修英语和韩文、家政学；家政科的可以选修英语和韩文、音乐等。为了使学生身心全面发展，梨花特别重视体育课。梨花实施体育教育的历史很长，可以说代表了韩国近代女性体育教育的历史。梨花设立体育课的目的并非培养优秀的选手，而是致力于全体学生的体力和人格培养。文科毕业班学生一般在英学馆与传教士一起吃住，共同生活。期间，只能使用英语，在此过程中自然而然地会接受西方礼节。虽然当时日本殖民当局禁止使用韩语，但在梨花可以学习韩语和韩文。音乐科把重点放在理论教育和挖掘个人能力上，而且把本国音乐纳入正规课程，这在日本殖民时期非常艰难。为了使学生更好地学习本国音乐，还开展唱民谣活动，并收集各种曲子，出版了《朝鲜民谚合唱歌曲集》（1931）。1925年，日本殖民当局批准保育学校、女子医学校等为专门学校，为女子职业教育带来契机。日本殖民者为了确保廉价劳动力，对朝鲜人进行初级技术教育。尤其是日本殖民统治者认为女性更是可以压榨的廉价劳动力，对女性只实施简单的技术教育。1929年，工厂劳动者的平均日工资日本成年男性为2.3韩元，日本女工1.1韩元，而韩国男工仅1韩元，女工只有0.59韩元。[①]

四、社会及妇女团体的女子教育活动

（一）女性杂志及媒体的女子教育主张

1919年三一运动后，抗日志士们在上海成立了大韩民国临时政府，并颁布临时宪法。该法第三条规定，大韩民国人民不分男女、贵贱、贫

---

① 首尔特别市教育研究院：《女性教育的昨日与今日》，第154页。

富、阶级，一律平等。第五条规定，具有公民资格的大韩民国人民拥有选举及被选举权。这两项条款承认男女平等及女性拥有参政权。1920 年 4 月创建的朝鲜女子教育会，其宗旨就是教育无知的女性。她们开设夜间学校，举办女子演讲会和讨论会，还创办《女子时论》（月刊）。当时妇女夜校很受欢迎，常常爆满。前来学习的妇女当中，有些是被留学日本的丈夫抛弃的，因此渴望学到新知识。1921 年 6 月 1 日，为了开展女性启蒙运动，《妇人》杂志创刊，1923 年 9 月 1 日更名为《新女性》，该刊物得到 1923 年 3 月创办的天主教系妇女团体内修团（后更名为内诚团）的资助。此外，《新女子》《妇女之光》《妇女世界》《现代妇人》等刊物陆续出现，带动了女性启蒙运动，使三一运动精神迅速传播到 20 世纪 20 年代女性教育振兴运动及民族力量开发运动中。此时，梨花学堂正准备成立联合基督教女子大学。1923 年 2 月 25 日，《东亚日报》以 "建立女子大学的必要性" "解放与教育" "贡献与教育" 等社论鼓励梨花学堂建立女子大学。1924 年 5 月 7 日，《朝鲜日报》发表社论，其中提到 "朝鲜社会的关键问题是女子教育。女子教育是社会稳定的基石，也是社会发展的关键"。① 在这种舆论和认识下，夜校成为开展成人女子教育的最佳途径，虽然短期夜校教育很难取得满意的效果，但是在打破封建习俗、消除文盲等方面发挥了很大作用。在日本殖民统治下，女子教育并没有侧重于女性个人能力的开发，而是在培养民族力量的大背景下，社会发展和国家发展成为更大的课题。在争取民族独立的运动中接受过近代教育的女性为了解决民族和国家问题，积极参与社会活动。著名女性活动家白善行、崔松雪堂、金贞蕙、王在德等人虽然年轻时成为寡妇，但靠自己努力，积攒了巨量财富，并把这些财富捐献给民族教育和民族文化事业。1929 年，《朝鲜日报》为了提高人民文化水平，开

---

① 首尔特别市教育研究院：《女性教育的昨日与今日》，第 155 页。

展了文字普及运动,一直持续到 1934 年暑期,进明、梨花、崇义等女校的学生都踊跃参加。1931 年,《东亚日报》也模仿《朝鲜日报》开展文字普及活动。

(二)妇女团体的女子教育活动

20 世纪 20 年代,女性对近代教育有了新的认识,女子教育逐步扩大到地方。当时,很多受过教育的女性组织成立女性团体。1919 年 10 月 19 日,贞信女校校长金玛利亚及该校师生辛义卿、金英顺和李诚完等人集中在传教士千美礼的住所,成立了大韩民国爱国妇女会。大韩民国爱国妇女会是女性开展民族运动的团体,会员都是接受过高等教育的女性,主要对女性会员提供支持,使她们更好地投入女性解放运动、女权运动等。1920 年,又成立了朝鲜女子教育协会、京城女子青年会等,朝鲜女子教育协会会长车玛丽萨到全国六十多处举行巡回讲演。此后,各种女性团体相继成立,如基督教女子传教队(1921 年),朝鲜女子青年会(后更名为京城女子青年会)、女子苦学生相助会、佛教女子青年会、朝鲜女子基督教青年会、朝鲜女子针工会等(1922 年),土产爱用妇人会、京城女子共济局、大韩看护协会、大韩基督教节制会、天道教内修团等(1923 年),朝鲜女性同友会(1924 年),京城女子青年同盟、女性解放同盟(1925 年),中央女性同盟、望月会、天道教女子青年会(1926 年)。[①] 这些团体的领导人物有车美礼士、刘英俊、金玛丽亚、黄爱德、黄信德、丁七星、朴顺天、李淑钟、金活兰、金毕礼、俞玉卿、金城实、许贞淑等。由于女性团体过于庞杂,为了统一女性团体的活动,1927 年,金活兰、刘英俊、丁七星等人组织了槿友会,加入该团体的女性大部分都具有较高的教育水平。槿友会宣布要开展女性运动和福利事业。其行动纲领是:(1)废除一切针对女性的社会、法律歧视;(2)打

---

① 丁尧燮:《韩国女性运动史》,一潮阁 1971 年版,第 133 页。

破一切封建习惯和迷信；（3）废除早婚制，提倡婚姻自由；（4）禁止人身买卖及公开卖淫嫖娼活动；（5）维护农村妇女的经济利益；（6）废除工资差别，支付产前产后工资。[①]1929年，槿友会开展的活动一是向全国各地派遣巡回演讲团；二是创办槿友会刊物《槿友》；三是着手建立会馆；四是向中国东北受灾同胞及庆尚北道地区送去慰问金及物品；五是调查光州制丝厂的劳动纠纷及釜山罢工等事件；六是向全州女子高等普通学校发去抗议信，反对该校勒令参加秘密结社的学生退学，因光州学生事件[②]派去调查团等。[③]

　　在诸多女性团体中，较有代表性的为朝鲜女子教育会。该团体会员以新女性为主，会长是金米丽莎。该会成立后立刻开办夜校开展女子教育，召集八十多名家庭妇女教其韩文、算术、习字、日本语、绘画等内容。农闲时期组织巡回讲演团对女性传授知识。在朝鲜女子教育会的影响下，各地出现了很多女子团体和夜校。横城教会于1921年6月组织四十多名家庭妇女开办女子夜校，主要科目为韩文、汉文、婴儿保育论、家庭卫生等。含安教会也在1921年1月成立女子夜校，把40个学生分为三个班，主要教她们学算术、韩文、汉文等。其中有一个班的水平相当于普通学校二年级，其他两个班的水平只有一年级。

---

①③　丁尧燮：《韩国女性运动史》，第151页。
②　光州学生事件，是指1929年11月光州学生为反抗日本殖民压迫开展的罢课和示威游行。

第四章 战争时期的东亚女子教育
（1937—1945）

　　1937 年，日本为了侵占中国、独霸亚洲制造了七七事变，悍然发动全面侵华战争，中国人民奋起抗击日本法西斯的进攻，整个东亚地区进入了侵略与反侵略的全面战争时期。在这一时期，日本法西斯政府在其本土推行服务于侵略战争的军国主义女子教育的同时，对朝鲜半岛实施女子奴化教育。与此相对，中国的共产党和国民党结成了抗日统一战线，分别在国统区和抗日根据地积极开展有利于抗战的女子教育。

第一节　战时体制下的日本女子教育

一、军国主义的女子教育方针

　　20 世纪 20 年代末，日本陷入世界规模的经济危机中，国内各种矛盾错综复杂，日本政府为了转嫁国内的政治、经济危机，迅速走上了向海外侵略扩张的法西斯主义道路。九一八事变标志着日本已经踏上了一条侵略扩张的不归路。此后日本逐渐进入了"战时体制"，包括教育在内的所有事业都开始围绕侵略战争开展。为了进一步推进其对外侵略扩张的政策，当局强化对了国民的思想统制，教育政策在军国主义的道路上越来越远。1937 年 5 月，文部省出版了《国体之本义》，大肆鼓吹"大日本帝国由万世一系之天皇奉皇祖之神敕永远统治之，此乃我万古不易之国体"，要求全体国民"亿兆一心，体奉圣旨，发挥克忠克孝之美德"，

"奉仕天皇，行皇国之道"，"绝对随顺天皇"，"为天皇奉献身命"，"舍小我而生大皇威"，"发扬国民之真生命"，[①] 以此来驱使国民为侵略战争服务。随着法西斯势力日渐猖獗，1937 年 8 月，日本发布了《国民精神总动员计划实施纲要》，实施以"举国一致""忠诚奉公""扶持皇运"为目标的国民精神总动员，女学生们被要求参拜、清扫神社，并被强制参加慰问士兵、照顾伤员等战争服务活动。太平洋战争爆发前，文部省于 1941 年 7 月出版了《臣民之道》，向学生灌输忠君爱国、舍我去私的思想。受其影响，各学校纷纷组成"报国团"，对学生进行体力"炼成"和军事训练。在整个侵略战争期间，日本的政治、经济、思想、文化、教育以及社会生活等各个方面都染上了浓重的军国主义色彩。日本法西斯政权通过颁布各种政令、训令等，不断强化了对国民的思想统制，也将占全体国民半数的女性纳入了战时体制之中。

在战时体制下，大多数青、壮年男子都被送上战场，培养服务于侵略战争的"军国之母"与"军国之妻"，便成为战时女子教育的核心目标。实际上，军国主义的女子教育言论早在 19 世纪末期就已经出现了。如保守派女子教育家三轮田真佐子在 1897 年就曾宣扬，"我国自开国以来凡二千五百余年间，国体、风俗、人情独具特色，此乃我国国情，是故女子教育须与我国国体一致，我国国民皆须敬奉万世一系、与天地同在的贤明之君，以忠诚勤王为本分，并能崇敬祖先，事亲以孝，事夫以贞，兄弟相睦，朋友相信，以成和气蔼然之美风"，女子教育的目的在于塑造"能够养育出为国家而生、为国家而死的未来的海国儿童和军国之子"的良妻贤母。[②] 进入 20 世纪 30 年代以后，日本在侵略战争中越陷越深，军国主义女子教育观不再是三轮田等人的一家之言，而成了国家教化女

---

① 近代日本教育制度史料编纂会编：《近代日本教育制度史料》第 7 卷，大日本雄辩会讲谈社 1956 年版，第 360—361 页。
② 三井为友编：《日本妇女问题资料集成·4·教育》，第 305—307 页。

子的总方针。战时曾历任文部省社会教育局局长、普通学务局局长、东京女子高等师范学校校长等职务的下村寿一曾著书《圣战完成与女子教育》（1944 年），他谈到战时女子教育的指导方针时指出，"女子教育的本义是养成皇国固有之妇道，温良贞淑之妇德，实践齐家报国之臣道，战争期间这一本义不应有所变化"，同时"为了取得圣战的胜利"，"女子教育的任务是在总体战中做好劳动奉公之准备"。[①]

总体来看，战时体制下推崇的"军国之妻"与"军国之母"有三个特征：第一，要具有忠君爱国的"皇国观念"，养成"守则奉公"的信念，能够自觉把生儿育女视作身为"皇国国民"的义务，并随时准备把丈夫和子女送上战场。在当时"生吧，繁殖吧"的口号下，结婚与生育都与"报国"联系起来，女性成了一架为侵略战争生养人力资源的生育机器。第二，要排除个人主义，恪守顺从、温和、贞淑、坚忍等"皇国传统之妇道"，"不仅要成为对丈夫敬爱随顺的妻子"，还要在丈夫出征后主动承担起一切家庭事务。第三，要有强健的身体素质，可以承担起"劳动奉公"的重任，投身于农田、工场等社会生产劳动中，以弥补因战争造成的劳动力不足。为了推广这种极端化的教育理念，军国主义政权还树立了一些"军国之母""军国之妻"的典型。如在侵华日军进攻上海的战斗中，因抱着炸药筒去爆破铁丝网而丧命的"肉弹三勇士"的母亲，被树立为"军国之母"的典范而大受表彰；为了鼓励新婚丈夫出征而自杀的井上千代子被作为"殉国烈妇""军国之妻"的典范而被供奉在靖国神社中。在军国教育方针的指导下，日本一方面通过颁布《国民学校令》《战时教育非常措施》等教育法规和政令，强化女子学校教育；另一方面还通过《振兴家庭教育训令》《校外生活指导训令》等政令的实施，加强对家庭教育和社会教育的统治。战时体制下的日本女子教育不仅学校教育已经完全法西斯化，在家庭教育

---

① 　下村寿一：《圣战完成与女子教育》，载中岛邦：《近代日本女子教育文献集》第 32 卷，日本图书中心 1984 年版，第 140 页。

与社会教育中也充斥着军国主义内容。通过学校教育、家庭教育、社会教育三位一体的全方位教化，日本女性被牢牢拴在了对外侵略的战车上。

二、女子学校教育的法西斯化

侵略战争期间，日本的学校教育以服务于战争为宗旨，全面走向法西斯化。日本军国主义政权十分重视通过学校教育向学生灌输皇国观念，以塑造支持战争的"皇国国民"。为了贯彻军国主义教育方针，1937年12月在内阁中特别设立了一个教育咨询机构——教育审议会。教育审议会自成立至1942年被撤销，共召开了14次全体会议，提出了《国民学校、师范学校及幼儿园》《关于中等教育》《关于社会教育》等七个咨询报告，就当时的初等教育、中等教育、高等教育、社会教育等提出了意见，成为战时教育的指导性纲领。其中关于女子教育的意见大致是：小学校改称国民学校，实施皇国国民基础教育；高等女子学校、实科高等女子学校改称中等学校，以"辅翼皇运""炼成中坚国民"为目的，注重"母性的养成和妇德的涵养"等。在教育审议会的建议下，当局依照培养皇国国民的原则整顿学校体系，女子学校教育的内容主要包括：灌输皇国道德；涵养传统妇德；传授家政技能，尤其是育儿、经济、卫生等的知识，以确保女子将来可以管理好家庭，并养育出体格健壮的"军国儿童"；强化身体锻炼；以"皇国修炼"的方式从事生产劳动等几个方面。

战时女子初等教育 1941年3月，文部省根据教育审议会的建议，模仿纳粹德国整顿初等教育制度将"小学校"改称为"国民学校"，制定了《国民学校令》。该法令第一条就明确要求，国民学校的教育宗旨是"遵照皇国之道，实施初等普通教育，完成国民基础之炼成"，[①]体现出浓厚的法西斯军国主义色彩。依据该法令，国民学校分为初等和高等，初等学制六年，高等学制两年，实行义务教育。从课程设置来看，

---

① 三井为友编：《日本妇女问题资料集成·4·教育》，第722页。

初等国民学校的学科包括国民科、理数科、体炼科、艺能科四项，此外为女子特设裁缝课。高等国民学校在此基础上增设实业科，所设课程有农业、工业、商业、水产等，同时为女子增设家政课。

从女子初等教育的具体内容来看，根据 1941 年 3 月公布的《国民学校令施行规则》中规定，国民学校的教育内容尤其要注重以下几点：贯彻教育敕语之主旨，修炼皇国之道，加深国体信念；传授国民生活所必需的普通知识技能，以醇化情操，养成健全之身心；教授内容发挥各科目特色的同时兼顾其内在联系，使之归于国民炼成之一途；留意儿童身心发育并兼顾男女之特性、个性及环境等诸因素。具体而言，国民科的教育内容是"学习我国道德、语言、历史、国土等内容，尤其以明确国体精华，涵养国民道德，培养皇国使命感为要旨"，同时强调修身教育要对女子"特别留意妇德涵养"。理数科的教育内容是"传授正确考察和处理一般事物现象的能力，引导学生将所学知识应用于实际生活以涵养创造精神，培养学生为国运发展贡献力量之素质为要旨"。体炼科"以锻炼身体，磨炼精神，造就润达刚健之身心，培养献身奉公之实践力为要旨"。其中的武道课"学习武道之基础动作，磨炼身心，涵养武道精神"，同时让"女子学习使用短刀"。艺能科中为女子特设的裁缝课要"熟悉普通衣物之裁剪、缝纫，学习衣物相关常识，以资涵养妇德"，高等国民学校裁缝课还要"涵养齐家报国之精神"。家政课要"熟悉女子在家庭生活中之职责，学习相关事宜，以涵养妇德"，"熟知敬老、育儿、饮食、居住、卫生、看护、家计等家庭生活中之日常事项"，"发扬崇尚礼法之淳风美俗"，"涵养齐家报国之精神"等。实业科传授产业一般理论知识及农业、工业、商业、渔业的普通知识技能，以"养成勤劳习惯和产业的国家使命，为国运发展贡献力量"为宗旨。[①] 从以上内容

① 三井为友编：《日本妇女问题资料集成·4·教育》，第 724—731 页。

不难看出，国民学校各科的教育内容各有侧重，但都以辅助皇国国运发展、炼成皇国国民为目的。

战时女子中等教育

1943 年 1 月，文部省根据教育审议会"将中学校、实业学校、高等女子学校统一为中等学校"的建议，废除原先了《中学校令》《高等女子学校令》和《实业学校令》，制定了新的《中等学校令》。该法令规定中等学校的宗旨是"遵照皇国之道，实施高等普通教育或实业教育，炼成国民"。中等学校包括中学校、高等女子学校和实业学校三类，学习年限一般为四年。同年 3 月，文部省又制定了《高等女子学校章程》，明确指出高等女子学校的宗旨在于让学生"明确皇国在东亚及世界的使命，养成身为皇国女子之自觉性，克尽职责，涵养辅翼皇运之信念及实践力"。高等女子学校的教学学科分为两部分，一部分是基本学科，包括国民科、理数科、家政科、体炼科和艺能科；另一部分是增加学科，包括实业科和外语科等。与以往相比最大的特点是高等女子学校中"教学与修练并重"。所谓修练就是让学生从事各种活动和生产劳动，以缓解战争期间劳动力短缺的状况，其目的是"以实际行动的修练为中心，与教学学科相统一，发扬尽忠报国的精神，涵养献身奉公的实践力"。[①]

战时女子中等教育的具体教育内容在 1943 年 3 月公布的《高等女子学校规程》和《高等女子学校学科教学及修练指导要目》中都做了详细规定。其中要求高等女子学校的教育内容尤其应注重以下几点：修炼皇国之道，加深国体信念，培养至诚尽忠之精神；学行一体修炼身心，陶冶皇国女子之德操见识与情操，养成创造活用之能力，磨炼强健的体魄；举校一体振作修文练武之风与温良贞淑之德，培养勤劳协同之风气；注意教育内容的全体统一，学校内外生活皆须归于炼成皇国女子之一途

---

① 三井为友编：《日本妇女问题资料集成·4·教育》，第 749—758 页。

等等。最能体现日本战时女子中等教育的军国主义特点的是国民科的修身课和家政科。具体来看，国民科的教育内容是"传授我国文化及历史地理知识，阐明国体本义，涵养国民精神及妇德，自觉养成皇国使命感"，共包括修身、国语、历史、地理四门课程。其中修身课要求学生"领会皇国使命，指导国民生活中皇国之道的实践，培养至诚尽忠之信念，涵养皇国女子之道德操守"。该课程具体内容以四年制高等女子学校为例，修身课上除了讲授"皇国使命""教育敕语""国体精华""皇国之家与女子""皇国之母""皇国政治""皇国经济""皇国文化"等内容之外，同时还要在"皇国修炼"的实践活动中注意涵养"勤劳""忠实""忍耐""温顺""贞节""勤俭治产""齐家报国"等道德品质。家政科"以阐明家之本义，明辨皇国女子之任务，学习家庭实务，养成勤劳之习惯，涵养主妇及母亲之德操为宗旨"，包括家政、育儿、保健及被服四门课程，具体的授课内容有"祭祀之法""敬老之法""看护弟妹""清扫整理之法""食物制作之法""家人健康""家庭预算开支""国家与家庭生活""国家与家政""主妇之任务""家庭教育与母亲"等，涉及日常生活的方方面面。[①]

战时女子劳动动员

在发动全面侵华战争后，随着战局的扩大，日本大部分青壮年男子被送上战场，补充兵力、增加军需品生产成为迫切任务，劳动力短缺问题十分突出。日本当局为了弥补战局扩大造成的劳动力短缺，不断动员在校学生参加生产劳动。1943 年 6 月，内阁制定《学生战时动员体制确立纲要》，建立了战时学生动员体制，学生被强制参加增产粮食、建设国防设施、生产运输军需物资等劳动。9 月又制定了《女子劳动动员促进令》，主要对国民学校高等科和高等女子学校的女学生进行劳动动员。

---

① 三井为友编：《日本妇女问题资料集成·4·教育》，第 750、760、765 页。

10 月确立"女子挺身队"制度，以女子学校的同学会、部落会、妇女会等为单位，17—25 岁的未婚、未上学、未就业的女子被集中起来编成女子劳动挺身队，在指定的劳动场所，代替男子从事一到两年的生产劳动。进入 1944 年以后，局势更加紧迫，学生动员也被进一步强化。1 月，内阁制定《紧急学生劳动动员纲要》，提出"劳动即教育"的口号，规定学生的劳动时间必须达到每年四个月。紧接着，在 2 月和 3 月又分别出台了《决战非常措施纲要》和《学生动员实施纲要》，要求"中等以上学校的学生在今后一年，须时常劳动或参加其他工作"，[①] 由此高等女子学校开始被改编成军需工厂，中等教育基本被废止，取而代之的是各种劳动。5 月出台的《战时教育令》，要求学生做"最后的奉公"，各学校组织报国队从事粮食增产、军需生产和防空防卫活动。8 月《学生动员令》和《女子挺身劳动令》公布实施，前者规定国民学校中等科以上的男女学生均有义务以学校为单位进行劳动，后者则要求 12 岁以上的女学生以学校同学会为单位结成挺身队，进行一年的义务劳动，由此进一步导致国民学校的工厂化，初等教育被卷入了劳动动员体制中。战时劳动动员令的密集出台，反映了当时日本劳动力的短缺问题日益严重，而频繁的劳动动员严重干扰了学校的正常教育，最终导致学校教育陷入瘫痪状态。据统计，到 1945 年 8 月日本投降时，共有 3 106 000 名学生被动员到工厂、农村等地参加劳动，占到当时学生总数的约 69.7%，其中女生参加战时劳动动员的具体情况如下表所示：

---

① 近代日本教育制度史料编纂会编：《近代日本教育制度史料》第 1 卷，大日本雄辩会讲谈社 1956 年版，第 109 页。

表 4-1　战时的女学生劳动动员（1938—1945）[①]

学校类别	女学生总数（人）	各领域的女学生动员数（人）				所占比例
		军需生产及科学研究	粮食增产	防空防卫	合计	
高等教育	53 000	27 000	5 000	1 000	33 000	62.3%
中等学校	800 000	551 000	115 000	23 000	689 000	86.1%
国民学校高等科	1 029 000	259 000	348 000	0	607 000	59.0%
合计	1 882 000	837 000	468 000	24 000	1 329 000	70.6%

从表 4-1 中可以看出，在 1938—1945 年间，共有 1 329 000 名女学生参加战时劳动动员，占当时女学生总数的约 70.6%。从学生类别来看，中等学校的女学生，即 15—18 岁的女学生是战时劳动动员的主要对象，共有 689 000 人，被动员的比例达到 86.1%。再从女学生所从事的劳动领域来看，军需生产及科研领域的人数最多，为 837 000 人，占到被动员女生总数的约 63.0%。在这样大规模的劳动动员下，尤其是从 1943 年到战败为止的两年间，在校学生成为战时劳动动员体制中的主力军，学校教育基本上陷入了崩溃的状态。尤其是接近战争结束时，学校已经不能维持正常的教学活动，学校教育几乎被农田劳动、军事训练、防空演习等各种生产劳动以及军事活动所取代了。

三、战时家庭教育与社会教育

军国主义的家庭教育　战时体制下，军国主义政权在强化学校教育的同时，将家庭视作仅次于学校的"第二个国民养成所"，十分重视家庭教育在培养日本人的国民性方面所发挥的重要作用。由当时的日本首相近卫文麿发起组织的法西斯团体大政翼赞会中，曾成立调查委员会，就日本的社会现状展开调查，在其提交的《关于家庭的调查报告》中指出："日本人真正的国民性格来自传统的家,所有子女于家中习得为人之道,

---

[①]　参考日本女子大学女子教育研究所编：《女子教育研究丛书・7・昭和前期的女子教育》，国土社 1984 年版，第 29 页"学生动员人数表"的数据制成。

其全部生涯离不开家庭的感化。"①正因为如此，对家庭教育的统制也在战时被不断强化。

1936 年 10 月，文部省的咨询机构教育刷新评议会提出了"基于我国之国风而振兴家庭教育，清除西洋思想之流弊，发扬传统之良风美俗"②的建议，开始在家庭教育领域中导入军国主义教育方针。在此基础上，1941 年 11 月，教育审议会制定了《家庭教育纲要》。其中指出家庭教育是"育成子女之基础"，因此战时家庭教育要"遵循皇国之道，以振兴我国家族制度之美风，充实家庭生活，培育健康有为之子女为宗旨"。纲要中强调战时的家庭教育应该着重开展七方面的内容："把握我国固有之家庭观念，贯彻家族制度之实质精神""着力树立健全家风，改善家庭生活""养成敬神崇祖之观念，重视家庭中之祭祀活动""重视子女之教养，注重涵养其善良之品性、刚健之精神、淳美之情操，使其养成良好习惯，并训练其实践躬行""留意子女之保健卫生，重视锻炼以养成强韧之身体""训练子女之科学素养""家庭与学校保持密切联络，完善子女之教养"。同时为了保证战时家庭教育的顺利实施，纲要中还提出了三条措施："扩充游乐场等幼儿养护设施，以完善家庭教育""依靠各妇女团体来振兴家庭教育""在国民学校、幼儿园、托儿所等机构中普及母亲会"。③教育审议会制定的这一纲要中，包含了家庭教育的宗旨、家庭教育的具体内容以及振兴家庭教育的措施等内容，对战时的家庭教育具有重要的指导作用。

随着战争局势日益紧迫，1942 年 5 月，文部省又颁布了《战时家庭教育指导要目》，包括"阐明家之特性""树立健全家风""训练母亲

---

① 大政翼赞会调查会第五委员会撰：《关于家庭的调查报告书》，载赤泽史朗编：《资料日本现代史·12·大政翼赞会》，大月书店 1984 年版，第 572 页。
② 中岛邦：《战时的女子教育》，《季刊女子教育问题》第 6 期，1981 年，第 145 页。
③ 千野阳一：《近代日本妇女教育史——以体制内妇女团体的形成过程为中心》，家庭出版社 1979 年版，第 322—323 页。

教养""强化子女熏陶""刷新家庭生活"五个方面，[①]对战时的家庭教育进行全面统制和更加细化的管制。此时的家庭教育对象已经不仅仅局限于家中的子女，而是扩大到了每一个家庭成员。家庭教育的具体内容也不仅局限于家庭中的教育问题，而是涉及到了祭祀礼拜、教育子女、饮食起居、家庭娱乐等家庭生活的方方面面。另外，由于战时在大部分青、壮年男子都被送上战场，所以日本法西斯政权十分重视母亲在家庭中的作用。因此，《战时家庭教育指导要目》中还专门对母亲的职责和修养加以规定，相关内容被称作"母亲战阵训"。具体而言，要求妇女身为母亲，既要排除个人主义思想，涵养柔顺、温和、贞淑、忍耐、牺牲、奉公等日本传统的妇道"美德"，还要具备国家观念和社会观念，把家庭生活理解为国家生活、社会生活的一环，自觉地培育"皇国"子女。

为了按照训令的精神塑造出合格的母亲，文部省在国民学校以及官方的妇女团体中开办了母亲班、母亲会、母亲讲座等，专门对广大妇女进行国体教育和忠君爱国教育。据统计，1943 年日本共有五百多所女子中等学校、国民学校开设了母亲班。[②]当时母亲讲座的题目有"家庭教育中的子女教养问题""时局与家庭经济""日本精神与家族制度""家庭与宗教""军事讲演""体操指导"等。通过这些教化措施，造就出了一大批适应侵略战争需要的"军国之母"。她们一方面具备传统的家族观念，养成了"敬神崇祖的精神"和顺从、贞淑、温良的"淳美情操"。另一方面她们还具有强烈的国家观念，把生儿育女作为忠君报国的使命，能够自觉培育"皇国"的小国民。战时军国主义政权将家庭变成了培育忠君爱国之臣民的训练所，母亲则作为家庭教育的责任人承担着将子女"炼成"符合侵略战争需要的"军国少年"和"军国少女"的"重任"。

妇女团体与社会教育 在战时体制下，形形色色的妇女团体承担了社

---

① 三井为友编：《日本妇女问题资料集成·4·教育》，第 732—735 页。
② 千野阳一：《近代日本妇女教育史——一体制内妇女团体的形成过程为中心》，第 325 页。

会教育的职能，成为女子学校教育和家庭教育之外的重要组成部分。为了鼓励并规范妇女团体的组建，军国主义政权出台了《关于妇女团体之设置及其活动》等政令。在政府的极力推动下，战时日本出现了许多官方以及民间的妇女团体，其中影响最广、活动最频繁有三大官方妇女团体：爱国妇人会（1901 年 3 月）、大日本联合妇人会（1931 年 3 月）和大日本国防妇人会（1932 年 3 月）。这些妇女团体作为政府与妇女之间的媒介，始终站在为国家政策服务的立场上，主要通过组织各种"奉公"活动，召开演讲会和形势报告会，开办母亲讲座，散发宣传资料，放映电影等多种方式，对广大基层妇女进行忠君爱国的军国主义教育，在巩固战时体制、助长侵略战争方面发挥了很大作用。大体而言，战时妇女团体所从事的教育活动主要包括三方面的内容：

第一，对妇女进行国体观念和传统妇道的熏陶。胸怀"皇国"观念、恪守传统妇道是军国主义政权对妇女的要求，也是各妇女团体开展妇女教育的主要内容。爱国妇人会在战争期间，以"为皇国扫除后顾之忧"宗旨，号召妇女们积极参与"妇人报国运动"。其中重要的一项内容就是"阐明国体观念，涵养家庭德操"。[①] 为了达到强化妇女的国家观念和妇道操守的思想教化目的，"妇人报国运动"期间，爱国妇人会组织会员们进行了一系列活动。如遥拜神宫、皇居，朝夕叩拜祖先灵位，清扫神社及祖先坟墓，向天皇、皇后的相片以及军旗行礼，在聚会上高唱国歌并奉读《教育敕语》，在节日及纪念日悬挂国旗，对军人妻子进行贞操教育等。大日本联合妇人会则以"针对国体本义，致力于涵养妇道"为纲领，明确要求会员们"无论是平时还是战时都要磨练奉公精神及技能，为社会和国家服务"。[②] 1937 年大日本联合妇人会与大日本联合女子青年团共同结成女子义勇队，开展了"彻底贯彻敬神崇祖思想，奖励

① 千野阳一编：《爱国·国防妇人运动资料集 2》，第 507 页。
② 千野阳一编：《爱国·国防妇人运动资料集 7》，第 6 页。

悬挂国旗"[1] 等一系列活动。大日本国防妇人要求会员"遵守我国传统美好习俗——家族主义、齐家、扶助邻居、服务国防，进一步宣扬我国传统妇德，以温顺、贞淑之妇德为基础，承担我等妇女对国防之任务，克尽与妇女本分相宜之国防责任"[2]。为了解除战场上士兵的"后顾之忧"，1938 年 11 月，大日本国防妇人会专门向全国的各个支部发出了对军人的妻子进行贞操教育的指示，要求各分会承担起训导和监视军人的妻子的任务，让她们发挥日本妇德，严守贞操。在这一指示下，各地的分会纷纷召开"后方母亲会""勇士之妻会"等会议，召集年轻的军人妻子进行座谈，训导她们为丈夫保守贞操，以此来激励丈夫勇敢作战。通过这些内容可以看出，培养妇女的国家观念，涵养顺从、忍耐、贞淑等妇德，使其树立忠君爱国的思想，发挥顺从、克己的"美德"，自觉服从父母、公婆、丈夫以及政府的意志是各妇女团体的指导纲领之一，也是各妇女团体开展妇女教育活动的一项重要内容。

第二，组织和指导广大妇女从事战争支援活动。战时日本各妇女团体除了从思想上对妇女进行教育和训导之外，还不断组织并指导广大妇女参与到支持侵略战争的军事后援活动中。当时这些妇女团体的军事活动主要有以下一些内容：[3] 其一，组织妇女会员为士兵写慰问信，缝制祈求战场胜利、士兵平安的"千人针"，制作慰问袋等。1931 年，全日本共征集 330 万个慰问袋，其中有 120 万个是爱国妇人会征集的。其二，在港口、车站迎送军人，为军人倒茶，赠送"千人针"或写有"武运长久"字样的祝福带，组织盛大的迎送仪式。其三，开展募捐活动，募集资金、衣物等用来慰问军人。1937 年，大日本联合妇人会曾以"支那事变派遣官兵慰问金"的名义，募集到 22 000 多日元，交给军方，用来支持全面

---

① 千野阳一编：《爱国·国防妇人运动资料集 7》，第 181 页。
② 千野阳一编：《爱国·国防妇人运动资料集 5》，第 28—29 页。
③ 胡澎：《战时体制下的日本妇女团体（1931—1945）》，吉林大学出版社 2005 年版，第 141—146 页。

侵华战争。其四，祭祀亡灵，吊唁战死军人，为其举行葬礼；慰问伤残军人，向他们赠送礼品和生活用品；慰问军人遗属，对军人家属进行生活扶助，等等。通过组织这些军事后援活动，不仅振奋了军人的士气，支援了侵略战争，而且拉近了后方妇女与前线军人的距离，促使妇女们通过积极为侵略战争贡献力量，来实践其忠君爱国的"使命"。

除了组织军事后援活动之外，有些妇女团体还指导妇女进行军事训练和防空演习。大日本联合妇人会下属的女子义勇队就开展过团体行动训练、忍耐生活训练和警备及防空训练等活动。[①]战时日本最基层的行政组织——邻组中也经常组织妇女进行防空、防灾等军事演习。有人这样记录了当时防空演习的情景："防空演习时，除了有钱人家的太太，大家一起出动，认真进行演练。特别是最近这一活动很频繁，妇女们穿着裤装，按着水泵，拿着管子，爬上梯子，提着水桶进行演习。"[②]除了防空、防灾演习外，不少妇女团体还组织妇女进行军事训练，以备应对将来有可能发生的"本土决战"。1943年2月到9月，大日本国防妇人会就组织属下的27个支部、300多万妇女拿木枪或竹枪进行军事训练。从一些战时保留下来的图片资料中，我们可以看到当时身穿白色围裙的日本妇女进行军事演习的情景。

第三，对广大妇女进行生活指导，号召她们厉行节俭。战时体制下，日本国内物资短缺、资金紧张。面对这这情况，各妇女团体纷纷对妇女会员们进行生活指导，号召她们厉行节约、禁止奢侈、增加储蓄，来为侵略战争"增砖添瓦"。在爱国妇人会组织的"妇人报国运动"中，一项内容重要就是实施家庭经济的合理化。1938年到1939年间，大日本联合妇人会相继发起了"女性储蓄运动""刷新家庭生活运动"等活动，要求妇女们积极响应战时经济方针，严格控制消费，过一种全新的、简

---

① 千野阳一编：《爱国·国防妇人运动资料集7》，第181页。
② 熊谷次郎撰：《邻组读本》，非凡阁1940年版，第57页。

朴的战时后方生活。1940年2月，在日本当局开展的"战时节米报国运动"中，国防妇人会、爱国妇人会、大日本联合妇人会、大日本联合女子青年团联名呼吁各自属下的会员支持这一运动，切实贯彻"节约十分之一大米"的目标。为了达到该目标，不仅要求在各家庭中食用磨七成的大米，坚决杜绝浪费粮食的现象，还要求每家每户在以下三项中至少必须执行其中一项：在做米饭时至少加入十分之一杂粮；三天中有一餐不吃大米；一周吃三顿稀饭。在1940年7月国民精神总动员中央联盟组织的禁止浪费运动中，东京有二十多个妇女团体在街头分发写有"不穿华美衣服"的宣传单，在市中心宣传过简朴的生活，阻止人们购买和使用奢侈品。甚至还组织妇女挺身队上街巡逻，见到打扮入时的妇女就警告其"不要穿漂亮衣服，不准戴戒指"，并对那些不肯改正的人强行予以纠正。战时日本的妇女团体通过开展爱国储蓄、家庭报国、资源回收、禁止浪费等一系列运动，对作为家庭生活主要承担者的妇女进行教育，指导并监督她们响应当局制定的战时经济统制、国民生活统制等政策，起到了补充国家职能的作用。

综上所述，在侵略战争期间，日本军国主义势力空前膨胀，培养具备尊皇爱国思想，同时又恪守传统妇道的"军国之妻""军国之母"，成为战时女子教育的核心目标。日本当局清楚地认识到如果得不到妇女的支持，就不可能取得战争的胜利。因此对广大妇女进行军国主义教育，使其自觉从事"后方奉公"，积极为侵略战争服务，这对于军国主义政权而言十分必要。当时对未成年女子的教育主要依靠家庭和学校，而对众多已经结束了义务教育的女青年以及已经结婚生子的家庭主妇的教育，则主要依靠各种妇女团体来完成。在军国主义教育体制下，日本女性完全丧失自我意识，狂热地服务于侵略战争，给亚洲被侵略国家和人民带来了深重伤害的同时，最终也将其自身送上了侵略战争的祭台。冲绳战役时的"姬百合学生部队"就是一个典型例子。冲绳战役之前，冲绳师范学校女子部与冲绳县第一高等女子学校合在一起，组成"姬百合学生部队"。1945 年 3 月 23 日，美军从冲绳登陆，开始了陆上作战。此时的"姬百合学生部队"222 名女生在 18 名教师的带领下，协助南风原陆军医院看护伤病员，处理尸体，搬运医疗药品、器具、食品、水等物资。5 月 25 日，在美军的猛烈轰炸下，陆军医院撤退，学生部队被解散。在美军的包围中，战场上这些女学生走投无路，有的被炸死，有的自杀，共有 219 名学生和教职员失去了生命。"姬百合学生部队"的事例表明在战时体制下"男子在海外作战，女子在后方奉献"的性别分工已经被军国主义分子运用到了极致，军国主义教育给日本本国的女性也带来了深重灾难。

第二节　抗日战争中的中国女子教育

1937 年抗日战争全面爆发后，国共两党结成统一战线共同抗击日本侵略者入侵的同时，各自制定了相应的女子教育方针，促使女子教育适应抗战这一特殊形势。在中国共产党领导的抗日革命根据地中，则遵照抗战救国纲领的精神实施抗战教育政策，为了动员妇女参与抗战，既注重培养大批的妇女干部，也广泛开展妇女群众教育。在国统区内，国民政府制定了一系列战时教育政策，在保障包括女子教育在内的教育系统正常运行的同时，还对女子进行军事看护训练，并面向普通妇女大众积极开展抗日宣传教育。

一、中国共产党领导下的抗战教育

中国共产党自其成立之日起就将妇女解放视作无产阶级革命的目标之一，十分重视女子教育问题。1922 年 7 月，中国共产党第二次全国代表大会召开并发表宣言，明确提出了"废除一切束缚女子的法律，女子在政治上、经济上、社会上、教育上一律享受平等权利"及"改良教育制度，实行教育普及"的革命主张。[①]1931 年 11 月，中华苏维埃共和国政府在江西瑞金成立并制定了《宪法大纲》，其中规定"中国苏维埃政权以保证工农劳苦民众有享受教育的权利为目的，在进行国内革命战争所能做到的范围内，应开始施行完全免费的普及教育，首先应在青年劳动群众中施行并保障青年劳动群众的一切权利"。[②] 在这一革命教育纲领的指导下，苏区通过实施免费义务教育、创办职业教育、推行工农民众补习教育等措施，逐渐建立了一套以男女平等为基本原则的教育体系。在江西省、闽赣省、福建省等为代表的全国各革命根据地中，苏维埃政权开办了妇女识字班、妇女半日学校、列宁小学、女子职业学校、妇女训练班、师范学校、苏维埃干部学校等多种形式的女子教育机构，来大力发展女子教育，传播马克思主义妇女观。据不完全统计，在女子教育发展较快的江西省兴国县，1933 年时共有 10 752 名妇女参加夜校学习，占夜校学员总数的 69%，13 519 名妇女参加了识字组，占识字组成员的 69%，学龄儿童入列宁小学的总体入学率达 61.07%，其中女童入学率为 44.77%，[③] 这与国民党统治时代儿童入学率不足 10% 的情况相比有了很大进步。苏区女子教育在中国共产党的领导下取得了很大发展，革命根据地女子的文化水平和革命觉悟也得到了很大提高。

全面抗日战争爆发以后，中国共产党号召全国人民奋起反抗日本侵略者，在抗日根据地实施了适应抗战新形势的教育政策。1937 年 9 月，中共中央组织部制定了《妇女工作大纲》，指出抗战时期的妇女工作应"以动员妇女力量参加抗战，争取抗战胜利"为基本任务，为此须加强对各

---

① 中共中央文献研究室中央档案馆编：《建党以来重要文献选编（一九二一——一九四九）》第 1 册，中央文献出版社 2011 年版，第 134 页。
② 中央教育科学研究所编：《老解放区教育资料（一）》，教育科学出版社 1981 年版，第 27 页。
③ 毛泽东：《中华苏维埃共和国中央执行委员会与人民委员会对第二次全国苏维埃代表大会的报告》，载江西省档案馆、中共江西省委党校党史教研室编：《中央革命根据地史料选编》下，江西人民出版社 1982 年版，第 329—330 页。

阶层妇女的抗战宣传教育工作，提出一方面要"吸收大批女党员到各级党校及训练班学习""开办短期妇女训练班"及"在各级妇女部下组织妇女问题研究会"等方式来培养更多适应抗战需要的妇女干部；另一方面也要重视群众教育，"要在各种妇女救亡团体下设立政治的、军事的、救护的、防控防毒的、侦查的、歌咏的、活报的训练班、讲演会、研究会等"，并"在女工农妇中广设识字班、夜校、读报组等来提高其文化水平和救亡知识"，[①] 以发动广大妇女投身于抗日救亡运动中。遵照这一纲领精神，中国共产党在陕甘宁边区抗日根据地为代表的全国各个抗日根据地积极开展女子教育工作，将广大妇女团结在了抗日救亡的旗帜下。大致来看，在抗战时期，抗日根据地的女子教育主要从妇女干部教育和妇女群众教育两个方面开展：

第一，妇女干部教育。抗日战争时期，为了适应战争形势的需要，提高妇女干部的理论水平和实际工作能力，中国共产党十分重视妇女干部的教育。当时对妇女干部的培养主要有两种类型，一种是通过妇女干部训练班进行短期培训，另一种是通过开设女子干部学校实施系统培养。短期培训的妇女干部训练班的主要由各抗日根据地的各级妇联会及妇女救国会等妇女组织开办，目的是要培养大量扎根于各区、乡、村等基层的妇女干部。妇女干部训练班的课程以政治课和妇女工作课为主，向学员讲授中国共产党的抗日政策，传达抗战时期党的妇女工作方针。同时适应基层妇女干部文化水平较低的现状还开设了文化课，教学员读书识字。训练班的时间短则一周左右、长则两个月左右，虽然每期长短不一，但开办次数较多，覆盖范围广，培训的学员数量大。例如山东省自 1938年夏天开始至 1940 年 8 月的两年间，共计开办了各级妇女干部训练班700 多期，培训妇女干部 1.16 万余人。晋西地区 1938—1939 年间共办

① 中华全国妇女联合会编：《中国妇女运动历史资料（1937—1945）》，中国妇女出版社1991 年版，第 1 页及第 6—7 页。

训练班 33 次，受训干部 624 名。[①] 抗战时期各抗日根据地开办了大量妇女干部培训班，大大提高了基层妇女干部的政治觉悟和工作能力，这对贯彻中国共产党的抗日方针、争取抗日战争的胜利都起到了积极作用。

全面抗战时期，中国共产党除了开办短期训练班以外，还开设了各种干部学校来系统培养妇女干部人才。这些干部学校既有像八路军学兵队女生区队、新四军教导总队女生队、抗日军政大学总校第八大队——女生大队之类的专门培养抗日军事干部的军事院校；也有鲁迅艺术学院、陕北公学等培养文化艺术类学生为主的综合性学府；还有八路军抗日军人家属学校、中国女子大学等专门招收女学生的女子学校。其中最值得的关注的便是 1939 年夏天成立于延安的中国女子大学。这是抗日根据地唯一的一所女子高等学府，也是中国共产党领导下的第一所系统培养妇女干部的学校。学校的简章中明确规定其教育方针是"以研究中国革命实际问题为中心、以马克思列宁主义基本原则为指导"，"以养成具有革命理论基础，革命工作方法，妇女运动专长和相当职业技能等抗战建国知识的妇女干部为目的"。[②] 首批学生共计 600 余名，按照文化程度高低分为普通班、高级班和特别班三种，普通班中一班和二班是专门培养从事妇女运动工作的妇女班；三班和四班是接受过一定军事训练的前抗大女生队的学员，五班和六班主要来自敌伪区的、具有初、高中文化程度的爱国女青年；高级班中主要是政治素养较高的妇女干部和敌伪区来的高级知识分子，进行研究性学习；特别班专为有一定战斗经验，但文化水平较低的长征老干部妇女而设。在课程设置方面遵循理论结合实际的原则，既有基础理论课的学习，也有现实问题的研究，具体而言普通班的课程有社会发展史、政治经济学、中国革命问题、中国共产党问题、三民主义、妇女运动、生理卫生等。高级班在此基础上增加了马

①　阎广芬：《中国女子与女子教育》，河北大学出版社 1996 年版，第 379 页。
②　郭靖：《女大概况》，载《中国妇女》第 1 卷第 2 期，1989 年 7 月 1 日。

列主义和党的建设。特别班的课程有识字课、政治课、妇女工作课。除了以上必修课之外，学校还开设俄语、英语、日语等外语课以及新闻学、速记技术、会计、医药等课程供学生选修。中国女子大学自1939年成立到1941年与其他院校合并为延安大学的两年间，先后培养了12个班的近千名优秀学员，被誉为"大时代中革命女战士的熔炉"①、是名副其实的"亚马孙大学"（亚马孙为希腊神话中的女战士——笔者注）。②它的成立对于抗日妇女干部的培养具有十分重要的意义，诚如毛泽东在1939年7月20日的开学典礼上所言："女大的成立，在政治上是具有非常重大的意义。它不仅是培养大批有理论武装的妇女干部，而且要培养大批做实际工作的妇女运动的干部，准备到前线去、到农村工厂去，组织22 500万妇女，来参加抗战"。③

第二，妇女群众教育。抗战时期，抗日根据地也十分重视以普通群众为对象开展必要的女子教育，以提高广大妇女儿童的文化水平。普通群众的女子教育主要分为两种类型，一种是通过创办正规学校招收女生入学，另一种则是通过开办夜校、冬学等补习班动员妇女群众识字。发展女子学校教育一直是抗日根据地教育工作的重点，其中基础阶段的小学教育更是重中之重，陕甘宁边区、晋冀鲁豫边区等抗日根据地制定了许多法令、条例来推动小学教育的发展。以中国共产党中央所在地、全国抗日根据地的总后方陕甘宁边区为例来看，1939年8月陕甘宁边区教育厅制定了《陕甘宁边区小学法》和《陕甘宁小学规程》，要求7—12岁学龄儿童不分性别和成分均入学接收免费义务教育，边区小学实施以政治军事为中心的国防教育，以培养学生的"民族意识、革命精神及抗

---

① 郁文：《革命女战士的熔炉——延安中国女子大学》，《新华日报》，1939年8月30日。
② 洛易斯·惠勒·斯诺编：《斯诺眼中的中国》，王恩光译，中国学术出版社1982年版，第187页。.
③ 中华全国妇女联合会编：《中国妇女运动历史资料（1937—1945）》，第149页。

战建国所必需的基本知识技能"①为宗旨。建立了系统地小学教育制度。为了提高女子的入学率，1940 年 10 月 11 日陕甘宁边区教育厅又发布了指示信，针对"全边区四个高小，有女生的没有几个学校；一般初小，年龄较大的女生也很少"的现状，做出"女生要大力发展"的指示，②要求各基层的教育工作者和妇女干部加强对群众的宣传教育工作，积极动员适龄女童入学。1941 年 3 月，边区教育厅又发布了第 45 号训令，再次要求"女生尤应尽力动员"，同年 11 月边区教育厅提出了整顿小学教育的计划，又特意强调边区小学应注意男女生的比例。在边区政府的大力动员下，小学校中的女生不断增加，到 1940 年下半年时边区各县的三年制初小中共有女生 6 953 人，女生在学生总数所占比例达到了23.80%。③在发展初等教育的同时，边区政府也注重发展女子中等教育，到 1940 年时边区共计成立了六所中等学校：鲁迅师范（1937 年成立）、边区中学（1938 年成立）、三边师范（1939 年成立）、关中师范（1939年成立）、陇东师范（1939 年成立）、鄜县师范（1940 年成立），这些学校都招收女生，但由于封建意识的影响，女子入学者寥寥无几。为此边区政府特颁布了《陕甘宁边区升入师范学校女生奖励办法》，以"发展边区妇女教育培养妇女师资"为目的，对于升入师范学校的女生不仅供给制服、食宿、书籍、津贴等全部学习生活费用，还给学生家长发 5—10 元奖学金。④在这种奖励政策下，到 1941 年时，这六所中学中的女生共计达到 227 人，占到中学生总数的 18.87%。⑤

除了发展女子学校教育外，陕甘宁边区等抗日根据地还通过开办补

① 陕西师范大学教育研究所编：《陕甘宁边区教育资料：小学教育部分》上册，教育科学出版社 1981 年版，第 55 页。
② 陕西师范大学教育研究所编：《陕甘宁边区教育资料：教育方针政策》上册，第 127 页。
③ 陕西师范大学教育研究所编：《陕甘宁边区教育资料：教育方针政策》上册，第 92—93 页。
④ 陕西师范大学教育研究所编：《陕甘宁边区教育资料：中等教育部分》中册，第 25 页．
⑤ 陕西师范大学教育研究所编：《陕甘宁边区教育资料：教育方针政策》上册，第 233 页。

习班的形式，向广大妇女群众开展识字教育。1938 年 4 月制定的《边区国防教育的方针与实施办法》中指出"边区女子教育特别落后，今后应加强妇女教育"，主张通过开办夜校、半日校、冬校等形式的补习班，教广大妇女群众识字，提高其政治觉悟和文化水平，发动其为抗战贡献力量。在这一方针指导下，各个抗日根据地都普遍建立了妇女补习班，妇女识字教育蓬勃发展起来。据不完全统计，1939 年时陕甘宁边区共有冬学 619 所，妇女学员 1 470 人，占 14.2%；夜校 518 所，妇女学员 418 人，占 5.3%；半日校 186 所，妇女学员 2 340 人，占 77.3%；识字组 5 513 组，妇女学员 10 053 人，占 25.4%。[①]晋察冀边区 1940 年时共有妇救小组 33 483 组，领导了 24 万左右的妇女参与严密的组织生活，并通过这些妇女组织对更多的妇女群众实施识字教育，扫除了千百万以上的妇女文盲。[②]

综上所述，抗日战争时期，中国共产党制定了动员一切力量参与抗战的抗战救国纲领，提出了"创设并增强各种干部学校，培养大批抗日干部""广泛发展民众教育，组织各种补习学校、识字运动……提高人民的民族文化和民族觉悟""办理义务的小学教育，以民族精神教育新后代"[③]等为核心内容的抗战教育政策。在这一政策的指导下，全国各个抗日根据地通过实施妇女干部教育和妇女群众教育，培养了大批优秀的妇女干部人才，也提高了广大妇女群众的政治觉悟和文化水平，她们积极投身抗战救国活动中，为抗日战争的胜利贡献了重要力量。

二、国民党统治区的女子教育

七七事变爆发后，北平、天津等地相继沦陷，战区内学校教育陷入瘫痪。1937 年 8 月，国民政府相继颁布了《总动员时督导教育工作办法

---

① 陕西师范大学教育研究所编：《陕甘宁边区教育资料：高等教育和干部教育部分》，教育科学出版社 1981 年版，第 192 页。

② 袁勃：《解放中的晋察冀妇女》，载《新华日报》副刊《妇女之路》上（1940.5.16—1947.2.16），重庆市妇女联合会妇女运史研究组编辑出版 1983 年版，第 217—221 页。

③ 毛泽东：《论新阶段》，载《毛泽东同志论教育工作》，人民教育出版社 1992 年版，第 48 页。

纲领》和《战区内学校处置办法》，指示战争发生时"全国各地各级学校机关暨其他文化机关务必镇静，以就地维持课务为原则"，要求在安全区域之内的学校"设法扩充容量，收容战区学生"。[①] 同时要求战区内的中小学校则要择地避迁，保存好学生档案并发给学生借读证，平津等地的专科以上学校均迁移至西南、西北等相对安全的大后方。虽然有以上的战时应对措施出台，但随着战火不断蔓延，无数校舍被毁，学校教育也很难维持正常的教学活动。在这一国家危亡的非常时期，国民政府调整了学校教育相关政策以适应抗战形势的需要。1938 年 4 月，中国国民党临时全国代表大会表决通过了《中国国民党抗战建国纲领》，提出为了实现"抗战必胜，建国必成"的目标，"制定外交、军事、政治、经济、民众、教育各纲领"，其中教育纲领的内容为："改订教育制度及教材，推行战时教程，注重于国民道德之修养，提高科学的研究与扩充其设备；训练各种专门技术人员，予以适当之分配，以应抗战需要；训练青年，俾能服务于战区及农村；训练妇女，俾能服务社会事业，以增加抗战力量。"[②] 遵照这一纲领精神，大会又公布了《战时各级教育实施方案纲要》，其中制定了战时发展教育的九大方针以及战时教育整顿改革的 17 条具体方案，其中关于女子教育特别提出了"中小学女生应使之注重女子家事教育，并设法使学校教育与家庭教育相辅推行"的原则。[③]

根据以上的教育方针和改革方案，国民政府相继公布了《战时各级教育实施方案》（1938 年 4 月）、《国民教育实施纲领》（1940 年 3 月）、《高中各科课程标准目标》（1940 年 7 月—1941 年 5 月）、《初中各科课程标准目标》（1940 年 7 月—1941 年 12 月）、《教育部设置师范

---

① 中国第二历史档案馆编：《中华民国史档案资料汇编·第 5 辑·第 2 编·教育 1》，江苏古籍出版社 1997 年版，第 1 页。

② 王桧林主编：《中国现代史参考资料》，高等教育出版社 1988 年版，第 185 页。

③ 中国第二历史档案馆编：《中华民国史档案资料汇编·第 5 辑·第 2 编·教育 1》，第 15 页。

学院初级部办法》（1941 年 8 月）、《县市立中等学校设置办法》（1942 年 5 月）、《国民学校法》（1944 年 3 月）、《推行家庭教育办法》（1945 年 8 月）等一系列教育法令，用以规范战争期间的各类教育。统观这些教育法规可以看出，在抗战期间国统区内女子教育有如下特点：

第一，由于很多学校都毁于战火，为了维持正常的教学秩序，战时的教育在尽量维持原有学制的基础上，学校设置可酌情变更。在学制设置方面，初等教育实行多轨制，以一年制、二年制短期小学为主，有条件的可以开设四年制、六年制小学。中等教育三三制与四年制、六年制并行。在学校设置方面，规定全国各县之内，以地方自治最小单位为一小学区，要求原则上每小学区内至少设一所短期小学，每县设一所初级中学，每省设一所高级中学。小学招收本学区内适龄儿童入学，可以男女共学。中等以上教育要为女子单设女子中学，或于各初级中学及高级中学中设女子班。此外为了解决敌占区的大批中学被毁、学生大量内迁带来的失学问题，国民政府还在四川、陕西、甘肃、湖北、湖南、重庆、广东、广西、云南、贵州等地先后增设了数十所国立中学，并开设了相应的女子部或女子分校，以确保战争期间教育能够正常开展。如仅四川一地就先后增设了国立九中女子部（1938 年 12 月设立，并于 1939 年 2 月改建为国立九中女子分校）、国立十六中女子分校（1942 年 8 月）、国立十七中女中分校和女初中分校（1941 年 8 月）、国立女子中学分校（1945 年 3 月设立于四川桐梓）等多所学校。

第二，学校教育与社会教育相结合推行义务教育制度。小学教育的普及是发展国民教育的基础，早在 1935 年时国民政府就制定了分三期普及四年制义务教育的计划。抗日战争全面爆发以后，鉴于战时的特殊情况，国民政府调整了小学教育政策。1939 年 9 月颁布的《县各级组织纲要》中规定"每乡镇设中心小学，每保设国民学校，均包括儿童、成人、妇女三部分，使民众教育与义务教育打成一片"，[①]由此提出了将学校义务教育与民众的社会教育结合在一起的构想。1940 年 3 月，教育部公布了《国民教育实施纲领》，进一步明确了适龄儿童的义务教育与失学民众补习教育相结合原则，其中规定"国民教育分义务教育及失学民众补习教育两部分，应在保国民学校及乡镇中心学校内同时实施"。具体的操作办法是，要求全国 6—12 周岁学龄儿童"受四年或二年或一年之义务教育"，15—45 周岁的失学民众"分期受初级或高级民众补习教育"，12—15 周岁的失学儿童可以根据"当地实际情形及其身心发育状况，施以相当之义务教育或失学民众补习教育"。为了切实普及国民教育，纲领中还提出了在 1940 年 8 月—1945 年 7 月的五年间分三期推进的方案。第一期自 1940 年 8 月—1942 年 7 月，要求"各乡（镇）均应成立中心学校一所，至少每三保成立国民学校一所"，在本期结束时使学龄儿童的入学率达到 65% 以上，失学民众的就学率达到 30%；第二期自 1942 年 8 月—1944 年 7 月，要求"保国民学校数应逐渐增加，或就原有之国民学校增加班级"，在本期结束史时，学龄儿童入学率达到 80% 以上，失学民众就学率达到 50% 以上；第三期自 1944 年 8 月—1945 年 7 月，要求"保国民学校应尽量增加，以期达到每保一校为目的"，在本期结束时基本普及义务教育，使学龄儿童入学率达到 90% 以上，失学民众就学率达到 60% 以上。[②]

　　为了确保纲领中的目标能够实现，1944 年国民政府又制定了《国民学校法》和《强迫入学条例》，规定"国民学校分设儿童教育及失学民众补习教育两部，均分高初两级"，学龄儿童义务教育的修业年限初级 4 年，高级 2 年，失学民众补习教育的学习期限初级 4—6 个月、高级 6—

---

① 教育部教育年鉴编纂委员会编：《第二次中国教育年鉴》第三编，商务印书馆 1948 年版，第一章第 50 页。
② 宋恩荣等编：《中华民国教育法规选编（修订本）》，江苏教育出版社 2005 年版，第 273—274 页。

12 个月。在明确了学习年限的同时，这两部法令中也制定了国民学校及中心国民学校"均不得收取学费或杂费"的免费教育制度和"学龄儿童及失学民众之强迫入学"的强制入学制度。[①] 以上教育制度的实施使得抗战期间国统区女子小学教育并没有因为战争原因而停滞，据国民政府在 1948 年编撰第二次教育年鉴时的统计数据显示，自 1940—1945 年间，女子的小学在学人数由 2 999 999 人增至 3 925 935 人，[②] 五年间增长了约 100 万人。之所以取得这样的发展，可以说与国民政府对义务教育的重视有很大关系。

第三，强调男女有别，注重家政教育内容。抗战时期，国统区的女子教育在延续战前的母性主义教育方针的基础上，更加注重教育内容的男女有别。1938 年 3 月，国民政府教育部部长陈立夫在谈及今后女子教育的方针时就指出，"男女教育，尤应有别，俾发挥母性优美之特质，建立家庭良好之基础"。[③] 在同年 4 月制定的《战时各级教育实施方案》中对战争时期的教育方针做了详细规定，其中也强调战时教育应遵循男女各异的方针，提出"男女受教育机会均等，课程及教材不必尽同，盖男女各具有特长，能发挥其特性所长以施教，使人尽其才，是为教育者之责任。盖男女各能有特长之贡献，然后由平等之可言，有整齐优美之家庭，然后有强固之国家"。依据此方针，方案在制定战时家庭教育的目标及对象时，明确指出家庭教育为学校教育与社会教育之基础，"儿童之教养在母亲"，所以家庭教育的施教领域应由社会推而及于家庭之母亲，再由母亲改造家庭教育，同时要求"对于女子教育在中小学应特别重视，分别教学，授以家庭必需之应用知能，使之明了为妻为母之特

---

① 　宋恩荣等编：《中华民国教育法规选编（修订本）》，江苏教育出版社 2005 年版，第 280—284 页。
② 　教育部教育年鉴编纂委员会编：《第二次中国教育年鉴》第十四编，商务印书馆 1948 年版，"教育统计"第 61 页。
③ 　杜学元：《中国女子教育通史》，贵州教育出版社 1995 年版，第 582 页。

殊责任"。

不仅如此，方案中还专设"女子教育与家庭教育"一条，明确规定："女子教育为家庭教育之基础，故在中小学中，对女子除施以一般正常教育外，应有特殊之设施与训练，以为将来改进家庭教育之预备"。具体措施包括：在高级小学开设缝纫、烹饪、洗濯、家庭卫生等科；中学校的女子劳作课专习家事，学习管理家庭、保育子女、敬养老人、家庭园艺、家庭经济等知识；各地设家政补习学校，招收年长失学女子入学；在女子师范学校及高等师范学校中，开设家事师资养成科及专修科，为中小学培养家事科师资；在中小学校及社会教育机构中开设女子家事科补习班，向家庭妇女传授家政知识；在小学校中组织亲师恳谈会，研究家庭教育，改良教育子女的方法等。[①] 关于重视女子家政教育的原因，在 1939 年 3 月召开的第三次全国教育会议中做了解释："家庭改善为社会进步之基础，家事教育为普通女子教育之中心。此在平时然，在战时亦然。诚以家庭良好，可以促进个人身心只发展，以增加强国卫国之力量；而女子天性宜于家事，应切实予以特殊训练，俾能发挥家庭之效能也。"[②] 显然国民政府之所以重视家政教育，乃是希望女子在发挥教育子女、建设家庭乃至稳定社会方面能够发挥作用。

第四，开展军事看护训练和战时妇女教育。在全面抗战时期，为了动员一切力量参战，国民政府还对在校女学生实施军事看护训练，并面向普通妇女大众实施战时教育。1937 年 9 月，教育部颁布了《高中以上学校学生战时后方服务组织与训练办法大纲》，要求全国高中以上学校在战时"除应继续实施正常教育外，应加紧实施业经教育部规定之特种教育，预备从事后方服务，以协助军事推进，发挥国防教育之实效"。[③]

① 中国第二历史档案馆编：《中华民国史档案资料汇编·第 5 辑·第 2 编·教育 1》，第 21 页，第 24—25 页、第 35—36 页。
② 教育部编：《第三次全国教育会议报告》，中华民国教育部刊 1939 年版，第 235 页。
③ 教育部编：《教育法令汇编》第 3 辑，正中书局 1938 年版，第 41 页。

所谓"特种教育",根据国民政府 1936 年 4 月颁布的《中学学校特种教育纲要》规定,是指"高中及同等学校均应实行军事管理;初中及同等学校均应实行童子军训练",教育内容包括实施精神训练以增进青年人格修养及其对于民族、国家之责任心,开展军事训练及防空、警卫、救护、交通运输、粮食管理、民众组织等方面的军事后勤服务,实施体育锻炼及卫生健康检查,组织学生参加清洁、防空、防疫、防火、救护等公益劳动服务等,同时对于高中以上学校中的女生,特别实施军事看护训练。[①] 为了切实推进女生的军事看护训练,1938 年公布的《修订廿七年度学生集训改进办法》中规定:"高中及同等学校一二年级专科大学一二三年级女生实施集训两个月,授以看护教育",[②] 实施看护教育的地点设在各省有医院设备的地区。根据该集训办法规定,四川省要求女生集训"军事学术科占百分之二十五,看护学科占百分之五十,精神教育占百分之二十五"。[③]

除了对在校女学生实施军事看护训练以外,抗战时期,国民政府还于 1938 年 12 月颁布了《妇女战时教育实施办法》,组织向普通妇女大众开展战时教育。根据此办法规定,全国各省市均成立妇女战时教育推行委员会,负责制定妇女战时教育计划,筹措相关经费,并督促各公私立教育机构兼办妇女战时教育事项并筹设各种妇女战时训练班事项。妇女战时教育的内容除了在学校教育中注意使用有关抗战的教材之外,更重要的是面向普通妇女大众开展识字教育、进行抗战宣传,并设立公民训练和技术训练班,传授家庭急救看护、消防、交通、教养子女、生产劳动、抗战文宣、情报传递等方面的知识技能。为了顺利开展妇女战时教育、组织抗日宣传,国统区内的妇女界名流还成立了全国性的统一战线妇女组织——新生活运

---

① 宋恩荣等编:《中华民国教育法规选编(修订本)》,江苏教育出版社 2005 年版,第 331—336 页。
② 《教育通讯周刊》,1938 年第 25 期,第 12 页。
③ 《教育通讯周刊》,1938 年第 25 期,第 6—7 页。

动促进总会妇女指导委员会，由宋美龄担任指导长。同时还在广东、湖南、河南、四川、贵州、广西等 11 个省建立了分会，其中有许多共产党员担任骨干。自 1938 年至 1940 年间，全国各地的新运妇工会在妇女教育、抗日救亡宣传、战地服务等方面做了大量的工作。如 1938 年 11 月成立的河南新运妇女工作委员会创办《河南妇女》杂志，发动妇女儿童组织到街头巷尾进行抗日宣传，举办妇女儿童识字班、妇女救护训练班和缝纫训练班。1939 年 3 月 8 日成立的广东新运妇女工作委员会曾组织一千多名妇女参加战地服务，并大力推行妇女识字教育和职业技术教育，成立了妇女缝纫工业合作社和妇女生产工作团，组织妇女大众妇女从事农副业生产。1939 年 7 月 1 日成立的广西新运妇女工作委员会曾举办多种形式的妇女训练班，训练妇女参加抗日救亡工作，并举办妇女歌咏晚会、妇女俱乐部、妇女座谈会、读书会等向广大妇女进行抗战宣传。[①]

综上所述，抗战时期国民政府并没有因为战事紧张而忽视教育，而是本着"战时要当平时看"的宗旨，制定了一系列适应抗战形势的教育政策，维持了国统区内正常的教育秩序，保证了国统区内的女子教育无论是初等教育、中等教育还是高等教育都能够维持与战前基本相当的水平。不仅如此，抗战期间国民政府还从战争的实际需要出发，对女子进行了必要的军事看护训练，并面向普通妇女大众开展了读书识字、抗日宣传等战时教育，这对抗战的胜利也起到了积极的推动作用。

第三节　日本殖民统治后期韩国女子教育的挫折

一、第三、四次《朝鲜教育令》的颁布及军国主义教育

日本将朝鲜作为侵略中国大陆的前沿。在殖民统治初期开始，作为同化论的内容，宣传理想的女性形象是"皇国"女性。"皇国"女性就

---

① 丁卫平：《中国妇女抗战史研究 1937—1945》，吉林人民出版社 1999 年版，第 69—70 页。

是一方面培养为了天皇可以献身的"皇民",另一方面将自己的人生也献给天皇的女性,也就是为了天皇,可以绝对服从。对于殖民地女性来说,"性"只是日本"皇军"的消耗品。因此,在殖民统治后期,日军"慰安妇"就成为韩国妇女作为"皇国"女性的悲剧。在日本殖民当局看来,培养皇国女性最有效的办法就是教育,因此"皇国女性论"成为当时官方女子教育的核心,即通过教育令及女校规则规范女子教育。以1937 年日本发动全面侵华战争为契机,殖民当局于 1938 年颁布了第三次《朝鲜教育令》,目的在于把朝鲜作为日本对华侵略的前沿阵地,需要得到朝鲜人的协助,为此缓和了很多限制。在教育方面,学制和学校名称以及教学内容等都与日本保持一致。第三次《朝鲜教育令》将普通学校改为小学,高等普通学校改为中学,女子高等普通学校改为高等女校。还将师范学校的学制从六年延长到七年,实业教育新设实业补习学校。第三次《朝鲜教育令》将朝鲜语科目从学校教育科目中删除,在学校禁止使用朝鲜语,只能使用日语。1941 年,日本在本国实行新的《国民学校令》,随之也把朝鲜的小学改为国民学校。另外,根据日本本国学制的变化,把《中学校令》《高等女校令》《实业学校令》合并为《中等学校令》。

在女子教育方面,第三次《朝鲜教育令》提出女子学校的教育目标是"培养忠良至顺的皇国女性"。随着战争的深入,强调女性劳动和对国家的献身。由于女校的教育目标是培养贤母良妻,是忠良至顺的皇国女性,因此殖民当局百般阻挠女性参与社会活动。修改教育令的目的在于通过实施"皇民化"教育、实业教育、普通教育及日语教育,扼杀朝鲜人精神。在这种背景下,此时期女子教育以贤母良妻主义为主,灌输军国主义思想。虽然殖民时期女子教育在数量上增加很快,但其教育实质是束缚女性权利和女性自由发展。随着殖民统治的加强,到了殖民统治后期,强迫学校使用日语教学、参拜神社等。在 1935—1938 年间,基督教系统的 18 所学校由于拒绝参拜神社而被勒令关闭。1941 年，太平洋战争爆发后，为了促进"皇国新民化"，加强了社会教育。1943 年，颁布第四次《朝鲜教育令》，废除中等学校和师范学校中的朝鲜语课，在学校实施"软性教育体制"和"学生动员体制"。为了配合战时体制，1943 年颁布"学园战时非常措施方策"。殖民当局把学生视为生产和防卫的重要力量，命令学校实施"劳动就是教学，就是训练"，从而使学校变成劳动力的供应地。[①]1944 年，把原先的志愿兵制度改为征兵制度，致使男子教育完全崩溃，理工科类男生被派到工厂，文科类男生被征兵或从事体力劳动。同年颁布"女子精神勤劳令"，女生被强制送到女子精神队，女子教育也完全瘫痪。当时社会上为了避免被强制动员而掀起早婚热。

表 4-2　朝鲜人口受教育情况（1944 年 5 月）　单位：名（%）

区分	合计	男子	女子
大学毕业	5 128（0.03）	5 050（0.07）	78（0.009）
专科大学毕业	14 540（0.09）	12 210（0.2）	2 330（0.03）
高中毕业	129 717（0.8）	104 477（1.4）	25 240（0.3）
初中毕业	29 599（0.2）	24 008（0.3）	5 591（0.07）
小学毕业	1 001 344（6.5）	777 771（10.7）	229 573（2.7）
小学中途退学	511 365（3.4）	110 206（1.5）	401 159（4.7）
私塾毕业	527 393（3.4）	464 283（8.1）	63 110（0.8）
未上学	13 281 424（85.7）	5 757 311（79.4）	7 524 113（91.2）
合计	15 500 510（100.0）	7 249 316（100.0）	8 251 194（100.0）

资料来源：朝鲜银行调查部：《朝鲜经济年报》，朝鲜书籍印刷株式会社 1948 年，第 1—8 页。

从表中的学历区分可以看出，未上学的占 85.7%，其中男性 79.4%，女性 91.2%，即女性几乎所有都是文盲。男性当中，占比例较高的是小学毕业（10.7%）和私塾（8.1%）毕业，而女性中小学中途退学占 4.7%，小学毕业仅占 2.7%，与男性相差很大，这就是殖民地教育

---

① 　教育伦理研究室：《韩国近现代教育史》，韩国精神文化研究院 1995 年，第 666 页。

政策带来的结果。1943 年，朝鲜人学生数为 219 万人，日本人学生数为 14 万人，两者之比是 15∶1，当时朝鲜人总人口为 2 583 万人，在朝鲜的日本人总数为 76 万人，两者之比是 34∶1，可以看出朝鲜、日本之间的教育差距。①

二、韩国民众的民族主义女子教育

日本在朝鲜殖民统治期间，四次颁布教育令。日本殖民者为了抹杀朝鲜民众的民族精神，培养忠良的臣民，想尽一切方法。在日本殖民主义的压迫下，朝鲜半岛的民众为了恢复国权，开展了教育救国运动。教育救国运动是通过民族自发的教育实践及近代教育的恢复，谋求建立民族主体的新社会。在殖民统治之下是无法公开谈论教育救国的，只能通过拒绝殖民当局的教育方针或秘密开展民族主义教育的方式实践教育救国论。在殖民统治之下，抵抗殖民统治的教育活动主要在私立学校开展。私立女校中基督教系女校由于建校目的在于传教，因此对贯彻救国教育不太积极，只是在面对日本殖民当局干涉传教教育，镇压学校活动时才起来反抗。在私立女校中抵抗殖民教育最为典型的是崇义女校。以下是从崇义女校 90 年史摘取的片段：

——崇义女校的教师们秘密将爱国、爱民族思想贯穿到教学过程中。比如介绍历史中的伟人、爱国志士的故事、各国的独立斗争史等。还讲述在流亡海外，开展独立运动中饿死或病死的事例。每当听到这些故事时学生们都非常愤慨，特别是听到闵妃被日本人杀害的事件后非常愤怒。②

——虽然不想录用日本教师，但 1909 年录用了一名。后来在巨大的压力和干涉下，直到关闭学校为止共录用了五名日本教师。1930 年，由于拒绝听日本教师讲英语而罢课，全班同学都被处以停学处分。

① 早川纪代：《东亚国民国家形成及男女平等》，晓明出版社 2009 年，第 160 页。
② 崇义 90 年史编撰委员会：《崇义女校 90 年史》，1993 年，第 122—123 页。

——1938 年 3 月第三次《朝鲜教育令》颁布后拒绝接受日本帝国主义教育方针。如在课程表上拒绝写"国语"，而是写"日本语"，历史课也不称"国史"，而是"日史"。

——体育课虽要求教日本剑道和"皇国"新国民体操，但还是继续上传统体育课。[①]

——1938 年第三次《朝鲜教育令》中禁止使用朝鲜语，但还是继续开设每周 1 小时的朝语课，上课时大部分内容用朝语教。每次上朝语课时大家都很兴奋。在朗读朝鲜诗、词、小说、散文时非常激动。每当老师给大家讲历史故事或历史人物时，紧张得手心都攥出汗来，教室一片寂静和严肃。[②]

以女性为对象实施民族主义教育的不仅有私立女校，还有夜校。三一运动后出现的很多夜校，成为传播民族自觉的场所。尤其是在偏僻山村的夜校，由于能避开殖民当局的监视而成为传播民族主义思想的阵地。日本殖民当局要求学校都要用日语上课，但很多夜校拒绝日语教育，依然用朝鲜语上课，体现了强烈的民族主义倾向。

1938 年第三次《朝鲜教育令》颁布后，出现了京城女子医学专门学校（1938 年）、淑明女子专门学校（1939 年）等。另外也认可了保育学校、女子医科学校等专门学校。作为大学教育，当时只有京城帝国大学，但规定只招男生。

三、殖民地时期的女子教育课程

殖民地时期日本殖民当局的教育政策就是把朝鲜人同化成日本人。其中，女子教育的目的在于培养忠良的"皇国"女性。为了实现上述教育目标，朝鲜总督府四次颁布《朝鲜教育令》，其中对女子教育都有专门要求。1911 年第一次《朝鲜教育令》中指出要"培养妇德，陶冶国民性"；

---

① 崇义 90 年史编撰委员会：《崇义女校 90 年史》，第 197 页。
② 崇义 90 年史编撰委员会：《崇义女校 90 年史》，第 205—206 页。

1922 年第二次《朝鲜教育令》中要求"注意增强体质,培养妇德涵养……培养国民性",这里所指的"国民"是日本国民。1938 年第三次《朝鲜教育令》中强调"要注意妇德涵养,培养贤母良妻素质,从而成为忠良至醇的皇国女性"。1943 年的第四次《朝鲜教育令》中提出女性"要具备作为"皇国"女性的责任和义务,以及作为皇国女性的德操见识"。

日本殖民当局的女子教育政策也体现在男女校校规上。1911 年教育令中男校的教育目的是"培养常识,陶冶国民性",这明显不同于"培养妇德"的女子教育目的。在以后的教育令中男校教育目的始终是培养国民性和"皇国"臣民,而女校的教育目的增加了培养贤母良妻及"皇国"女性。

1943 年,日本殖民当局颁布了《师范学校校规》,其主要内容有:第一,师范学校升格为专门学校,师范学校毕业生与专门学校毕业生享受同等待遇。第二,将男子师范学校和女子师范学校合并,分别开设男生部和女生部。第三,为了方便初等学校高等科毕业生,设置预科。第四,师范学校的教育宗旨是修炼"皇国"之道。第五,教科书采用国家规定的教材。第六,废除自费,国家支付全部费用。根据该校规,1943 年开设京城女子师范学校,1944 年,设立元山女子师范学校。后来京城女子师范学校升格为专门学校,可以培养中等教师,而其他女子师范学校主要培养初等教师。师范学校开设多种科目,如国民科、教育科、理科、职业科、体练科、艺能科、外语科等。

为了实施殖民地教育政策,日本殖民当局除了颁布四次《朝鲜教育令》外,还通过修改各级学校校规、变更校名、缩短学制、调整教育课程等方式贯彻殖民化的教育方针。从中等女子学校的教育设置中便能看出上述教育方针。首先,中等女子学校入学资格为 12 岁以上普通学校毕业生,这与男校入学资格没有太大区别,但从学制来看,1911 年的第一次《朝鲜教育令》规定,男子高等普通学校为四年,而女子高等普通学校为三年，比男校少一年。再与同一时期在韩日本人学校比较如下。
日本人学校是小学（六年）、中学（五年）、高等女校（五年），即朝
鲜学生在学学习时间远比日本学生短，这充分说明日本殖民当局的愚民
化教育。1922 年第二次《朝鲜教育令》把各级学校学制均延长了一年，
如女子高等普通女校为四年，直到 1943 年颁布第四次《朝鲜教育令》
时才把男女校的学制差距缩小。

　　从 1911—1943 年的教育课程变化来看，男女校教育课程内容差距
也有了一些变化。如 1911—1922 年期间，男女校共同科目为 6—7 个，
到 1938 年增加到 13 个，1943 年缩减为 9—10 个科目。随着几次教育
令的修改，教育重点也发生了改变。如 1938 年之前重视实业教育，到
1943 年，根据战时动员体制，教育内容也有调整。另外，除了共同科目
以外，男女校的教育内容也不同。男校教法律、经济、实业等课程，女
校重在家务、裁缝、教育等课程。这些教育内容充分反映了男性＝社会、
女性＝家庭的性别分工。

表 4–3　殖民地时期男女科目课时数的变化[①]　单位：课时 /%

区分	1911 年第一次教育令		1922 年第二次教育令		1938 年第三次教育令		1943 年第四次教育令	
	男	女	男	女	男	女	男	女
男女共同科目总课时数	72 58.0	33 37.1	91 58.4	64 42.7	142 82.1	98 62.0	114 80.3	88 67.7
相似科目总课时数	24 19.4	16 18.0	45 28.8	47 31.3	31 17.9	28 17.7	28 19.7	42 32.3
个别科目总课时数	28 22.6	40 44.9	20 12.8	39 26.0	— —	32 20.3		
全部科目总课时数	124 100.0	89 100.0	156 100.0	150 100.0	173 100.0	158 100.0	142 100.0	130 100.0
授课年限	4 年	3 年	5 年	5 年	5 年	5 年	4 年	4 年

[①]　金在仁、杨爱卿等：《韩国女性教育的变迁过程研究》，韩国女性开发院报告书，2000 年，
第 144 页。

表 4-4　殖民地时期民间私立女校及公立女校课程 [1]

学校名	教育课程
淑明 （1922）	书信、"国语"（日语）、朝鲜语、英语、地理、历史、数学、理科、图画、家务、裁缝、刺绣、音乐、体操、体育
公立女子 高等普通学校 （1922）	书信、"国语"（日语）、朝鲜语、外国语、地理、历史、数学、理科、图画、家务、裁缝、音乐、体操

[1] 金在仁、杨爱卿等：《韩国女性教育的变迁过程研究》，第 146 页。

第五章 中、日、韩
三国现代女子教育事业的发展

第一节 战后日本女子教育的演变与启示

在战前女子教育的基础上，日本战后的女子教育经历了战后初期的民主化改革、经济高速增长时期的"逆流"与"成长"、20 世纪 70 年代以后的新动向、21 世纪以来的新发展四个阶段。当代日本的女子教育虽然扩大了规模、丰富了内容，但同时也出现了新的男女不平衡。考察日本战后女子教育的演变与特征，可为我国的女子教育发展提供有益的借鉴。

一、战后女子教育的基础

在 1945 年二战结束之前，日本的女子教育获得了一定程度的发展，同时也存在着明显的局限，两者共同构成了战后女子教育的基础。

（一）战前女子教育的发展

战前，日本已初步建立起了女子学校教育制度，扩大了女子教育的规模，实施了近代性的教育内容。

在初等教育方面，日本政府 1872 年颁布的"学制布告"中规定："望自今以后一般人民（华族、士族、农、工、商及女子），必邑无不学之户，家无不学之人……幼童不分男女皆入小学……"[①] 即在近代之初便确立了"女子皆学"的教育理念。同年颁布的《学制》列出了七类小学，其中"女子小学"位居第二，足见政府对女子教育之重视。综观

---

① 教育史编纂会：《明治以后教育制度发展史》第 1 卷，龙吟社 1938 年版，第 277 页。

整个战前，小学的女生人数由 1873 年的 31.8 万人（占 24%）增至 1945 年的 526.2 万人（占 49.5%），70 余年增加了约 16 倍；女子义务教育就学率由 1873 年的 15.14% 提高至 1945 年的 99.81%，70 余年间提高了近 85%；女子义务教育的就学率与男子相比，1873 年尚低于男子（男子 24.7%），1921 年基本与男子相当（女子 99%，男子 1916 年实现该就学率），1945 年则略高于男子（男子 99.78%）。[①] 女子义务教育（六年制）在战前已基本普及。

女子中等教育的主要机构是高等女子学校。此类学校名为"高等"，实则招收高等小学的女毕业生，其水平相当于当时专为男子设立的中学校。1882 年，全国仅有 5 所高等女子学校，1899 年《高等女子学校令》的颁布，标志着女子中等教育制度的正式确立。此外，战前女子接受中等教育的机构还有高等小学（1908 年以后）、实业学校、高等学校（普通科）、师范学校。就战前女子中等教育的规模而言，1945 年时，日本共有高等女子学校 1 272 所，是 1882 年的 254 倍，且多于男子的中学校（776 所）；中等教育机构女子在校生 217.8 万人，占中等教育机构总在校生的 47.6%，是 1873 年（20 人）的 10 万倍；适龄女子中接受中等教育者占 64.7%。[②] 女子中等教育在战前获得了迅速发展。

女子高等教育始于师范教育，日本政府先后于 1890 年、1908 年在东京、奈良设立两所女子高等师范学校，1943 以后的师范学校本科也可为女子提供高等教育。大学教育之门已向女子微启，东北帝国大学（1913 年、3 名）、东京帝国大学（1920 年、32 名旁听生）、九州帝国大学（1925 年、2 名）先后开始招收女生，1927 年诞生了日本第一位女博士。除上述两类学校外，女子接受高等教育的主要机构还包括专门学校、实业专门学校等。特别是女子专门学校发展迅速，1938 年共有 179 所，1943 年增

---

① 文部省：《日本的成长与教育》，帝国地方行政学会 1962 年版，第 174、178、180 页。
② 文部省：《日本的成长与教育》，第 43、170—180 页。

至 216 所。[①] 1945 年，高等教育机构女在校生 5.4 万人，占高等教育机构总在校生的 13.7%，是 1873 年（262 人）的 206 倍；适龄女子中接受高等教育者占 1.2%。[②] 女子高等教育在战前开始起步。

1945 年时，各级各类学校女在校生共 850.3 万人，占总在校生的 46.5%，是 1873 年（31.8 万人）的 27 倍，[③] 教育规模大幅度扩大。此外，战前的女子教育还纳入了理科、经济、实业等教育内容。例如，普通小学 1879 年开设物理、生理、博物等选修课（1886 年以后取消），1907 年将理科设为必修课；高等小学 1886 年将理科设为必修课，英语、商业为选修课，1941 年新增加工业、水产等选修课；高等女子学校 1895 年将理科设为必修课，1920 年新增加法制与经济、实业等选修课。[④] 上述内容与"修身""裁缝"等传统的女性教育内容并立，反映了战前女子教育内容的近现代性。

可见，战前日本已基本普及了女子六年制义务教育，一定程度上发展了女子中等教育，女子高等教育也开始起步，女子教育总体上获得了较大发展。

（二）战前女子教育的局限

战前，日本女子教育在教育制度、教育机会、教育内容等方面，均显示出一定的局限性。

首先，实行"男女别学"制度。"男女别学"即男女分别就读于不同学校。1879 年《教育令》规定"学校不得男女同一教场。但小学不妨男女同一教场"，[⑤] 确立了小学以上各级教育机构的男女分校制度。"男女别学"一方面是封建社会"男尊女卑"观念在教育领域的残余，另一

① 小山静子：《战后教育的性别秩序》，劲草书房 2009 年版，第 143 页。
② 文部省：《日本的成长与教育》，第 170—180 页。
③ 文部省：《日本的成长与教育》，第 174、178 页。
④ 文部省：《日本的成长与教育》，第 218—221 页。
⑤ 教育史编纂会：《明治以后教育制度发展史》第 2 卷，龙吟社 1938 年版，第 165 页。

方面也是日本政府实施男女差别教育的制度设计。

其次，女子接受教育的年限短、机会少。从义务教育来看，女子 1907 年至 1945 年始终为 6 年（至 12 岁），而男子自 1935 年《青年学校令》后至 1945 年延长了 13 年（至 19 岁），[①] 女子的义务教育年限大大短于男子。从中等教育来看，1943 年《中等学校令》以后至 1945 年，男子的中学校学制四年，女子的高等女子学校学制两年，实业学校男子学制三年、女子学制两年，女子的中等普通教育、职业教育年限均短于男子。女子接受高等教育的机会也极少，除上述两所官立女子高等师范学校以及女子专门学校外，大学仅在招生名额剩余的情况下才招收女生。其结果，1945 年时，初等、中等教育机构的女在校生人数均大致与男生相当（约占 50%），唯有高等教育的女生仅占 13.7%，适龄女子接受高等教育者仅占 1.2%，即接近 99% 的适龄女子无法获得接受高等教育的机会。

进而，女子教育内容偏低、偏文。日本政府通过历次课程改革，为男女规定了不同的初等、中等教育内容：（1）女子接受的理工科类教育明显少于男子。例如，在普通小学中，1907—1941 年图画课男生 2 课时、女生 1 课时，1941 年以后男生 5 课时、女生 3 课时；在高等小学中，图画课 1900 年男生 2 学时、女生 1 学时，算术课 1890 年男生 5 学时、女生 4 学时，手工课 1911 年男生 6 课时、女生 2 课时，农业、商业及工业课 1941 年以后国民学校高等科男生 5 课时、女生 2 课时；在中等教育机构中，1943 年理科在中学校为 4—6 课时，在高等女子学校为 3—4 学时。（2）女子重在加强裁缝、家政等内容。1879 年《教育令》特别强调"应为女子开设裁缝等课程"，裁缝课专为女生开设，在普通小学 1879—1906 年为选修课、1907—1945 年为必修课，在高等小学 1886—1945 年一直为必修课；高等女子学校 1895 年以后一直比男子中学多家

---

① 神田修、山住正己：《史料日本教育》，学阳书房 1986 年版，第 158 页。

事、裁缝 2 门必修课，1943 年以后增加育儿必修课，1895—1943 年多教育、手艺 2 门选修课。[1] 另外，从 1945 年中等、高等教育各专业女生所占比例来看，中等教育机构普通专业为 78%、商业 11%、家庭及其他 8%、农业 3%，而工业仅 213 人；高等教育机构教育专业为 38%、家政 25%、法文经 17%、医学 17%，而理学仅 1470 人、农学 136 人、工学 62 人。[2] 可见，战前的女子教育内容偏向于较为简单的家政、文科等，与男子接受的教育内容并不平等。

战前女子教育的成果，为战后女子教育发展奠定了基础；其局限与不足，也为战后女子教育改革预留了空间。

二、战后女子教育的演变

二战结束至 20 世纪末，日本的女子教育大致经历了三个发展阶段：一是战后初期的民主化改革阶段（1945—1950），二是经济高度发展时期的"成长"与"逆流"并存阶段（1951—1974），三是经济稳定增长时期以后开始重视女子社会教育的新发展阶段（1975—1999）。

（一）女子教育的民主化改革（1945—1950）

战后初期，日本政府在美国占领当局的压力下，对女子教育进行了民主化改革，主要包括确立教育机会均等原则、实现九年义务教育、确立男女共学制、发展女子中高等教育四个方面。

针对战前女子社会地位低、受教育水平低的情况，美国占领当局 1945 年 10 月向日本政府下达的《五大改革指令》第一条即要求"解放妇女"。同年 12 月，日本政府制定了《女子教育刷新纲要》，提出要"促进男女间的教育机会均等、教育内容平等以及男女互相尊重之风气"。[3] 据此，1946 年《日本国宪法》规定："全体国民依据法律规定、拥有平

---

[1] 文部省：《日本的成长与教育》，第 224—232 页。
[2] 文部省：《日本的成长与教育》，第 183—184、189 页。
[3] "战后日本教育史料集成"编集委员会：《战后日本教育史料集成》第 1 卷，三一书房 1982 年版，第 128—129 页。

等接受与其能力相适应的教育的权利"；1947 年《教育基本法》单列"教育机会均等"条款："必须平等地给予所有国民与其能力相应的受教育机会，不因人种、信念、性别、社会身份、经济地位及门第而实行教育上的差别"。1947 年《学校教育法》颁布的首要理由是"基于教育机会均等的考虑""取消男女差别"。① 女子平等受教育的权利有了法律保障。

针对战前女子义务教育年限短、偏重于职业内容的问题，日本政府确立了新的女子义务教育制度。这一制度包含三层含义：一是"九年制"，战前女子义务教育为六年制，《教育基本法》规定"国民负有使其子女接受九年普通教育的义务"，将女子义务教育年限延长至九年；二是"免费制"，《日本国宪法》规定"义务教育无偿"，《教育基本法》规定"（九年）的义务教育不征收学费"；三是"普通制"，战前的女子教育内容偏重于职业教育，尤其"裁缝课"比重较大，不利于学生身心的全面发展。鉴于此，《日本国宪法》《教育基本法》及《学校教育法》中均强调九年义务教育为"普通教育"。上述义务教育制度，确保了女子能够平等地接受更长的、免费的、有利于其身心发展的基础教育。

日本战前实行严格的"男女别学"制度（小学除外），以便于对男女实施差别教育。对此，1946 年《美国教育使节团报告书》提出："建议小学以男女共学为基础"，初中"在条件允许的情况下最好尽早实行男女共学"，高中"也实行男女共学的话，可以更多地节约财政，有助于确立男女平等"。② 于是，日本政府不得不将"男女共学"条款写入《教育基本法》："男女必须互相尊重、互相合作，必须承认教育上的男女共学。"《学校教育法》中也不再单列女子学校。战后新制初中（1947年 4 月开学）、高中（1948 年 4 月开学）不同程度地实施了"男女共学"。截至 1949 年 9 月 30 日，日本全国 1826 所全日制公立高中的 57.8%（1 056 所）

① 神田修、山住正己：《史料日本教育》，学阳书房 1986 年版，第 158 页。
② 渡边彰译：《美国教育使节团报告书》，目黑书店 1947 年版，第 46—47 页。

实施了共学。^① "男女共学"制废除了战前男女教育不平等的制度基础。

战前女子接受高等教育的机会较少。对此，前述《女子教育刷新纲要》第一条即为："废除阻碍女子入学的规定，创设女子大学并在大学采用男女共学制"，第五条为"大学及高等专门学校对女子开放"。^② 1946年《大学入学者选拔纲要》允许女子报考大学，旧制大学向女子开放。此外，1945年8月至1947年4月，设立了47所新制女子专门学校，约占同期所设专门学校的60%，截至1948年，共有女子专门学校352所（比1943年增加136所）。^③ 继而，1948年3月，文部省批准设立战后首批新制大学（12所），其中包括5所私立女子大学。1948年6月，文部省公布"国立大学设置11原则"，第四条规定"在东西设置两所国立女子大学"。^④ 1949年，原东京、奈良两所女子高等师范学校分别改组为国立的御茶水女子大学及奈良女子大学。由此，女子接受高等教育的机会大大增加。

上述民主化改革措施，纠正了战前女子教育的诸多弊端，为战后各级女子教育的发展奠定了新的制度基础，具有划时代的进步意义。

（二）女子教育的"逆流"与"成长"（1951—1974）

该时期，在被占领状态结束的政治背景下，女子教育出现了与民主化背道而驰的"逆流"；在经济高速发展的经济背景下，女子教育又实现了迅速"成长"。与此同时，高等教育领域也出现了新的男女不均衡现象。

一方面，1951年被占领状态结束后，女子中等教育领域出现了"男女共学"弱化、"家庭课"女子必修化等反民主化的"逆流"现象。"男女共学"制是在外压下被动确立的，被占领状态结束前后，日本朝野开

---

① 文部省：《我国的教育现状》1953年度，大藏财务协会1954年版，第138页。
② "战后日本教育史料集成"编集委员会：《战后日本教育史料集成》第1卷，第128—129页。
③ 小山静子：《战后教育的性别秩序》，劲草书房2009年版，第95—96、143页
④ 大田尧：《战后日本教育史》，岩波书店1978年版，第152页。

始反对甚至主张取消该制度。1950 年的调查显示，51% 的公立初中、高中反对共学，理由是"设备不全、为时尚早、影响风纪、男子女性化、女子男性化"等。[①] 1953 年以后，山梨、青森、岐阜、福冈等地的中学开始恢复"男女别学"。1961 年以后，有的学校名为"男女共学"，实则男女分班，或只招收男生或女生，实行变相的"男女别学"。"家庭课"在战后初期的小学、初中及高中均开设，要求男女共修。然而，文部省在此后通过历次课程改革，逐渐将其改为女子必修。初中"家庭课"1949 年要求女生主要选修，1958 年要求男生学习电器、机械等生产技术性科目，女生学习被服、食物等生活技术性科目。高中"家庭课"1956 年希望全日制普通课程的女生习修家庭课 4 学分，1960 年要求"普通专业"的女生必修家庭课，1970 年规定所有课程的女生均必修家庭课（1974 年实施）。"男女别学"与"家庭课"的女子必修化，固然可以"高效"地培养出产业发展所需的男性人才、经营家庭所需的女性人才，但却违反了"教育机会均等"原则，是在民主化方向上的倒退。

另一方面，伴随着日本经济的高速发展，女子中等、高等教育得以快速发展。在后期中等教育方面，高中女子在校生人数由 1960 年的 148.3 万人增至 1975 年的 214.8 万人，15 年间规模扩大了 66.5 万人；女子的高中入学率由 1950 年的 36.7% 增至 1970 年的 82.7%（开始超过男生的 81.6%），1975 年进一步提高到 93.0%（仍然高于男生的 91.0%），[②] 女子后期中等教育的普及程度不断提高。在高等教育方面，女子短期大学由 1954 年的 111 所增至 1960 年的 140 所，女子大学由 1955 年的 32 所增至 1969 年的 82 所；[③] 高等教育机构的女在校生人数由 1960 年的 14.2 万人增至 1975 年的 67.5 万人，15 年间规模扩大了 53.3 万人；女子

---

① 文部省：《我国的教育现状》1953 年度，第 138 页。
② 文部省：《我国的教育水准》1975 年度，第 206、209 页，《我国的文教施策》1988 年度，第 484—485 页。
③ 小山静子：《战后教育的性别秩序》，第 113、156 页。

的大学与短期大学本科合计入学率，由 1955 年的 5.5% 提高到 1970 年的 17.8%、1975 年的 32.4%，[①] 实现了女子高等教育的大众化。

与此同时，女子高等教育也出现了新的男女不均衡现象。一是女子的高等教育水平低于男子。女子多考入二年制短期大学、男子多考入四年制大学。1975 年，女子的短大本科入学率（19.9%）远远超过男子（2.6%），而其大学入学率（12.5%）却大大低于男子（40.4%）。[②] 高等教育内部出现了"女生短大、男生四大"的结构性差距。二是女子所选专业偏向于文科。1964 年，大学本科女生最多的前三位专业依次是文学（5.7 万人、占 45.5%）、教育（2.8 万人、占 44.9%）、家政（1.2 万人、占 99.8%），短大女生最多的专业为家政（4.8 万人、占 99.9%）、文学（2.3 万人、占 90.3%）、教育（0.9 万人、占 99.2%），工学专业的女生在大学及短大分别仅占 0.4%、2.2%，家政专业则几乎全部为女生；1975 年，大学本科女生最多的专业仍然是人文科学（12.9 万人）、教育学（7.0 万人）、社会科学（5.3 万人），理学仅 7244 人、工学 2899 人。[③] 女子高等教育中的重文轻理现象严重。

该时期，女子教育的快速"成长"，适应并促进了经济的高速发展；中等、高等教育领域出现的"逆流"与不均衡现象，也为女子教育的发展提出了新课题。

（三）女子教育的新方向（1975—1999）

该时期，国际社会对妇女问题的空前重视，为女子教育的发展带来了新契机。联合国将 1975 年确立为"国际妇女年"、1976—1985 年为"国际妇女 10 年"，并主持召开了"国际妇女年世界会议"（1975 年，墨西哥）、"'国际妇女 10 年'内罗毕世界会议"（1985 年，内罗毕）、

---

① 文部省：《我国的教育水准》1975 年度，第 220—221、214—215 页。

② 文部省：《我国的文教施策》1991 年度，第 589 页。

③ 文部省：《我国的教育水准》1964 年度，第 190 页；1975 年度，第 229 页。

"第 4 次世界妇女大会"（1995 年，北京）等全球性妇女发展大会，会上分别制定了《世界行动计划》（1975 年）、《提高妇女地位内罗毕前瞻性战略》（1985 年）、《北京宣言》及《行动纲领》（1995 年）等妇女事业发展计划。在上述会议及计划中，"女性的教育与训练"均被列为发展女性事业的重要领域之一。

日本政府也颇为重视女性发展问题。1975 年，日本内阁设立了"妇女问题企划推进本部"（首相亲任部长）、"妇女问题担当室"及"妇女问题企画推进会议"（首相私人咨询机构）。1994 年以后，上述机构分别改组为"男女共同参画[①]推进本部""男女共同参画室""男女共同参画审议会"。同时，日本政府也制定了发展女性事业的计划，如《推进妇女政策的国内行动计划》（1977 年）、《面向 2000 年的新国内行动计划》（1987 年）、《男女共同参画 2000 年计划》（1996 年）等。上述计划中有关教育的内容分别为"创造新的教育机会、适应新时代的学校教育""充实教育与训练""推进男女共同参画、充实可以多样选择的教育与学习"等。[②]女子教育在女性发展中占有重要地位。

在上述背景下，女子学校教育首先获得了进一步发展。一是实现了家庭课的男女共修。1984 年，日本政府专门设立的"家庭课教育检讨会议"提交咨询报告指出，家庭课女子必修违反了联合国的《取消歧视女性条约》（1979 年），建议将高中家庭课由女子必修改为男女必选。1989 年课程改革时，新教学大纲中明文规定家庭课为男女共修，初中 1993 年、高中 1994 年相继予以实施。女子重新获得了平等接受中等教育内容的权利。二是女子中等、高等教育规模继续扩大。女子的高中入学率由 1975 年的 93.0% 提高到 1999 年的 96.9%，高中普及率继续提高；

---

① "参画"意为"参与"。日本政府为了强调女性参与社会的主动性，于 1991 年将"男女共同参加"改为"男女共同参画"。

② 内阁府男女共同参画事务局：http://www.gender.go.jp/danjyo_kihon/situmu1-3.html。

女子的大学及短大本科合计入学率由 1975 年的 32.4% 提高到 1999 年的 49.6%，高等教育机构的女在校生人数由 67.5 万人增加到 131.0 万人，规模扩大了约 2 倍。[①]

除学校教育外，在"终身学习"的基本国策[②]下，社会教育开始成为女子教育的新方向。该时期，女子社会教育的发展主要表现在两个方面，一是社会女性积极参加学校教育活动。接受大学及短大函授课程的女性人数由 1975 年的 4.4 万人增至 1999 年的 11.8 万人，[③] 女性还积极参加大学举办的各种公开讲座，1986 年共有 338 所大学（当时全国共有 465 所）面向社会人举办了 2 511 场公开讲座，听讲女性 12.8 万人。[④] 二是女性积极参加各类女性教育设施的活动。日本政府 1977 年设立国立妇女教育会馆，从 1978 年开始资助地方政府建立女性教育设施。1999 年度，日本各地的女性教育设施有 207 个、利用者 344.3 万人，其中举办学习班及讲座 7 142 场、参加者 19.5 万人，主办演讲会、讲习会及实习会 1 979 场、参加者 11.1 万人，内容主要包括家庭教育及家庭生活、教养教育、职业知识及技术提高等。[⑤] 上述教育活动提高了女性的知识与技能，开发了其资质与能力，日益成为女子教育的重要组成部分。

该时期，在基本普及后期中等教育、高等教育大众化程度逐年提高的基础上，社会教育开始成为女子教育的新重点，女子教育获得了新发展。

三、新世纪女子教育的现状及启示

进入 21 世纪，日本的女子教育获得了新的制度保障，在学校教育、

---

① 　文部省：《我国的教育水准》1975 年度，第 215、223 页；《我国的文教施策》1988 年度，第 484 页；1999 年度，第 503、506、507 页。

② 　参见臧佩红：《日本近现代教育史》，世界知识出版社 2010 年版，第 359—363 页。

③ 　《大学、短期大学通信教育状况的推移》（1972—2010），见女性与男性统计数据库：http://winet.nwec.jp/cgi-bin/toukei/load/bin/tk_sql.cgi?bunya=06&hno=0&rfrom=1&rto=0&fopt=1。

④ 　文部省：《我国的文教施策》1988 年度，第 495 页。

⑤ 　文部省：《社会教育调查》1999 年度，http://www.e-stat.go.jp/SG1/estat/List.do?bid=0000010 12323&cycode=0。

社会教育方面均获得进一步发展，但同时也仍然存在不足与局限，其发展趋势为我国的女子教育提供了有益的借鉴。

（一）新世纪的女子教育现状（2000—今）

首先，女子教育有了新的制度保障。一是法律保障。《男女共同参画社会基本法》（1999 年颁布、2001 年实施）规定："国民必须在单位、学校、地区、家庭等所有领域，基于基本理念，为形成男女共同参画社会做贡献。"[①] 新《教育基本法》（2006 年修改）将"培养……男女平等……的态度"确立为新的"教育目标"之一。二是机构保障。2001 年，日本内阁特设了"男女共同参画担当大臣"，原"男女共同参画室"升格为"男女共同参画局"，原"男女共同参画审议会"改称"男女共同参画会议"，文部科学省终身学习政策局下新设"男女共同参画学习课"。三是事业保障。日本政府 2000 年、2005 年、2010 年先后三次制定了《男女共同参画基本计划》，确立了发展女性事业的领域、目标及措施，其中均单列"充实可以多样选择的教育与学习、推进男女共同参画"一项。上述立法、机构、计划三位一体，形成强有力的推进机制，为女子教育的发展提供了制度保障。

其次，女子教育获得了更大的发展。一是女子高等教育持续发展。2010 年与 2000 年相比，大学女在校生的规模持续扩大，女大学生增加了 19.3 万人；女子的大学与短大本科合计入学率由 48.7% 提高到 56.0%，新入学的女硕士生比例由 26.3% 增至 28.4%、博士生由 26.8% 增至 31.8%。[②] 二是女子教育机构相对发达。2010 年，共有女子高中 343 所（国立 1 所、公立 45 所、私立 297 所），几乎每县设立一所公立女子高中；另有女子短期大学 122 所（公立 4 所、私立 118 所），女子

---

① 法令数据提供体系：http://law.e-gov.go.jp/htmldata/H11/H11HO078.html。
② 文部科学省：《文部科学白皮书》2005 年度，第 478–481 页；2010 年度，第 400–401 页。

大学 81 所（国立 2 所、公立 7 所、私立 72）。[①] 三是女子社会教育方兴未艾。就读于大学研究生院的社会女性由 2000 年的 0.8 万人增至 2008 年的 1.9 万人；[②] 女性还积极参加社会教育设施的各种活动，2008 年度，全国 380 个女性教育设施共举办学习班及讲座 9 936 次、听讲人数 33.6 万人，组织各种集会 5 187 次、参加者 48.8 万人。[③]

与此同时，女子教育仍存在问题。一是女子学校教育规模缩小。2010 年与 2000 年相比，各级各类学校的女在校生人数大幅减少，其中幼儿园、小学、初中、高中、短期大学的女生人数分别减少了 8.3 万人、18.6 万人、25.9 万人、41 万人、15.6 万人。[④] 二是女子高等教育水平仍低于男子。2010 年度，女生的短大入学率（10.8%）远远高于男生（1.3%），大学入学率（45.2%）却仍低于男生（56.4%）；女生在短期大学占 88.7%，在大学仅占 41.1%；新生中女硕士生仅占 28.4%、女博士生占 31.8%。[⑤] 三是女子理科高等教育仍然欠缺。2010 年度，女生所占比例最小的专业是工学，大学生、硕士生、博士生分别为 10.9%、10.4%、15.1%；其次是理学，大学生、硕士生、博士生分别为 25.8%、21.0%、19.0%。[⑥] 另外，在 81 所女子大学中，仅 4 所设理科系，其余均只设文科系。[⑦] 女子教育的重文轻理现象仍有待改善。

高等教育、社会教育成为新的增长点，标志着女子教育的升级与扩展；学校教育规模减小、高等教育发展的不均衡，也反映了女子教育的

[①] 　文部科学省：《学校基本调查》2010 年度，http://www.e-stat.go.jp/SG1/estat/List.do?bid=000000001028877&cycode=0，下同。

[②] 　文部科学省：《从数据看日本的教育》2008 年度，第 5 页。

[③] 　文部科学省：《社会教育调查》2008 年度，http://www.e-stat.go.jp/SG1/estat/List.do?bid=000000001025992&cycode=0。

[④] 　文部省：《我国的文教施策》2000 年度，http://www.mext.go.jp/b_menu/hakusho/html/hpad200001/hpad200001_3_403.html；文部科学省：《文部科学白皮书》2010 年度，第 400 页。

[⑤] 　文部科学省：《文部科学白皮书》2010 年度，第 400–403 页。

[⑥] 　文部科学省：《学校基本调查》2010 年度。

[⑦] 　日本女子大学网站：http://www.w-univ.net/。

问题，成为今后发展的新方向。

（二）对我国女子教育的启示

女子教育在我国也颇受重视，《宪法》《教育法》及《义务教育法》均规定妇女享有平等受教育的权利，高等教育中的女生比例也高于日本。然而，我国女子的中等、高等教育入学率仍相对较低（2009 年男女毛入学率高中 79.2%、高等教育 24.2%），女子教育机构尚不发达，女子教育亟待发展。考察日本的女子教育，可以为我国提供如下启示。

首先，女子教育具有重要的经济功能。女子教育具有政治、经济、社会文化等多方面重要功能。其中，女子教育的经济功能在我国鲜有论及，而这恰恰是日本政府战后大力发展女子教育的根源之一。在经济高速增长时期，日本计划"将占人口一半的妇女的能力有效利用于产业活动、经济活动"①；在少子老龄化日益凸显的 20 世纪 90 年代以后，日本试图通过使女性变为劳动力，"缓解少子老龄化这一人口结构变化对劳动力人口的影响"；在知识经济勃兴的 21 世纪，日本提出："将决定消费意志的女性纳入商品及服务提供方的意志决定过程，……创造出新的市场。"② 教育是女性参与各种经济活动的前提与基础，其经济意义日益凸显。我国在建设人力资源强国的过程中，应尤为重视女子教育的经济功能，为经济发展培养出更多、更优质的女性人才。

其次，女子教育的形式趋向共学。采取何种形式才能有效地发展女子教育，是各个时期、各国政府均须面临的问题。"共学"与"别学"孰优孰劣，在现代中日两国也都引起过争论。近年来，日本出现了女子教育机构减少、男女共学学校增加的倾向。日本的女子高中由 1994 年的 643 所减至 2010 年的 343 所，几乎减少了一半；女子短期大学由 1998 年的 298 所减至 2010 年的 112 所；女子大学由 1998 年的 99 所减

---

① 小山静子：《战后教育的性别秩序》，第 232 页。
② 内阁府：《男女共同参画白皮书》2010 年度，第 6 页。

至 2010 年的 81 所。与此同时，男女共学的大学由 1998 年的 499 所增至 2010 年的 666 所。[①] 目前，我国女子接受中等、高等教育的机会仍然较少，应该适当发展女子教育机构，为适龄女性提供更多的受教育机会。但与此同时，也应注意到日本等发达国家女子教育机构减少的趋势。只有兼顾本国国情及国际大势，才能不致我国的女子教育发展出现偏颇。

此外，女子教育的内容呈现新趋势。一是健康教育大幅增加。在日本高等教育各专业中，女在校生人数增幅最大的是保健专业，2010 年与 1998 年相比，女本科生增加了 7.6 万人、硕士生增加了 4 276 人、博士生增加了 4 333 人，[②] 其背景是健康产业的日益勃兴。二是理工科比重提高。理工科的女生比例虽相对较低，却呈现出提高的趋势。2010 年与 1998 年相比，工学专业的女本科生由 9.4% 增至 10.9%、硕士生由 7.5% 增至 10.4%、博士生由 8.5% 增至 15.1%，理学专业的女本科生由 25.3% 增至 25.8%、硕士生由 19.2% 增至 21.0%、博士生由 13.6% 增至 19.1%。[③] 2010 年《第三次男女共同参画基本计划》中，首次将"科技学术领域中的男女共同参画"单独列为第十二个重点发展领域，[④] 女子理科教育必将日益受到重视。三是国际化色彩加强。教育"国际化"是日本的国家战略，女子教育也不例外。大学中女留学生的人数及比例均有所提高。2010 年与 2000 年相比，留日女大学生由 1.7 万人（占留学生总人数的 46.4%）增至 4.0 万人（占 50.6%）、留日女研究生由 1.0 万人（占 40.4%）增至 2.0 万人（48.6%），[⑤]。女子教育机构也日趋国际化，

---

① 文部科学省：《学校基本调查》2010 年度；女性与男性统计数据库：http://winet.nwec.jp/toukei/save/xls/L113040.xls。

②③ 文部科学省：《学校基本调查》1998 年度，第 206、20、48、52 页；《学校基本调查》2010 年度。

④ 文部科学省：《文部科学白皮书》2010 年度，第 135 页。

⑤ 文部科学省：《学校基本调查》2001 年度、2010 年度，http://www.e-stat.go.jp/SG1/estat/NewList.do?tid=000001011528。

在81所女子大学中,有20所大学设立了冠以"国际"字样的学部及学科。[①]

综观日本战后,女子学校教育、社会教育均获得了长足发展,其经验值得我们借鉴;而其存在的问题与不足,则成为今后日本女子教育的发展方向,也值得我国引以为戒。

第二节　现代中国女子教育的发展

中国共产党早在取得政权之前,就颇为重视女子教育。1921年,中国共产党创办平民女校高等班,培养妇女干部。1922年,中国共产党第二次全国代表大会发表宣言,"废除一切束缚女子的法律,女子在政治上、经济上、社会上、教育上一律享受平等权利"。1939年,中国女子大学成立,毛泽东在开学典礼上说:"女大的成立,在政治上是有着非常重大的目的意义,它不仅是培养大批有理论武器的妇女干部,而且还要培养大批做实际工作的妇女运动的干部,准备到前线去,到农村工厂去。组织二万万二千五百万妇女,来参加抗战。假如中国没有占半数的妇女的觉醒,中国的抗战是不会胜利的。" 执政党对女子教育的重视,为新中国的女子平等接受教育提供了政治条件,也为其后各项保障女子教育权的法律法规的颁布实施打下了基础。1949年中华人民共和国成立后,女子教育进入了一个新的发展阶段。

一、现代中国的女子教育政策

新中国成立后,经过多年的不断努力,基本上建立起了一套确保女子教育发展的政策体系,主要包括各项相关法律、教育计划、妇女发展纲要三个方面。

（一）女子教育的法律保障

新中国成立后所颁布的历次宪法中,都对女性受教育权做出了相应

---

① 日本的女子大学一般设2—3个学部,见日本女子大学网站:http://www.w-univ.net/。

的规定。最早的《中国人民政治协商会议共同纲领》（1949 年 9 月颁布，
起临时宪法作用）第一章总纲第六条规定："中华人民共和国废除束缚
妇女的封建制度。妇女在政治的、经济的、文化教育的、社会的生活各
方面，均有与男子平等的权利。"第五章第四十一条规定："中华人民
共和国的文化教育为新民主主义的，即民族的、科学的、大众的文化教
育。人民政府的文化教育工作，应以提高人民文化水平、培养国家建设
人才、肃清封建的、买办的、法西斯主义的思想、发展为人民服务的思
想为主要任务。"继而，中华人民共和国的第一部宪法——"五四宪法"
（1954 年 9 月颁布）规定："中华人民共和国公民有受教育的权利"（第
九十四条）。"中华人民共和国妇女在政治的、经济的、文化的、社会
的和家庭的生活各方面享有同男子平等的权利。（第九十六条）"此后，
"七五宪法"（1975 年 1 月颁布）规定："公民有劳动的权利，有受教
育的权利……妇女在各方面享有同男子平等的权利"（第二十七条）。
"七八宪法"（1978 年 3 月颁布）规定："公民有受教育的权利"（第
五十一条）。"妇女在政治的、经济的、文化的、社会的和家庭的生活
各方面享有同男子平等的权利。"（第五十三条）1982 年 12 月公布的《中
华人民共和国宪法》施行至今，其间曾于 1988 年、1993 年、1999 年、
2004 年、2018 年修改了五次，有关女性受教育权的规定始终未变，即：
第二章"公民的基本权利和义务"的第四十六条中规定："中华人民共
和国公民有受教育的权利和义务。"第四十八条中规定："中华人民共
和国妇女在政治的、经济的、文化的、社会的和家庭的生活等各方面享
有同男子平等的权利。"[①] 宪法是国家的根本大法，其中有关女子教育
的规定，为各个时期女子教育的发展提供了基本的法理依据。

　　在宪法基础之上，各类教育法也对女子教育问题做出规定。1995 年

---

① 　百度百科：http://baike.baidu.com/view/9353.htm。

9月实施至今的《中华人民共和国教育法》第一章总则第九条规定："中华人民共和国公民有受教育的权利和义务。公民不分民族、种族、性别、职业、财产状况、宗教信仰等，依法享有平等的受教育机会。"第五章第三十六条规定："受教育者在入学、升学、就业等方面依法享有平等权利。学校和有关行政部门应当按照国家有关规定，保障女子在入学、升学、就业、授予学位、派出留学等方面享有同男子平等的权利。"①在总体的受教育权之下，女子义务教育问题备受重视。1986年颁布施行的《中华人民共和国义务教育法》规定："凡满六周岁的儿童，不分性别、民族、种族，应当入学校接受规定年限的义务教育。条件不具备的地区，可以推迟到七周岁入学。"（第五条）②2006年修改的《中华人民共和国义务教育法》仍规定："凡具有中华人民共和国国籍的适龄儿童、少年，不分性别、民族、种族、家庭财产状况、宗教信仰等，依法享有平等接受义务教育的权利，并履行接受义务教育的义务。"（第四条）③除上述两项教育法之外，据笔者所查，《中华人民共和国职业教育法》（1996年颁布实施）、《中华人民共和国高等教育法》（1998年颁布实施）中均未单列"性别"或"女子"问题，也就是说，我国目前对女子高等教育、职业教育尚未做出单独的法律规定。

此外，1992年颁布、2005年修订的《中华人民共和国妇女权益保障法》中，单列"第三章 文化教育权益"，对女子的教育权进行了较为详细的规定：

第十五条 国家保障妇女享有与男子平等的文化教育权利。

第十六条 学校和有关部门应当执行国家有关规定，保障妇女在入学、

---

① 中华人民共和国教育部网站：http://www.moe.edu.cn/publicfiles/business/htmlfiles/moe/moe_619/200407/1316.html。

② 百度百科：http://wenku.baidu.com/view/7a4e3a244b35eefdc8d333a5.html。

③ 中华人民共和国教育部网站：http://www.moe.edu.cn/publicfiles/business/htmlfiles/moe/moe_619/200606/15687.html。

升学、毕业分配、授予学位、派出留学等方面享有与男子平等的权利。学校在录取学生时，除特殊专业外，不得以性别为由拒绝录取女性或者提高对女性的录取标准。

第十七条 学校应当根据女性青少年的特点，在教育、管理、设施等方面采取措施，保障女性青少年身心健康发展。

第十八条 父母或者其他监护人必须履行保障适龄女性儿童少年接受义务教育的义务。除因疾病或者其他特殊情况经当地人民政府批准的以外，对不送适龄女性儿童少年入学的父母或者其他监护人，由当地人民政府予以批评教育，并采取有效措施，责令送适龄女性儿童少年入学。政府、社会、学校应当采取有效措施，解决适龄女性儿童少年就学存在的实际困难，并创造条件，保证贫困、残疾和流动人口中的适龄女性儿童少年完成义务教育。

第十九条 各级人民政府应当依照规定把扫除妇女中的文盲、半文盲工作，纳入扫盲和扫盲后继续教育规划，采取符合妇女特点的组织形式和工作方法，组织、监督有关部门具体实施。

第二十条 各级人民政府和有关部门应当采取措施，根据城镇和农村妇女的需要，组织妇女接受职业教育和实用技术培训。

第二十一条 国家机关、社会团体和企业事业单位应当执行国家有关规定，保障妇女从事科学、技术、文学、艺术和其他文化活动，享有与男子平等的权利。[①]

上述各项法律，在各个层面上，为现代中国的女子教育发展提供了法律依据，是促使各级政府、各类教育机构切实确保女子平等受教育的法律准绳。

---

① 中国网：http://www.china.com.cn/chinese/PI-c/953097.htm。

（二）国家教育政策中的女子教育

改革开放以后，我国开始更加重视教育事业的发展。1985 年 5 月，中央公布了《中共中央关于教育体制改革的决定》，但其中并未提及女子教育问题。

1993 年 2 月，中共中央、国务院下发了《中国教育改革和发展纲要》，第四部分"全面贯彻教育方针，全面提高教育质量"中第三十七条规定："全社会都要关心和保护青少年的健康成长，形成社会教育、家庭教育同学校教育密切结合的局面。家长应当对社会负责，对后代负责，讲究教育方法，培养女子具有良好的品德和行为习惯。"[①] 该纲要共 50 条，仅此一处提及女子教育，而且是将女子教育与家庭教育相提并论。

继而，教育部于 1995 年颁布了《全国教育事业"九五"计划和 2010 年发展规划》。该计划首先回顾"八五"计划的执行情况时提道："1995 年，全国小学在校生达到 1.32 亿人，学龄儿童入学率（按不同地区学制和儿童入学起始年龄计算，下同）达到 98.5%，女性和男性、农村和城市、贫困地区和发达地区学龄儿童入学率的差距逐年缩小。"该计划规定今后五年的"教育事业发展目标"中，提到女子的义务教育问题："基本普及九年义务教育，基本扫除青壮年文盲……小学和初中学生辍学率分别降低到 1% 和 3% 以下，进一步缩小女童和男童、农村和城市、贫困地区和发达地区、少数民族聚居地区和其他地区学龄儿童入学率的差距。"[②]

《全国教育事业第十个五年计划（2001—2005 年）》中未提及女子教育问题。《国家教育事业发展"十一五"规划纲要》中规定，此后五年教育事业的"主要任务"包括："贯彻实施义务教育法，普及巩固九年义务教育……推进义务教育均衡发展……重视女童教育，推进特殊教

① 中华人民共和国教育部网站：http://www.moe.edu.cn/publicfiles/business/htmlfiles/moe/moe_177/200407/2484.html。
② 中华人民共和国教育部网站：http://www.moe.edu.cn/publicfiles/business/htmlfiles/moe/moe_177/200407/2485.html。

育学校建设。努力让每个孩子都能接受合格的义务教育。"^① 2010 年 7 月颁布的《国家中长期教育发展纲要（2011—2020 年）》中，所列的"义务教育差距"仅包括"校际差距""城乡差距""区域差距"，并未提及"男女差距"。

从上述内容中可见，国家的主要教育发展政策中，最为重视的是女子义务教育，对于女子中等教育、高等教育、职业教育等，均未特别提及。

（三）《中国妇女发展纲要》中的女子教育

1995 年在北京召开的第四次世界妇女大会，为中国女子教育的发展带来了新的契机。中国政府此后相继三次制定了《中国妇女发展纲要》，为全国妇女事业的发展确立了具体的目标，其中均列有教育发展目标。

1995 年公布的《中国妇女发展纲要（1995—2000 年）》^② 是我国政府第一部关于妇女发展的专门规划，是我国妇女发展的重要里程碑。纲要"序言"中特别提到女子教育问题："改革开放 17 年来，我国妇女受教育水平不断提高……但是，由于我国是发展中国家，受经济和社会发展水平的制约及旧观念的影响，妇女受教育的程度和参与社会发展的程度还不够高。"在所列妇女发展的"主要目标"中规定："到本世纪末，我国妇女发展的总目标是：妇女的整体素质有明显提高，在全面参与经济建设和社会发展，参与国家和社会事务管理的过程中，使法律赋予妇女在政治、经济、文化、社会及家庭生活中的平等权利进一步得到落实。"妇女的受教育权利，涵盖于"文化"领域中。进而，所列"妇女发展的具体目标"中第四条为"大力发展妇女教育，提高妇女的科学文化水平"^③，具体内容包括：

---

① 百度百科：http://baike.baidu.com/link?url=tbTebDWq5UeK0dbXbL5Lv_zsJiWL6OzOfOWKJgkl XuyJaM420pZrrrShISSzjgpjYTvjEBhQ8WThyt9HAzSneq。
② 新华网：http://news.xinhuanet.com/ziliao/2003-09/08/content_1068085.htm。
③ 前三条分别为"提高妇女参与国家和社会事务决策及管理的程度""组织妇女积极参与改革开放和现代化建设，推动社会生产力发展""切实保障妇女的劳动权益"。

（1）逐步提高女性接受各级、各类教育的比例，全面提高妇女劳动者的素质，积极培养各类女性专业技术人才。

（2）全国基本普及九年义务教育，降低适龄女童的失学率和辍学率，使适龄女童失学率、辍学率均控制在 2% 以下。

（3）每年扫除 300 万妇女文盲，力争到本世纪末，全国基本扫除青壮年妇女文盲。

（4）大力发展各级、各类职业教育、职工培训和实用技术培训，提高妇女就业能力。"

2001 年公布的《中国妇女发展纲要（2001—2010 年）》[①] 在"前言"中指出："《纲要》的实施改善了我国妇女生存与发展的社会环境……妇女在政治、经济、教育、健康等各个领域取得了全面进步。"继而，列出了发展妇女事业的六项主要目标与策略措施："妇女与经济""妇女参与决策和管理""妇女与教育""妇女与健康""妇女与法律""妇女与环境"。该纲要中在详列出具体的妇女教育发展措施时首先明确指出："缩小男女受教育差距、提高妇女的科学文化素质是妇女发展的决定性因素。"上述内容表明，教育在国家发展妇女事业中占有极为重要的地位。

该纲要规定的有关教育的主要目标为：

（1）保障女童接受九年义务教育的权利。小学适龄女童的净入学率达到 99% 左右，小学五年巩固率提高到 95% 左右，基本杜绝小学适龄女童失学。初中女童毛入学率达到 95% 左右。（2）高中阶段教育女性毛入学率达到 75% 左右，高等教育女性毛入学率达到 15% 左右。（3）成人妇女识字率提高到 85% 以上，其中青壮年妇女识字率提高到 95% 左右。（4）提高妇女的终身教育水平。（5）妇女平均受教育年限达到

---

① 新华网：http://news.xinhuanet.com/ziliao/2003–09/03/content_1061214.htm。

发展中国家的先进水平。

实现上述目标的主要策略措施包括：

第一，国家宏观政策。国家的人才发展战略要体现男女平等原则，将妇女教育的主要目标纳入国家的教育发展规划。

（1）在课程、教育内容和教学方法改革中，把社会性别意识纳入教师培训课程，在高等教育相关专业中开设妇女学、马克思主义妇女观、社会性别与发展等课程，增强教育者和被教育者的社会性别意识。

（2）制定相关政策，提供妇女享有与男子平等的受教育的机会和途径，缩小男女受教育差距。

（3）改善学科领域的性别分布结构，培养高新技术和现代管理领域的女性专业人才。

（4）在实现教育技术现代化和教育信息化的过程中，保障妇女与男子共享信息和优质教育资源。

（5）加大对贫困地区教育的投入，为贫困地区妇女受教育创造条件。

第二，法律和部门政策。制定和完善有利于妇女与男子接受同等教育的相关法律法规和政策。

（1）教育立法要体现性别平等，保障妇女受教育的权利。

（2）进一步贯彻落实《中华人民共和国义务教育法》等相关法律法规，重点解决西部贫困地区和少数民族地区女童、残疾女童、流动人口中女童的义务教育问题。帮助失、辍学女童完成九年义务教育。缩小男女童受教育差距。

（3）发挥大中城市和经济发达地区的优势，提高内地学校培养少数民族女学生的比例。

（4）提高妇女接受职业教育和成人教育的水平，注重培养妇女的职业技能和适应职业变化的能力。通过正规的学历教育与非学历职业教育以及各种培训，使新增女性劳动力和在职女职工能够普遍接受各种形式的职业教育和成人教育。重点发展县（市）、乡（镇）和农村的中等职业教育，为初中毕业生中的女性提供多种形式的继续学习机会。

（5）扩大妇女接受高等教育的规模。全面落实各项资助经济困难学生的政策，帮助贫困女大学生完成学业。

（6）积极利用网络和现代远程教育资源，为妇女接受教育创造条件和机会。

（7）加大扫除妇女文盲工作的力度，把扫除农村妇女文盲，作为扫盲工作的重点。

（8）把妇女的素质教育贯穿于正规教育和非正规教育以及培训等各个方面，培养女学生的知识创新能力、社会适应能力、人文素养和科学精神，普遍提高妇女的文化知识水平和科学技术的应用能力。

（9）提高妇女终身教育水平。逐步形成大众化、社会化的终身教育体系，为妇女提供终身学习的条件和机会。

（10）努力创造条件，使农村妇女劳动者能普遍受到实用生产技术培训和文化知识教育。在初中教育阶段，将基础教育与"绿色证书"教育有机结合，使女学生获得更全面的知识和劳动技能。

（11）通过对口扶贫支教、启动远程教育扶贫项目等措施，提高边远贫困地区妇女受教育的水平。

（12）对残疾妇女进行职业教育、职业培训，为残疾妇女提供受教育的机会，提高其受教育程度，增强其生存和发展能力。

第三，社会教育和培训。广泛宣传性别平等和有关教育的法律法规，创造有利于妇女接受教育的社会环境。

（1）鼓励和支持社会力量办学，为妇女接受教育创造条件和机会。

（2）继续发动社会力量参与妇女扫盲。

2011 年 8 月公布的《中国妇女发展纲要（2011—2020 年）》^①进一步强调了男女平等的重要性："实行男女平等是国家的基本国策，男女平等的实现程度是衡量社会文明进步的重要标志。妇女占全国人口的半数，是经济社会发展的重要力量。在发展中维护妇女权益，在维权中促进妇女发展，是实现妇女解放的内在动力和重要途径。保障妇女权益、促进妇女发展、推动男女平等，对国家经济社会发展和中华民族文明进步具有重要意义。"该纲要提出的总目标中包括"保障妇女……平等享有受教育的权利和机会，受教育程度持续提高"；确立的六个优先发展领域的主要目标和策略措施为"妇女与健康""妇女与教育""妇女与经济""妇女参与决策和管理""妇女与社会保障""妇女与环境""妇女与法律"。教育在妇女事业发展中的地位进一步提高。

该纲要规定今后十年"妇女与教育"的主要目标为：

（1）教育工作全面贯彻性别平等原则；（2）学前三年毛入园率达到 70%，女童平等接受学前教育；（3）九年义务教育巩固率达到 95%，女童平等接受九年义务教育，消除女童辍学现象；（4）高中阶段教育毛入学率达到 90%，女性平等接受高中阶段教育；（5）高等教育毛入学率达到 40%，女性平等接受高等教育，高等学校在校生中男女比例保持均衡；（6）高等学校女性学课程普及程度提高；（7）提高女性接受职业学校教育和职业培训的比例；（8）主要劳动年龄人口中女性平均受教育年限达到 11.2 年；（9）女性青壮年文盲率控制在 2% 以下；（10）性别平等原则和理念在各级各类教育课程标准及教学过程中得到充分体现。

实现上述目标的具体的策略措施为：

（1）在教育法规、政策和规划的制定、修订、执行和评估中，增

---

① 人民网：http://politics.people.com.cn/h/2011/0808/c226651-2249608525.html。

加性别视角，落实性别平等原则。

（2）切实保障女童平等接受学前教育。资助贫困家庭女童和残疾女童接受普惠性学前教育。提高农村学前教育普及程度，多形式增加农村学前教育资源，着力保证留守女童入园。

（3）确保适龄女童平等接受义务教育。加大对教育法、义务教育法等法律法规的宣传力度，提高家长保障女童接受义务教育的守法意识和自觉性。

（4）保障女性平等接受高中阶段教育。加大对中西部贫困地区高中阶段教育的扶持力度，满足农村和贫困地区女生接受高中阶段教育的需求。对普通高中家庭经济困难女生和残疾女生给予资助，保障女生不因家庭经济困难和个人生活困难辍学。逐步实行中等职业教育免费，保障未升入高中的女童在就业前接受必要的职业教育。

（5）提高女性接受高等教育的水平。采取积极措施，保障女性平等接受高等教育，提高女性主要劳动年龄人口中受过高等教育的比例。多渠道、多形式为贫困和残疾女大学生提供资助。

（6）满足妇女接受职业教育的需求。坚持职业学校教育与职业培训并举，为妇女接受职业教育提供更多的机会和资源。扶持边远贫困地区妇女和残疾妇女接受职业教育。为失学大龄女童提供补偿教育，增加职业培训机会。组织失业妇女接受多种形式的职业培训，提高失业妇女创业和再就业能力。根据残疾妇女身心特点，合理设置残疾人职业教育专业。

（7）提高妇女终身教育水平。构建灵活开放的终身教育体系，为妇女提供多样化的终身教育机会和资源。鼓励妇女接受多形式的继续教育，支持用人单位为从业妇女提供继续教育的机会。提高妇女利用新型媒体接受现代远程教育的能力。

（8）促进妇女参与社区教育。整合、优化社区教育资源，发展多样化社区教育模式，丰富社区教育内容，满足妇女个性化的学习和发展需求。大力发展社区老年教育，为老年妇女提供方便、灵活的学习条件。

（9）继续扫除妇女文盲。创新和完善扫盲工作机制，制定出台相关优惠政策，加大扫除女性青壮年文盲工作力度。通过组织补偿学习，深化扫盲和扫盲后的继续教育，巩固发展扫盲成果。

（10）加大女性技术技能人才培养力度。完善科技人才政策，探索建立多层次、多渠道的女性科技人才培养体系。依托国家重点实验室、重大科研项目和重大工程建设项目，聚集、培养女性专业技术人才和技能人才。

（11）加强妇女理论研究和高等学校女性学学科建设。在国家社科基金等科研基金中增加社会性别和妇女发展的相关项目和课题，推动妇女理论研究。提高女性学学科等级，鼓励高等学校开设女性学专业或女性学课程，培养女性学专业人才。

（12）实施教育内容和教育过程性别评估。在课程和教材相关指导机构中增加社会性别专家。在教育内容和教育方式中充分体现社会性别理念，引导学生树立男女平等的性别观念。

（13）提高教育工作者的社会性别意识。加大对教育管理者社会性别理论的培训力度，在师资培训计划和师范类院校课程中增加性别平等内容，强化教育管理者的社会性别意识。提高各级各类学校和教育行政部门决策和管理层的女性比例。

（14）均衡中、高等教育学科领域学生的性别结构。鼓励学生全面发展，弱化性别因素对学生专业选择的影响。采取多种方式，鼓励更多女性参与高科技领域的学习和研究。

在上述三个《中国妇女发展纲要》中，教育在发展妇女事业中的地位日益提升，国家所确立的发展女子教育的目标任务不断提高，其具体的发展措施亦逐步完善，从而切实确保了女子教育的不断提高与发展。

二、普通教育机构中的女子教育

普通教育机构包括小学、初中、高中、普通高校，前两者属于义务教育阶段，第三者属于后期中等教育阶段，最后者属于高等教育阶段。以下将以教育部网站上公布的 1998 年至 2012 年间的教育统计数据为基础，分析各级普通教育机构中的女子教育情况。

（一）义务教育中的女子教育

在义务教育阶段的小学，女生入学率自 1999 年开始达到 99%，此后逐年提高，至 2012 年达到 99.86%；从男女生入学率的性别差来看，至 2005 年，女生均略低于男生，但从 2006 年以后至 2012 年，女生入学率均略高于男生。另外，在 2003 年至 2005 年的统计数据中单列出了女童的"辍学率"，1998 年至 2001 年的统计数据中单列出了女童的"五年巩固率"，两者均与平均值相差不多。

表 5-1　义务教育阶段女童就学情况一览表[①]　　　单位：%

| 年度 | 小学 | | | | | | | 初中 | |
| | 入学率 | | | | 辍学率 | 五年巩固率 | | 入学率 | 辍学率 |
	平均	男	女	性别差		平均	女童		
1998	98.93	99.00	98.86	-0.14	0.93	90.50	91.07	87.3	3.23
1999	99.09	99.10	99.00	-0.10	0.90	92.48	92.62	88.6	3.28
2000	99.10	99.14	99.07	-0.07	0.55	94.54	94.48	88.6	——
2001	99.05	99.08	99.01	-0.07	0.27	95.30	95.05	88.7	3.12
2002	98.58	98.62	98.53	-0.09	——	98.80		90.0	
2003	98.65	98.69	98.61	-0.08	0.34(女童0.36)	98.80		92.7	2.84（女生2.43）
2004	98.95	98.97	98.93	-0.04	0.59（女童0.6）	——		94.1	2.49（女生2.19）
2005	99.15	99.16	99.14	-0.02	0.45（女童0.47）	——		95.0	2.62（女生2.31）
2006	99.27	99.25	99.29	0.04		——		97.0	

[①] 教育部：《全国教育事业发展统计公报》，1998 年至 2012 年各年度，http://www.moe.edu.cn/publicfiles/business/htmlfiles/moe/moe_335/index.html。

续表

| 年度 | 小　学 | | | | | | | 初中 | |
| | 入学率 | | | | 辍学率 | 五年巩固率 | | 入学率 | 辍学率 |
	平均	男	女	性别差		平均	女童		
2007	99.49	99.46	99.52	0.06	——	——	——	98.0	——
2008	99.54	99.50	99.58	0.08	——	——	——	98.5	——
2009	99.40	99.36	99.44	0.08	——	——	——	99.0	——
2010	99.70	99.68	99.73	0.05	——	——	——	100.1	——
2011	99.79	99.78	99.80	0.02	——	——	——	100.1	——
2012	99.85	99.84	99.86	0.02	——	——	——	102.1	——

从表 5-2 的统计数据来看，小学女童总人数由 1998 年的 6645.57 万人减少到 2012 年的 4485.44 万人，14 年间小学女生的规模减少了 2160.13 万人；女生所占总人数比例，则基本上保持在 46%—48% 之间，也就是说，小学男女生比例大致平衡。

表 5-2 1998—2012 年度普通小学女生总人数及其比例[①]

年度	女生人数	女生占总人数比例 (%)	年度	女生人数	女生占总人数比例 (%)
1998	6 645.57 万人	47.63	2006	4 998.17 万人	46.66
1999	6 454.87 万人	47.64	2007	4 912.49 万人	46.50
2000	6 194.56 万人	47.6	2008	4 792.81 万人	46.39
2001	5 936.8 万人	47.33	2009	4 660.48 万人	46.27
2002	5 738.13 万人	47.2	2010	4 595.26 万人	46.23
2003	5 503.76 万人	47.08	2011	4 589.36 万人	46.23
2004	5 281.15 万人	46.96	2012	4 485.44 万人	46.26
2005	5 086.37 万人	46.82			

在义务教育的初中阶段，如表 5-1 所示，教育部的统计数据中没有单列初中女生的入学率，而仅有男女生的平均入学率，即由 1998 年的 87.3% 提高到 2010 年的 100.1%，进而 2012 年达到了 102.1%。另外，单独列出了 2003 年至 2005 年的初中女生辍学率，三年均低于平均值。

———————

① 教育部：《教育统计数据》，1998 年至 2012 年各年度，http://www.moe.edu.cn/publicfiles/business/htmlfiles/moe/s7567/list.html。

也就是说，从官方的统计数据来看，从 2010 年开始，就完全实现了九年义务教育。另外，表 5-3 显示初中女生的总人数，由 2003 年的 3 138.14 万人减至 2012 年的 1 663.92 万人，十年间减少了 1 474.22 万人；女生所占总人数的比例始终保持在 45%—48% 之间，可见初中的男女生比例也大致相当。

表 5-3　1998—2012 年度普通初中女生总人数及其比例[①]

年度	女生人数	女生占总人数比例 (%)	年度	女生人数	女生占总人数比例 (%)
1998	2 877.68 万人	45.67	2006	2 806.78 万人	47.27
1999	3 109.24 万人	45.92	2007	2 707.81 万人	47.33
2000	3 402.38 万人	46.17	2008	2 639.86 万人	47.36
2001	3 643.33 万人	46.49	2009	2 571.17 万人	47.32
2002	3 870.2 万人	46.70	2010	2 490.85 万人	47.21
2003	3 138.14 万人	47.42	2011	2 387.74 万人	47.13
2004	3 067.23 万人	47.37	2012	1 663.92 万人	47.50
2005	2 920.81 万人	47.33			

（二）后期中等教育中的女子教育

后期中等教育机构主要指普通高中。就女生的普通高中入学率而言，在教育部的统计数据中，1998 年至 2001 年未列出高中的入学率，2002 年以后列有男女生平均入学率，即由 2002 的 42.8% 提高到 2012 年的 85.0%，而未单列出女生的高中入学率，只能以平均入学率作为参考。[②]另外，就高中女生的在校生规模而言，如表 5-4 所示，2003 年以后，女高中生的人数基本上呈增长趋势，由 2003 年的 885.72 万人增至 2012 年的 1 219.02 万人，十年间规模增加了 333.3 万人。在高中教育阶段，就

① 教育部：《教育统计数据》，1998 年至 2012 年各年度，http://www.moe.edu.cn/publicfiles/business/htmlfiles/moe/s7567/list.html。1998 年至 2002 年的数据统一为"普通中学"，其中包括普通高中、普通初中。
② 教育部：《全国教育事业发展统计公报》，1998 年至 2012 年，http://www.moe.gov.cn/publicfiles/business/htmlfiles/moe/moe_633/201308/155798.html。1998 年至 2001 年的统计数据中，未列有高中阶段毛入学率。

读普通高中的女生比例也与男生大致相当，且呈持续增长趋势。

表 5-4　1998—2012 年度普通高中女生总人数及其比例 [①]

年度	女生人数	女生占总人数比例 (%)	年度	女生人数	女生占总人数比例 (%)
1998	2 877.68 万人	45.67	2006	1 177.60 万人	46.83
1999	3 109.24 万人	45.92	2007	1 192.04 万人	47.26
2000	3 402.38 万人	46.17	2008	1 182.54 万人	47.75
2001	3 643.33 万人	46.49	2009	1 173.41 万人	48.2
2002	3 870.20 万人	46.7	2010	1 180.14 万人	48.62
2003	885.72 万人	45.08	2011	1 202.35 万人	48.98
2004	1 017.08 万人	45.81	2012	1 219.02 万人	49.41
2005	1 118.44 万人	46.43			

（三）高等教育中的女子教育

正如著名教育学研究专家潘懋元先生所言："从文化的角度看，女子教育，尤其是女子高等教育，是社会文化现代化变迁的寒暑表。" [②] 在基本上普及了女子的九年义务教育、高中入学率也接近 90% 之后，女子高等教育的发展开始备受关注。就女子的高等教育入学率而言，教育部的统计数据中仍未单列女子一栏，可赖以参考的是男女的平均"高等教育毛入学率"由 2003 年的 17% 提高到了 2012 年的 30%。 [③] 从女子高等教育的在校生人数来看，如表 5-5 所示，从 1998 年至 2012 年，女子高等教育的规模持续扩大。2012 年与 2004 年相比，女博士增加了 5.15 万人，女硕士增加了 45.01 万人，女本科生增加了 404.36 万人，女专科生增加了 215 万人；女生占高等教育学生总人数的比例也不断提高，

---

① 教育部：《教育统计数据》，1998 年至 2012 年各年度，http://www.moe.edu.cn/publicfiles/business/htmlfiles/moe/s7567/list.html. 其中 1998 年至 2002 年的数据为"普通中学"，包括普通高中、普通初中。
② 潘懋元：《女子高等教育——文化变迁的寒暑表 中国女子高等教育的过去、现在和未来》，《集美大学学报》2001 年 9 月第 2 卷，第 1 页。
③ 教育部：《全国教育事业发展统计公报》，1998 年至 2012 年，http://www.moe.gov.cn/publicfiles/business/htmlfiles/moe/moe_633/201308/155798.html. 1998 年至 2002 年的统计数据中，未列有高等教育毛入学率。

2012 年与 2004 年相比，女博士生的比例由 31.37% 提至 36.45%，女硕士生由 44.15% 提至 51.46%，女本科生由 43.89% 提至 51.03%，女专科生由 47.82% 提至 51.84；而且，先后从 2006 年、2010 年、2011 年开始，女专科生、女硕士生、女本科生的比例分别超过了 50%，除博士生之外，高等教育阶段也实现了男女比例的大致平衡。

表 5-5　1998—2012 年度普通高校女生总人数及其比例[①]

年度	博士生		硕士生		普通本科生		普通专科生	
	人数	比例(%)	人数	比例(%)	人数	比例(%)	人数	比例(%)
1998	130.59 万人	38.31%						
1999	162.06 万人	39.66%						
2000	227.89 万人	40.98%						
2001	302.3 万人	42.04%						
2002	397.04 万人	43.95%						
2003	474.12 万人	44.52%						
2004	5.19 万人	31.37	28.89 万人	44.15	323.84 万人	43.89	284.85 万人	47.82
2005	6.23 万人	32.57	36.23 万人	46.02	384.55 万人	45.3	350.77 万人	49.2
2006	7.05 万人	33.87	41.77 万人	46.36	436.96 万人	46.32	398.76 万人	50.13
2007	7.58 万人	34.07	45.89 万人	47.19	485.12 万人	47.36	440.72 万人	51.21
2008	8.21 万人	34.70	50.39 万人	48.16	531.66 万人	48.15	476 万人	51.92
2009	85 858 人	34.86	575 015 人	49.63	576.79 万人	48.89	5 057 632 人	52.42
2010	91 887 人	35.48	644 343 人	50.36	628.70 万人	49.68	5 064 001 人	52.41
2011	98 009 人	36.13	699 491 人	50.89	680.27 万人	50.4	5 002 305 人	52.17
2012	103 436 人	36.45	738 981 人	51.46	728.20 万人	51.03	4 998 527 人	51.84

[①]　教育部：《教育统计数据》，1998 年至 2012 年各年度，http://www.moe.edu.cn/publicfiles/business/htmlfiles/moe/s7567/list.html。1998 年至 2003 年的统计数据统一为"普通高等学校女学生"，2004 年开始详细分为博士生、硕士生、本科生、专科生。

从上述统计数据来看，我国基本上普及了女子九年义务教育，女子高中教育达到了较高的程度，女子高等教育也发展迅速，女子学校教育取得了长足的发展与进步。

三、女子学校的变迁与发展

新中国成立后不久，各级各类独立设置的女子教育机构均被合并，女子学校从此在中华大地上销声匿迹近 30 年。进入 20 世纪 80 年代，女子学校又逐渐恢复，大致发展为四类：独立设置女子高校、大学内设女子学院、女子中学、女子中等职业学校。

（一）独立设置女子高校

新中国成立时，中国尚存四所女子普通高校：南京金陵女子大学（1915 年成立）、福州华南女子大学（1908 年成立）、上海震旦女子文理学院（1937 年成立）、重庆国立女子师范学院（1940 年成立）。20 世纪 50 年代初，上述四所女子高校被合并：1950 年 10 月，重庆国立女子师范学院与四川省立教育学院合并组建西南师范学院；1951 年 4 月，福州华南女子大学与福建协和大学合并成立福州大学（后改名为福建师范学院）；1951 年 8 月，上海震旦女子文理学院并入震旦大学（后分别归入复旦大学、交通大学）；1951 年 10 月，南京金陵女子大学和金陵大学合并为公立金陵大学（后改名为南京师范学院）。

1984 年，原全国妇联妇女干部学校[①]升格为全国妇联管理干部学院（1987 年更名为"中国妇女管理干部学院"），这是新中国成立后第一所独立设置的女子成人高校。同年，西安培华女子大学（专科）设立，这是新中国成立后第一所民办公助的女子普通高校（2003 年升格为本科并更名为西安培华学院，男女生兼收）。1985 年，湖南省妇联设立了湖南女子职业大学(专科)，这是新中国成立后第一所全日制公办女子普通高校。

[①]　该校原为 1949 年由宋庆龄等人亲手创建的新中国妇女职业学校，后更名为全国妇联妇女干部学校。

同年，恢复创办了福建华南女子职业学院，这是全国第一所具有国家承认学历教育招生资格的全日制民办女子普通高等学校。1991年，山东省正式批准成立"中国妇女管理干部学院山东分院"（其前身是创建于1952年的山东省妇女干部学校），亦属成人高等学校。1995年，中国妇女管理干部学院及其山东分院分别更名为"中华女子学院""中华女子学院山东分院"，但仍属成人高校。2002年2月，教育部批准中华女子学院转制为普通本科学校，这是新中国成立后第一所独立设置的女子普通本科学校。2010年3月，教育部批准成立了湖南女子学院（在湖南女子职业大学基础上组建）、山东女子学院（在中华女子学院山东分院基础上组建）。

截至2013年，全国共有女子普通本科学校3所，女子高职学院3所，共计6所女子普通高校。

表5-6　六所独立设置的女子普通高校基本情况一览表[①]

学校名称	成立年份	隶属	性质	院校类型	办学层次	在校生
中华女子学院	2002	全国妇联	公办	普通本科	本科为主	5 000
湖南女子学院	2010	省教育厅	公办	普通本科	本科为主	8 000
山东女子学院	2010	省妇联	公办	普通本科	本科为主	10 000
福建华南女子职业学院	1984	省教育厅	民办	高职	专科	3 000
广东女子职业技术学院	2001	省妇联	公办	高职	专科	6 000
河北女子职业技术学院	2004	省妇联	公办	高职	专科	4 800

（"在校生"人数系笔者2013年7月26日根据各校主页重新核对而得。）

中华女子学院：是全国妇联所属、经教育部批准的全国唯一一所女子普通本科高等学校。学校目前设有七个二级学院四系二部：社会与法学院（下设社会工作系、法律系、女性学系）、管理学院（下设人力资源管理系、会计系）、教育学院（下设学前教育系、心理学系）、艺术学院（下设艺术设计系、传播与表演系）、高等职业教育学院、继续教育学院、中华管理学院，计算机系、金融系、外语系、对外汉语系、公

---

① 张李玺：《中国妇女教育发展报告》（N0.2女子院校发展研究），社会科学文献出版社2012年版，第4页。

共教学部、体育教学部。设有 18 个本科专业：社会工作、社会学、法学、女性学、人力资源管理、旅游管理、会计学、财务管理、审计学、学前教育、应用心理学、艺术设计、播音与主持艺术、文化产业管理、计算机科学与技术、金融学、英语、对外汉语，分布在法学、管理学、教育学、文学、经济学、工学等 6 个学科门类，覆盖社会学、法学、教育学、工商管理、艺术学等 9 个一级学科，设有 10 个高职专业。女性学专业是教育部批准的目前国内唯一一个女性学本科专业。社会工作、学前教育、女性学等办学特色鲜明的专业，在国内具有较大影响力。①

　　湖南女子学院：设有经济与管理系、教育与法学系、文学与传媒系、外语系、艺术设计系、艺术表演系、信息技术系、会计系、旅游系共 9 个系，开设市场营销、国际经济与贸易、人力资源管理和物流管理、社会工作、学前教育、家政学、汉语言文学、播音与主持艺术、英语（含商务英语、英语教育方向）、服装与服饰设计、视觉传达设计、美术学、音乐表演、音乐学、舞蹈编导、电子商务、计算机科学与技术（数字媒体、软件开发与测试方向）、会计学、旅游管理、酒店管理、空中乘务共 21 个本科专业，以及应用日语、电子商务、信息管理、会计、空中乘务共 5 个专科专业。另设有思想政治理论课教学部、体育课教学部、继续教育学院、国际学院、妇女/性别研究与女性教育中心、礼仪/家政研究与教育中心。②

　　山东女子学院：设有外国语学院、教育学院、文化传播学院、艺术学院、经济管理学院、会计学院、旅游学院、社会与法学院、信息技术学院、基础部、继续教育学院 11 个教学院部，开设 22 个普通本科专业、2 个校企合作本科专业、43 个普通专科专业，34 个成人本专科专业，涵盖教育学、法学、管理学、经济学、工学、艺术学、文学 7 个学科门类，有全日制在校生近万人。③

---

① 中华女子学院主页：http://www.cwu.edu.cn/cwu/mainstation1/xygk/。
② 湖南女子学院主页：http://www.hnnd.com.cn/column.jsp?columnid=101。
③ 山东女子学院主页：http://www.sdwu.edu.cn/html/aboutus/xxgk/。

福建华南女子职业学院：学院现有生活科学、外语外贸、现代管理、服饰艺术等4个系，下设学前教育、食品营养与检测、家政服务、应用英语、国际经济与贸易、商务英语、商务经纪与代理、公共事务管理、老年服务与管理、涉外旅游、酒店管理、会展策划与管理、服装设计、鞋类设计与工艺、艺术设计和多媒体设计与制作等16个专业。

广东女子职业技术学院：其前身是广东省妇女干部学校，已有30多年的历史。设有五系（管理系、经贸系、应用外语系、应用设计系、文化艺术系）二部（思想政治理论课教学部、体育部）、两个研究中心及研究所（女性教育研究中心、高职教育研究所）和继续教育学院，开设人力资源管理、经济信息管理、会计电算化、市场营销（房地产营销与策划）、旅游管理（旅游、酒店方向）、国际贸易实务、社区管理与服务、商务日语、电子商务、物流管理、动漫设计与制作、文秘（中英文秘书、商务秘书）、旅游日语、表演艺术（音乐表演）、青少年工作与管理、计算机应用技术、商务英语、旅游英语、服装设计、电脑艺术设计、多媒体设计与制作等近30个专业。①

河北女子职业技术学院：学院设有应用技术系、艺术设计系、社会工作系、经济管理系、护理系。开设了园艺技术、工程造价、计算机应用技术、移动通信技术、食品加工技术、物业管理、服装设计、服装设计（工艺方向）、服装设计（表演方向）、装潢艺术设计、电脑艺术设计、环境艺术设计、摄影摄像技术、表演艺术、会计电算化、财务管理、金融保险、护理、康复治疗技术、涉外护理、学前教育、应用英语、旅游管理、酒店管理、人力资源管理、营销与策划、文秘等27个专业，在校生4 800余人。②

（二）大学内设女子学院

1987年，南京师范大学金陵女子学院恢复建校。1993年，河南省

---

① 广东女子职业技术学院主页：http://www.gdfs.edu.cn/college/index.html。
② 河北女子职业技术学院主页：http://www.hebnzxy.com/News/ShowInfoz.aspx?ID=4104。

妇联与郑州大学联合创办郑州国际联谊女子学院（该学院于 1995 年 2 月被撤销）；同年，天津师范大学国际女子学院成立（该学院于 2007 年将其下属各专业并入其他学院）。1996 年，大连大学女子学院成立；2000 年，上海师范大学女子文化学院、同济大学女子学院相继诞生。据不完全统计，全国现有大学内设女子学院（二级学院）10 所：南京师范大学金陵女子学院、上海师范大学女子文化学院、同济女子学院（同济大学女子学院）、大连大学女子学院、沈阳师范大学女子学院、宁波大学女子学院、湖州师范学院女子学院、浙江大学城市学院杭州女子学院、温州大学女子学院（瓯江学院）、西安培华学院女子学院。

表 5-7　我国现有大学内设女子学院情况表[①]

学院名称	设立时间	性质	管理模式	教育功能	教育对象
南京师范大学金陵女子学院	1987	公办	实体	普通和成人学历教育、妇女培训	研究生、成人继续教育招收男生
上海师范大学女子文化学院	2000	公办	实体	普通本科学历教育	
同济女子学院（同济大学女子学院）	2000	公办	虚体		
大连大学女子学院	1996	公办	虚体		女性 - 性别课程也向男生开放
沈阳师范大学女子学院	2008	公办	实体		
宁波大学女子学院	2004	公办	虚体	普通和成人学历教育、妇女培训	
湖州师范学院女子学院	2007	公办	——	妇女培训	
浙江大学城市学院杭州女子学院	2007	公办	——	妇女培训	
温州大学女子学院（瓯江学院）	2009	公办	——	妇女培训	
西安培华学院女子学院	2010	民办	——	培养女大学生综合素质	向全校男女生开展女性/性别教育

---

① 张李玺：《中国妇女教育发展报告》（NO.2 女子院校发展研究），第 9、62—66 页。

南京师范大学金陵女子学院[①]：1987 年恢复成立，其前身为蜚声海内外的女子大学——金陵女子文理学院。金陵女子学院现有 6 个本科专业：即英语、会计学、财务管理、劳动与社会保障、食品科学与工程、食品质量与安全。4 个硕士点：食品科学、农产品加工与贮藏工程、女性教育学、工程（食品类）专业硕士点；4 个硕士方向：性别社会学、社会保障、财务工程、教育财务管理。1 个国家级研发分中心：国家乳品加工技术研发分中心。2 个省部级研究基地：全国妇女 / 性别研究与培训基地；江苏省老年学研究基地。6 个研究中心：吴贻芳研究中心、金陵妇女发展研究中心、家政教育与社区发展研究中心、金陵烘焙技术研究与培训中心、老年学研究中心、会计与财务发展研究中心。2 个研究所：乳品生物技术研究所、营养与资源研究所。2 个实验室：食品科学与工程实验室（包括食品营养与生理学、食品化学与分析、食品工艺学、功能性食品、乳肉科学、食品生物技术、果蔬保鲜与贮藏等分室）、会计与财务管理实验室（已建成模拟现代化企业的工作环境，融财会、管理为一体的仿真教学实验室）。在校硕士生 50 余人、本科生 900 余人、成人教育脱产学生 400 余人。在校生规模稳定在 1 300 余人。

上海师范大学女子文化学院[②]：开设"汉语言文学专业""公共关系学专业""文化产业管理专业"。"汉语言文学专业"旨在为政府机构、各企事业单位、涉外机构以及各类学校输送高级文秘人才；主要课程：中国古代文学、20 世纪中国文学、比较文学与世界文学、文学概论、

---

① 南京师范大学金陵女子学院官网：http://ginling.njnu.edu.cn/xygk/2011-2/222037_662826. html。

② 高考网："上海师范大学女子文化学院专业介绍"，http://www.gaokao.com/ e/20090727/4b8bcd1debd9b.shtml。据笔者所查，上海师范大学官网中的"学院设置"栏内无"女子文化学院"（http://www.shnu.edu.cn/Default.aspx?tabid=15047&language=zh-CN），在该校"课程中心"所列"专业设置"中，将女子文化学院的三个专业列入"人文与传播学院"（http:// cc.shnu.edu.cn/G2S/Showsystem/SpecialtySet.aspx）。

美学、影视文学、写作、汉语、公关实务、专业英语、二外（日或韩）、广告实务、现代办公室管理、计算机、女性学、现代家政等。"公共关系学专业"旨在培养全面掌握现代公共关系专业知识的中、高级公共关系专业人才；主要课程：公共关系学、公关策划、公关实务、公关写作、公关心理学、公关礼仪、危机管理、形象设计、谈判学、广告实务、现代管理学、市场营销学、女性学、社会学、专业英语、第二外语（日或韩）、大众媒体研究等。"文化产业管理专业"（2008 年设置）培养掌握文化产业管理、文化行政管理和文化企业经营基础知识、文化政策和法律知识的文化产业管理复合型专门人才；主要课程：艺术学基础、美学原理、中外文学史、中外文化史、中外艺术史、文化产业概论、文化市场营销学、经济学原理、管理学原理、文化政策与法规、国际商法、市场调查与分析、文化传播学、会展与大型活动策划、文化人力资源学、文化产业案例分析、宗教文化概论、公共关系学、国际公关礼仪、广告策划、电子商务、网络传播应用等。

由于已有相关研究成果的缺乏，上文仅根据网络上所能查到的资料，简要列举了比较有代表性的两个大学内设女子学院的基本情况。从专业设置来看，大学内设女子学院的教育内容仍然偏向于文科，而缺乏理工科的内容。

（三）女子中学

20 世纪 80 年代，女子中学也开始复兴。1981 年，第一所公立的上海市第三女子中学复校。1986 年，宁夏回族自治区 2 所女中诞生。1994 年，第一所私立的广州玛莎女子中学成立。1996 年，第一批办学体制改革试点学校——北京市华夏女子中学创建。此后，四川、湖北、云南、山东、广西、浙江、河南、辽宁、江苏等省区先后设立了女子中学。据不完全统计，从 20 世纪 80 年代至 21 世纪初的 20 多年间，中国大陆先后有 20

多所女校恢复或创建。^① 但是 2005 年有关部门提出要规范办学后，一大批私立女子中学停办，紧接着是一批"民办公助"女子中学转为公办校，还有一批女子中学因生源困难等原因而转为男女合校。现在，中国大陆仅有 7 所女子中学：上海市第三女子中学、北京市华夏女子中学、金华市女子中学、昆明市女子中学、沈阳市同泽高级中学女生部、郑州市女子高级中学、无锡市第一女子中学。^②

表 5-8　6 所女子中学基本情况一览表^③

学校名称	创办或复校时间	学校性质	教职工数	在校生数
北京华夏女中	1996	公办完中	90	700
上海第三女中	1981	公办重点中学	130	1 000
浙江金华市女中	2002	公办中学	70	700
昆明市女中	1995	公办中学	50	500
无锡市第一女中	2006	公办中学	166	1 730
郑州市女子高中	2004	民办中学	40	500

（四）女子中等职业学校

我国女子中等职业学校包括女子中专学校、女子中等职业学校、女子职业高中三种类型。新中国成立初期，国家推行男女同校制度，至 1969 年，全国所有女校均改为男女合校。改革开放后，各类女子中等职业学校重新发展起来。目前，全国有女子中专、女子职高、女子职校等中等职业学校共 60 余所，其中，半数以上创办于 20 世纪 80 年代。

从地域分布看，女子中职学校主要分布在中南、东北、东南沿海省份的大中城市。其中，湖南省 13 所，湖北省 5 所，江苏、江西、广东、辽宁 4 省各 4 所，河南、河北、甘肃、黑龙江 4 省各 3 所。华北、西北有 8 个省（区、市）没有一所女子中等职业学校。且绝大多数女子中职

---

① 李意如：《我国女子中学发展之路》，《女中学生教育研究与办学实践》，华文出版社 2009 年版。张李玺：《中国妇女教育发展报告》（NO.2 女子院校发展研究），第 11 页。
② 李意如：《我国女子中学发展之路》，《女中学生教育研究与办学实践》，华文出版社 2009 年版。张李玺：《中国妇女教育发展报告》（NO.2 女子院校发展研究），第 160 页。
③ 张李玺：《中国妇女教育发展报告》（NO.2 女子院校发展研究），第 12 页。

学校设在大中城市，仅有一所设在小城市。[①]

从办学规模看，女子中职学校的发展规模一般都不大，超过5000人的学校十分少见。以进入国家重点中职学校行列的7所女子中职学校为例：吉林市女子职高、重庆市女子职高、贵阳市女子职校、岳阳市湘北女子职校、保定女子职业中专在校生规模在3 000—5 000人，兰州市女子职校、大连市女子中职学校在校生仅2 000人左右。从办学体制看，女子中职学校以公办为主，以各级妇联为主。从专业设置来看，女子中职学校的专业一般以服务类和艺术类为主，初次就业比较容易。从人才培养看，女子中职学校重视"因性别施教"，多数学校开设了礼仪、形体、舞蹈、琴筝器乐、化妆、女红、家政理财、插花、茶道、书法绘画、音乐欣赏等必修或选修课程。

总之，较为完善的有关女子教育权的法律体系及事业规划，为我国女子教育的发展提供了有力的保障；各级普通教育机构中的男女比例基本保持平衡，使男女平等在教育领域大致得以实现；20世纪80年代以后相继恢复和新建的独立女子教育机构，也为女子受教育提供了更多的机会与更具女性特色的教育内容。这些都表明，就纵向的自我发展而言，我国的女子教育事业已经取得了非凡的成就。但是我们也应该看到，当今中国并未能真正实现男女平等受教育，诸如"湖北一乡村家庭拒供成绩优秀女儿上学称早晚要嫁人"（2013年8月27日）[②]之类的新闻报道，说明在中国、特别是在欠发达地区，要切实做到女性平等受教育，仍有很长的路要走。更何况，无论从教育理念、教育内容，还是诸项教育的硬件上，我国的女子教育发展与发达国家尚有很大的距离，任重而道远。

---

① 张李玺：《中国妇女教育发展报告》（NO.2 女子院校发展研究），第14页。
② 新华网：http://news.xinhuanet.com/edu/2013-08/27/c_125251893.htm。

第三节　战后韩国的女子教育

1945 年，日本在第二次世界大战中战败，无条件投降，从此结束了在朝鲜的殖民统治。美国和苏联以北纬 38 度线为界，分别在朝鲜半岛南部和北部成立受降区，导致 1948 年 8 月大韩民国在三八线以南成立，同年 9 月朝鲜民主主义人民共和国在三八线以北建国，朝鲜半岛分裂成为两个国家。本节介绍进入战后的韩国的女子教育。美军政当局在韩国的教育目标是消除日本军国主义残余，实现教育民主化，建设民主主义国家。在确立民主主义体制的原则下，立足于男女平等思想，发展新教育。在宪法中明确规定，男女学校共同的教育理念为弘益人间，废除男女学校的学制差距。由于扩大了教育机会，女生数量猛增。战后初期韩国最具代表性的教育政策为实施 6-3-3-4 学制和男女共学制。

一、教育制度的变化与男女平等教育的实施

从日本殖民地解放出来后，韩国教育面临的首要任务是彻底铲除日本帝国主义的殖民地奴化政策及其影响，加强民族教育，培养民族人才。1949 年 12 月颁布《教育法》，强调全面实施教育自治。为了建设民主社会，消除男女差别，男女平等教育成为主要的教育理念。美军政时期（1945—1948）的教育政策强调"民主主义与民族主义教育""国民思想统一""一人一技教育"等内容。由于经历长达 35 年的日本殖民统治，随后又进入美军政时期，韩国人的国家观念变得模糊，民族主体意识几乎消失殆尽，因此，提出"一个民族思想"，就是为了找回民族主体性，加强国家观念。美军政时期的女子教育方针一是消除日本殖民思想的残余；二是维护和平与秩序；三是掌握实际生活所需的知识技能。

美军政厅内设立妇女局，任命女性担任局长。在教育方面成立文教部，下设教育委员会和教育审议会，任命女性委员参加，让女性参与教育政策的制定。这是教育领域发生的重大事件，为制定女子教育法迈出

了坚实的一步。

教育委员会　美军政当局为了确立民主主义教育体制，1945 年 11 月 23 日，成立了教育委员会。该委员会由十个分科会组成，分科委员基本上由私立学校校长担任，这主要是因为当时公立学校深受日本殖民主义影响，日本化较为彻底，故为消除日本殖民主义影响，主要任命私立学校校长担任要职。教育委员会内单独设女子教育分科会，会长由当时的梨花女子专科学校校长金活兰担任。教育委员会虽然是美军政当局的教育咨询机构，但实际发挥了教育领域中所有事项的审议、决策、主要教育人士任命等作用，为韩国新教育体制的确立做出了重要贡献。此时期，韩国的教育被分为学龄前教育、初等教育、中等教育、高等教育、特殊教育等五个阶段，以美国模式为样版，确立了 6-3-3-4 学制，即小学 6—12 岁（六年），中学 12—15 岁（三年），高中 15—18 岁（三年，实业高中、师范学校与高中相同），大学 18—22 岁（四年，医科大学 18—24 岁，六年），普通大学的研究生课程必须在一年以上。

教育审议会　教育审议会成立于 1945 年 11 月 4 日成立，由美国官员 11 名（15.3%）、韩国官员 16 名（22.1%）、学校有关领导 31 名（43.1%）、其他舆论界代表 14 名（19.4%）组成。其中，有女委员 6 人（6.3%），虽然人数少，但在当时具有很大的现实意义。教育审议会决定把原先的三个学期改为两个学期，第一个学期从 9 月到来年 2 月，第二学期从 3 月到 8 月。

摆脱了日本殖民统治后，韩国女子教育发生了很大变化。新宪法强调建立民主主义体制，保障男女平等，男女平等思想遂成为新教育理念的核心。在女子教育方面彻底贯穿男女平等思想，强调女子教育的目标是"培养能够在社会各领域像男性一样工作的女性""女性在成为人妻和人母之前应该具有独立的人格"，"男女在能力上不存在优劣之分"，等等。日本殖民统治时期，男女学校学制曾有 2—3 年的差距，战后，教育年限的差距被取消，女生就学率持续增加，达到与男生同等水平。

教育内容方面，在日本殖民统治时期实行男女有别的教育，而在美军政时期，实现了教育内容男女相同，使女性在与男性一样享受平等的教育机会的同时，也与男性一样平等参与社会发展。

民主主义教育体制的重要内容是实施了男女共学制度，这是在教育机会平等的原则下为了消除男女差别，促进两性之间的相互合作而确立的教育制度。在欧美国家，男女共学制意味着在同一个班级上课，而在韩国则意味着在同一个学校上课，因此包括混合班级和性别分离班级两种形式。男女共学制不仅有利于为男女学生提供平等接受教育的机会，也有利于培养男女平等意识。1946 年 6 月，汉城师范大学^①附属中学率先实行男女共学，9 月，延世大学也实行了男女共学。战后初期，韩国只有三所女子大学，分别是梨花女子大学、淑明女子大学、京城女子医学专门学校。实施男女共学后，不仅向女学生敞开校门的学校增多，女子大学的学生也可以到其他大学旁听。尽管一开始女学生数量很少，但毕竟为女学生扩大了接受高等教育的机会。由于传统观念的影响，男女共学制度一度遇到挑战，其结果，男女共学在初等、高等教育阶段实施，而在中等教育阶段暂时不予实施，只是在师范学校做男女共学的试验。这种情况之所以存在，是因为在当时的韩国，男女七岁不同席的儒教传统仍有很大影响，男女的生活空间是分离的，即使夫妻之间也要保持一定距离，不使用同一个房间，吃饭也男女分餐。由于中等学校采取男女别学，出现了女教师严重缺乏的问题。为了补充女教师，成立了八所新的师范学校，原有的师范学校也开设了短期教师训练班。

二、战后初期韩国女子学校的教育活动

美军政时期教育的重点是民主教育和道德教育。公立女校的教育理念是消除日本殖民主义残余，防止社会混乱，培养勤奋并具有奉献精神的

---

① 1946 年，京城女子师范学校和京城师范学校（男校）合并成立汉城师范大学，后被纳入首尔大学。

女学生及有道德、心地善良的女生。当时，公立女校中比较有代表性的女校有京畿女子高等学校、务学女子高等学校和京北女子高等学校。京畿女子高等学校成立于 1908 年，原名汉城高等女子学校。战后京畿女子高等学校的教育目标一是真、善、美，二是消除日本殖民主义残余、确立和实践新的教育方针，三是防止社会混乱局面渗透和波及到学校。务学女子高等学校成立于 1940 年，其校训是诚实、奉献、学术、德育等。1926 年成立的京北女子中学，在军政时期提出的教育理念为"勤奋工作、正直生活、懂得廉耻"。当时的女校主要开展了如下教育活动：一是反对任命男性担任女校校长，这是由于日本殖民统治时期主管女校教育行政的都是男性，这一做法在战后受到女校的强烈反对，如美军政当局最初任命朴冠洙（男性）为京畿女子高等学校校长，因遭到学校教职工和学生的反对，不得不重新任命女性高黄卿为校长。二是延长教育期限，日本殖民统治时期，中等教育年限为四年，战后延长为六年。三是积极参加社会运动，如京北女子高等学校开展反对美军托管的活动，产生了很大社会影响。四是实施自由教育和民主化教育。五是注意挖掘具有民族特色的教育方法。

私立女校的教育目标可以概括为以下八点：一是培养具有高度爱国精神、对民主国家建设有用的人才；二是热爱国家和民族，懂得守护家庭和自身；三是要具备人格和知识；四是成为自主、有创意的优秀社会人；五是用爱去协助和服务社会，成为身心健康，诚实的女性；六是努力涵养妇德和人格；七是成为有品位、智慧、善良、美丽的女性；八是成为坚信上帝的有信仰的人。当时私立女校主要从事了以下教育活动：一是努力消除意识形态隔阂，这是由于美军政时期意识形态隔阂严重，尤其左、右派的隔阂影响学校的教学；二是学校复校及教育理念创新。由于在日本殖民统治时期很多学校被日本殖民当局关闭，战后这些学校逐渐复校，同时更改学校名称、校训、校服、校歌等，对教育理念进行相应调整；三是确立学校制度。在政府主导下，为了确立学校制度，重新调查学生数和班级数；四是延长教育年限。与公立学校一样，把中等教育年限从四年扩大到六年，1947—1948 年间由于延长了中等教育年限，全国没有毕业生。

三、女子大学步入正轨

韩国脱离日本殖民统治后，教育事业迅速发展，其重要标志之一是女子高等教育开始起步。在日本殖民统治时期，高等教育受到殖民当局的严格控制，不允许女子大学存在，1945 年时，女子大学生数为 1086 人（大学生总人数为 7 819 人），[①]绝大多数是从日本及其他欧美国家留学归来的。战后在教育民主化的环境下，除了男女共学制度的确立为女子提供了接受高等教育的机会，女子大学也应运而生，女大学生人数显著增加。如表 5-9 所示，到 1947 年时，全韩国共有 32 所大学，学生数 20 729 人，其中男生为 17 327 人（83.6%），女生数为 3 402 人（16.4%），而且在大学教师中，也有了女教师的身影。

表 5-9　1947 年高等教育机构情况

区分	学校数	学生人数			教师人数			平均一所学校学生数	平均一名教师负责的学生数
		男	女	合计	男	女	合计		
研究生院	1	188		188	34		34	188	5.5
大学	24	15 676	3 159	18 835	1 752	70	1 822	785	10.3
大学馆（初级大学）	3	1 038		1 038	89		89	346	11.7
各种学校	4	425	243	668	58	11	69	167	9.7
合计	32	17 327	3 402	20 729	1 933	81	2 014	648	10.3

资料来源：朝鲜银行调查部：《经济年鉴 1949 年》。统计厅：《从统计看解放后经济社会状况》，1993 年版。

[①]　金在仁、杨爱卿等：《韩国女性教育的变迁过程研究》，韩国女性开发院报告书 2000 年，第 197 页。

战后韩国女子高等教育是在原有私立女校基础上发展起来的，最具代表性的是梨花女子大学和淑明女子大学。

梨花女子大学　梨花女子大学是韩国历史最悠久的大学之一，原名梨花学堂。1886 年由传教士玛丽·斯克兰顿夫人 (M.F.Scranton) 创办，高宗国王及明成王后给予大力支持，并赐校名，是韩国历史上第一所近代女子学校。1910 年，学校设立大学部，当年招收了 15 名学生，1914 年第一批学生毕业。韩国著名的女教育家金活兰就是梨花学堂大学部的毕业生（1918 年）。日本殖民统治时期，这所朝鲜唯一的女子大学——梨花学堂大学部被殖民当局扼杀，被迫改为梨花女子专科学校（1925 年）。1945 年，韩国结束了日本殖民统治，梨花女子专科学校率先向政府提交建立综合大学的申请。1946 年，获得政府同意，梨花女子专科学校改称梨花女子大学，成为第一所获得国家综合性大学认可的韩国大学，由金活兰担任校长。

通过梨花女子大学撰写的《梨花 100 年史》可以看出，当时的教学科目有文科、音乐课、家政课、保育科（后更名为儿童教育课）、教育课、医学课等。1945 年 10 月，新增加体育课、美术课、药学课。

梨花女子大学将大学分为翰林院、艺林院、杏林院三个学院。翰林院设文科、家政、体育、教育、儿童教育（两年制）等专业；艺林院设有音乐、美术等专业；杏林院设有医学、药学等专业。1947 年 9 月，将各学院的专业扩大为系，系下设专业。翰林院设文科系（人文学、家政、体育、教育学等系），系下再设专业。如人文学系下设国语国文专业、英语英文专业、基督教社会事业专业等。家政系下设家政学专业、服装学专业、营养学专业等。体育系下设体育专业。教育学系下设教育学专业和儿童教育学（两年）专业。艺林院下设音乐系（钢琴专业、声乐专业、弦乐、作曲等专业）和美术系（东洋画、西洋画、刺绣、陶艺等专业）。杏林院设有医学系（医学专业，包括预科和本科）和药学系（药学专业）等。

如今，梨花女子大学已经发展成为韩国乃至世界上规模最大的女子大学，截至 2019 年 10 月，梨花女子大学在校大学生为 17 177 人，研究生为 5 965 人，专任教授 969 人，事务职员 599 人。从建校至今，梨花共培养了学士 176 446 人（包括梨花学堂及梨花女子专门学校的毕业生），硕士 51 556 人，博士 4 568 人，共计 232 570 人[①]。梨花女子大学已经超越"韩国的梨花""民族的梨花"，向"世界的梨花"迈进，正在成为21 世纪世界女性教育的中心。梨花培养的学生已遍布韩国政界、教育界、财界、法律界、文化艺术界、科学技术界及新闻媒体界，在这些领域正在发挥着重要的作用。

淑明女子大学　前身是高宗国王的严贵妃 1906 年创办的明新女学校，1909 年改称淑明高等女子学校。1948 年从女子专门学校升格为女子大学，1955 年升格为综合性大学。战前的淑明女校以培养贤母良妻为主，战后发生了翻天覆地的变化，从原先的殖民教育转变为民主主义教育，彻底摒弃了日本军国主义的教育内容，制定了新的学科和教育课程。1945 年后淑明女子大学的教育课程如下：

第一学年：文科——国语讲读、国语作文、国语语法、汉文、英语讲读、英语语法、英语作文、哲学概论、伦理学、教育学、心理学、历史、法律、经济、政治学、音乐、体育；

家政科——国语讲读、国语作文、国语语法、英语讲读、英语语法、英语作文、伦理学、教育学、历史、音乐、体育、烹饪、居住、韩式裁缝、西式裁缝、园艺、手艺；

理科——国语讲读、国语作文、国语语法、韩文、英语讲读、英语语法、英语作文、第二外语、伦理学、教育史、历史、法律、经济、音乐、体育、园艺、代数、几何、三角、物理、物理实验、化学、社会学。

---

① 梨花女子大学官网，https://www.ewha.ac.kr/mbs/ewhajp/subview.jsp?id=ewhajp_010401000000。

第二学年：文科、家政科、理科。

第三学年：国文学科（国语学概论、国文学概论、文学概论、现代文讲读、国语语法、国语学历史、古文讲读、国语联系、诗文学、现代诗、乡歌、汉文、汉诗、英语、世界文学概论、文化史、西方史、社会学、新闻学概论、体育）；

英文学科（国语、英语作文、英文小说研究、英文练习、英语语法、英文学历史、英语练习、英语诗、法语、拉丁语、圣经研究、文化史、西方史、体育）。

1948 年淑明女子专科学校升格为大学后，调整了学科和教科内容及学生人数：

文学系——国文专业（200名）、英文专业（200名）、音乐专业（80名）；

美术系——美术专业（80名）

理科——家政专业（200名）、理学专业（120名）

作为韩国第二大综合性女子大学，淑明女子大学已经从美军政时期的 6 个专业、招收 880 名学生的规模，发展为如今拥有文科、理科、生活科学、政法、商科、音乐、药学、美术八大分院，设有国语国文、各国语言、史学、教育、心理、政治、外交、经济、消费者经济、数学、物理、化学、统计、生命科学、医科、药学、作曲、声乐、设计等 50 多个专业。2007 年本科学生人数为 11 704 人，研究生（包括硕士、博士）4 099 人，教授群体 371 人。[①] 从淑明女大走出来的女性人才在韩国社会上都得好评。

四、战后韩国女子教育理念的双重性

回顾战后韩国女子教育的发展，可以发现其教育理念存在明显的双重性，即民主主义理念与保守主义并存。

---

① 韩国淑明女子大学：http://oic.nccu.edu.tw/data/5178265274f6296d621438.pdf。

1. 强调男女平等的民主主义理念

以 1945 年脱离日本殖民统治为转折点，战后韩国致力于教育的民主化。首先，制定保障男女平等的宪法和教育法。1948 年 7 月 17 日颁布宪法，1948 年 5 月 10 日，通过总选举选出制宪国会，1949 年 12 月 31 日制定教育法。

宪法第十条规定，所有国民都有受尊重的权利和价值，并有权追求幸福。国家有义务保障个人不可侵犯的基本权利。根据宪法，所有国民在法律面前平等，不因性别而受歧视。教育法第一条规定：教育在弘益人间的理念下使所有国民具备自主生活能力及作为公民的资质，从而为民主国家的发展服务，为人类共赢理想做贡献。这一时期的女性政策是扩大男女平等受教育的机会，实现女性参政，设立妇女局，鼓励女性参与社会活动。

1948 年大韩民国政府成立后，在教育方面依然遵照美军政时期的教育理念和教育方针，并使用美军政时期的教科书。美军政时期是确立教育理念的重要时期，美国标榜的自由民主主义、男女平等理念贯穿整个教育政策。在学校教育中，强调男女同校，在此基础上，确立民主主义秩序及男女平等教育。1946 年，延世大学等大学受美国的影响，实施男女同校制，引领了全国男女同校制的实施。20 世纪 50 年代前期，美国多次向韩国派遣教育使节团，通过人员的交流，对韩国的教师再教育、师范教育、教育研究活动、教育课程制定等方面给予了重要的影响。总体来说，虽然 1949 年末颁布了教育法，但不久朝鲜战争爆发，无法对教育理念进行检讨，因此一直到 20 世纪 50 年代末，韩国女子教育一直深受美国的影响。

2. 强调传统女德的保守主义理念

韩国解放后，政府以实现民主主义和民族意识的提高为目标，制定了教育法，实施了一系列旨在尊重个性、培养自强、自律精神的教育政策，同时还实施义务教育、扩大接受中高等教育的机会。同时，以恢复民族文化，统一民族精神，实现民族统一为目标。但是虽然法律上已实现了男女平等，但很多女性还是被束缚在家庭内，立足于平等思想的教育理念并在教育实践中被彻底贯彻，女子教育出现了偏重于数量的增加，忽视教育质量的倾向。女性拥有了参政权，也可以参与教育政策的决策过程，但男女有别思想直到当今还影响着韩国女性的生活和教育。社会阶层之间、男女之间、地方之间教育差距依然存在。特别是教育课程上实施家政、技术课程分离，给男女生灌输不同知识，从而限制了女性就业。这直接影响了后来的教育政策，造成了男女不平等，也形成男女不同的价值观，即对于男子的教育主要强调进取心、创造性、主动性、独立性、领导型、合理性的培养，而对女子的教育则注重依赖性、被动型、收容性、善良、合作精神。这种差别化教育一定程度上是基于韩国固有的家长制及男主女从的传统。其结果是导致男性成为社会人，女性成为家庭主妇，难于适应社会。这种男女教育差距在教育课程上也有明显表现，比如，"图画和手工""料理和裁剪""实际操作"等都进行男女分班教育。在教育机会上也往往造成男性拥有比女性高的学历，从而确认男性在社会角色中的优势存在。[1] 20世纪60年代，为了提高教育质量，韩国社会还一度出现了重新探讨传统教育思想的讨论，刻画出传统女性形象。当时的女子教育理念是培养"新时代的民主主义贤母良妻型"或"拥有既能协助好丈夫又能培养好子女的贤母良妻型"。[2] 特别是1968年，全国女子中高等学校校长会议还提出"迄今为止的女子教育几乎忽视了性别差异，男女同校制下用相同的教科书进行教育，这一点需要反省"[3]。可见，战后韩国虽然实现了女子教育在数量上的增加，但直到20世纪60年代，

---

① 金在仁、杨爱卿等：《韩国女性教育的变迁过程研究》，第158页。
② 金在仁、杨爱卿等：《韩国女性教育的变迁过程研究》，第159页。
③ 高黄卿：《新韩新闻》，1968年5月9日。

女子教育还倾向于培养"贤母良妻"。

随着国家实施工业化战略，越来越多的女性希望进入社会。20 世纪 70 年代，韩国政府积极探讨女子教育的改革，以 1975 年联合国规定的"国际妇女年"为契机，开始批判现有女子教育中存在的弊端，主张"女性的人格化"教育。进入 80 年代，一些大学设立了"女性学"专业，在研究生院设立"女性学科"，韩国政府设立韩国女性开发研究院，希望通过女子教育研究，探索政策方案。1990 年，鼓励中学实行男女同校；1995 年，教育政策规定男女学生都要学习家政和技术类课程；1997 年，教育部设立女性政策室；1999 年，制定"禁止性别歧视及关于救助的法律"，努力实践男女平等。总之，韩国各级学校及有关社会教育机构都在致力于男女平等教育的实施。

终章 差距与差异：
关于东亚女子教育的思考

有哲人说过："摇摇篮的手推动世界"，母亲的素质决定人类和民族的未来。因为教育一个男人，受教育的只是一个人；教育一个女人，受教育的是几代人。在东亚国家历史上，儒家的男尊女卑思想及"无才是德"的观念对女性带来不同程度的束缚，使女性长期处于无学状态。在东亚国家的历史上，日本能够较早冲破这种束缚，开启女子教育之门。近代以来中日两国在女子教育方面进一步拉大距离。正视这一差距，分析其背后的差异，对于致力于现代化建设的中国人来说颇有必要。

一、前近代：差距业已形成

在封建时代，中国男子有受教育的权利，可以通过科举考试实现"学而优则仕"，而女子历来被排斥在学堂之外。女性最重要的本分是"在家从父、既嫁从夫、夫死从子"，也就无所谓才。因此，女性没有学习知识的必要，"女子无才便是德""妇人识字多海淫"一直是封建社会评价女性的标准。在人们的心目中，女德远远重于女才。当然，也有主张女性读书识字的，中国历史上也有像蔡文姬、李清照这样的杰出的才女，但是绝大多数女性是目不识丁的文盲。这是因为女子读书识字要有限度，即能持家足矣，多了反倒是麻烦。如明代《温氏母训》中讲："女性只许粗识柴米鱼肉数百字，多识字，无益而有损也"。清代内阁学士靳辅在教育家人子孙的《庭训》中说："女子通文识字而能明大义者，固为贤德，然不可多得。其他便喜看曲本小说，挑动邪心，甚至舞文弄法，做出无耻丑事，反不如不识字，守拙安分之为愈也。"① 在这种女子教育观主宰下，在旧中国，女性长期处于无学状态。19 世纪晚期的社会现实就是"朝野上下间，拘于无才是德之俗谚，女子独不就学，妇功亦无专司，其贤者，稍讲求女红中馈之间而已"②，"女性不得入学，以无才为福也，习以不教，不识文字，稍弄笔墨，涂丹黄，填韵语，则号为闺秀矣"③，能红袖添香、研墨铺纸就已经满身书香了。

日本封建时代的女子教育也非常落后，但有两个亮点。

第一个是贵族社会比较重视女子教育。贵族作为上流阶层而存在，时时事事要保持与这一阶层相符合的行为规范及生活情趣，经过数百年的陶冶，以知性、高雅为特征的贵族教养得以形成。贵族社会在注重男子教育的同时，为了争权夺利，不惜以女儿作为攀附权势的工具，让女子具备一定的才学以增加其身价，也在一定程度上重视女子教育。贵族家庭的女子不能像男子一样进入教育机构接受教育，只能在家庭由其母或祖母担任教师，或聘请教师到家里来授课，在教其修身、礼法的同时，学习读写及各种技艺，以培养温顺贤淑的女性为目标。贵族偏重女才的教育促进了古代日本出现了上流社会女子在政治、文艺、宗教等各方面都很活跃的景象。除了出现多名女天皇之外，也涌现出不少像紫式部、清少纳言、赤染卫门等极富才华的女作家，贵族社会重视女子教育对全社会形成了典范作用。

第二个亮点是江户时代的平民教育有了长足发展。江户时代社会稳定，经济繁荣，促进了"教育爆发时代"的形成。由于存在严格的身份制度，从唐朝引进的科举制度早已瓦解，使教育不具政治方面的功利性，

---

① 徐梓：《家训——父祖的叮咛》，中央民族大学出版社 1996 年版，第 333 页。
② 郑观应：《盛世危言·第 3 卷·女教》，引自陈学恂：《中国近代教育文选》，人民教育出版社 1983 年版，第 58 页。
③ 徐勤：《中国除害议》，引自舒新城：《中国近代教育史资料·下册》，人民教育出版社 1981 年版，第 953 页。

实用便成为教育的最高价值。如前所述，江户时代教育的最大特色是以寺子屋为中心的平民教育成就显著，这种平民教育不是强制的，纯属自主自愿，这是寺子屋遍布全国的根本动力。所以尽管日本没有通过科举考出来的官，却有广大具有读写能力的劳动群众存在。这其中当然包括女性。当时出版的女子专用的启蒙教育读物"往来物"已经达到一千多种，内容包括女德涵养、社交礼仪、书信写作、历史地理、农商知识等各个方面。经过这样的教育，江户时代已经有了 15% 左右的女性识字率（男性 45%）。

由上可见，中日两国的女子教育的差距在前近代已经拉开。

二、近代：差距继续扩大

明治维新后，百废待兴，在千头万绪的改革事业中，明治维新的领导者们把教育摆在突出的位置。时任兵库县知事、后来的首任内阁总理大臣伊藤博文就在其向新政府提出的建议书"国是纲目"中，提出要让全国人民通晓世界各国的学问，在东京、京都、大阪建立大学，在郡与村建立小学，不论都城还是偏僻之域，要让人人"智识明亮"。新政府于1871年7月成立最高教育行政机构文部省，并开始关注女子教育问题。1872 年 8 月，日本近代史第一个教育法令——《学制》正式颁布，女子教育被摆在重要位置："兴小学之教，洗从来女子不学之弊，期兴女学之事与男子并行也"[1]，体现了男女平等实施初等教育的原则。此后，明治政府对教育政策不断进行调整，1900 年，开始实施四年制免费义务教育，1907 年，又将义务教育时间延长到六年。同时，"高等女学校"（实为女子中学）也有了较快发展，1910 年（明治四十三年），全国已有高等女学校 193 所，学生 56 239 人[2]。到 1925 年，高等女学校（包括

---

① 文部省：《关于施行〈学制〉的当前计划》，三井为友：《日本妇人问题资料集成·4·教育》，第 144 页。

② 森秀夫：《日本教育制度史》，学艺图书株式会社 1991 年版，第 80 页。

一部分实科高等女子学校学生）达到 301 447 人，超过了普通中学的男学生人数（296 791 人）[①]。女子初等教育的快速普及以及中等教育的发展，为日本社会注入了活力，提高了劳动者的素质和国民的知识素养，培养出大批近代化国家建设需要的有用人才，女性成为产业工人中的重要组成部分，1912 年，在工厂劳动的人群中，女工已达到五成左右[②]，女医生、女教师、女记者、女事务员等职业女性大量出现，至 1930 年，职业女性已达到 874 154 人[③]，几乎所有行业中都有了女性的身影。

同时期中国女子教育与日本相比，既有的差距又进一步扩大了。

首先，近代女子学校教育起步晚于日本。19 世纪 70 至 80 年代，当日本已经建立近代教育体系，中村正直、森有礼等启蒙思想家提出"造就善良的母亲，要在教女子"，"国家富强之根本在教育，教育之根本在女子教育"教育思想，积极开办女校的时候，中国仅有少量的西方传教士创建的女子学校（一般认为 1844 年英国女传教士爱尔德赛创办的宁波女学是中国第一所教会女校，早于日本 1870 年在横滨设立的斐丽丝和英女学校），不仅没有中国人自己办的女子学校，就连提倡女子教育的人也几乎不存在。中国在甲午战争中的失败，使以康有为、梁启超等人为代表的新兴资产阶级改良主义者认识到"欲强国必由学校"，"西方全盛之国，莫若美；东方新兴之国，莫日本若"。之所以如此，因美国是"女学最盛者"，而日本是"女学次盛者"[④]。这些维新志士感悟到中国积弱是"自妇人不学始"。于是，在维新运动的推动下，19 世纪末期，中国出现了由中国人自己创办女学的热潮，陆续出现了一些民办和私立的女子教育机构。而此时，日本文部省已发布《高等女学校令》，开始发展中等女子教育了。

---

① 文部省：《学制百年史 资料篇》，帝国地方行政学会 1975 年版，第 489 页。
② 女性史总合研究会：《日本女性史》第 4 卷·近代，東京大学出版会 1982 年版，第 163 页。
③ 赤松良子：《日本妇人问题资料集成·3·劳动》，家庭（ドメス）出版 1977 年版，第 116 页。
④ 梁启超：《论女学》，引自陈学恂：《中国近代教育文选》，第 146 页。

其次，女子教育被纳入近代学制体系更迟于日本。日本近代女子教育事业之所以能较快发展，主要是得利益于政府的大力推动。在《学制》颁布前，明治政府便派遣津田梅子、永井繁子等五名少女随 1871 年出发的岩仓使节团赴美国留学，并通过法律、政令敦促各级政府办学和女子入学，这无疑为女子教育的发展创造了良好的环境和保障。而梁启超等人提出振兴中国女子教育的主张尽管已经比日本晚了二十多年，却没有得到清政府的支持。19 世纪末期虽出现了创办女学的热潮，但仅仅是民间和个人的行为。由于维新变法运动的失败，维新志士们创办女学的理想严重受挫。在清政府于 1903（光绪二十九年）年颁布的《癸卯学制》中，并没有承认女子学校教育的地位，只是提到"以家庭教育包括女学"。值得一提的是，《癸卯学制》制定的时间较中国本土第一所教会女子学校出现的时间晚近 60 年，较中国第一所私人自办女子学校经正女学堂的建立时间也晚 5 年。在这样的社会背景下，官方所制定的学制只是在家庭教育中为女学留下一容身之所，其守旧与落后由此可见一斑。

1905 年，清政府设立学部，仍将女学归入家庭教育范畴。直到 1906 年，迫于高涨的反帝、反封建运动的压力，清政府才不得不开始将女学列入学部职掌。1907 年，始定《女子小学堂章程》和《女子师范学堂章程》。据此，女学堂和女师范学堂才开始在各地设立，女子教育从此才在中国教育系统中有了位置。而就在同一年，日本女子小学入学率已达到 96.1%。从时间上看，中国女子教育被纳入近代学制体系晚于日本 35 年。

最后，旧中国女子教育发展缓慢。日本在明治维新后全社会都比较重视女子教育，当时日本女子教育的盛况如清末留日学生王桐龄所言："女子教育机关相当发达，自国立之女子高等师范学校，私立之女子大学以外，特殊之女子职业学校甚多，女子之不受教育者居最少数，体力脑力当然相当发达。"[①] 清末很多到日本考察、访学的官员与知识分子，见到在船上、旅店做工的勤杂人员（包括女性）闲暇时间读书、看报，虽然语言不通，却能够与他们进行笔谈，无不惊诧不已。相比之下，中国的女子教育情况与日本形成较大反差。根据教育部颁布的 1915—1916 的统计，当时中国的各项女学生数加起来只有 180 949 人，著名的教育家黄炎培为此颇为感叹："女子教育无可言矣，若大学校、专门学校，女子竟无一校无一人，不更可羞耶？"[②] 另据中华教育改进社 1922 年至 1923 年的调查，在当时全国 1811 个县中，有 423 县（23.34%）没有初等小学，1161 县（64%）县没有高等小学[③]。有统计说，在 1931—1945 年间，只有 780 多万女性受过初等教育，受过高等教育的女性仅占女性总人口的 0.46%，当时的女性文盲比例超过 90%[④]。直到新中国成立，绝大多数劳动女性处于"无学"状态，女童的入学率不足 15%[⑤]，而在日本，早在 1873 年就已经达到了这个水平（15.4%）。

三、战后：发展道路各不相同

第二次世界大战结束后，1946 年颁布的《日本国宪法》、1947 年的《教育基本法》及《学校教育法》都赋予日本女性与男性平等地接受教育的权利。在教育民主化改革过程中，纠正了战前女子教育的诸多弊端，为战后女子教育的发展奠定了制度基础，女子教育迎来新的繁荣发展。1947 年，义务教育的时间从六年延长到九年，此后，女子的义务教育入学率一直都在 99% 以上。在此基础上，女子的高中升学率也逐

---

① 王桐龄：《日本视察记》，北京文化学社 1928 年版，第 129 页。

② 黄炎培：《读中华民国最近教育统计》（1919 年），载陈学恂：《中国近代教育史教学参考资料》下册，人民教育出版社 1987 年版，第 356 页。

③ 卢燕贞：《中国近代女子教育史》，中国台湾文史哲出版社 1989 年版，第 71 页。

④ 郑真真、连鹏灵：《中国女性的受教育状况》，2006 年 3 月 16 日，中国网 http://www.china.com.cn/chinese/zhuanti/fnfzbg/1156231.htm。

⑤ 中华全国妇女联合会妇女研究所等：《中国妇女统计资料 1949—1989》，中国统计出版社 1991 年版，第 128 页。

年提高，1950 年时还只有 36.7%，仅仅经过 20 年，到 1970 年，就已经达到 82.7%，1979 年超过 95%，2005 年达到 96.8%[①]，2010 年更达到 98.3%，并从 1969 年开始就一直高于男子的高中升学率。

在女子高等教育方面，战前以私立专门学校为主的女子高等教育发展缓慢。在战后教育改革过程中，日本政府着力发展女子的大学教育。从 1946 年起，旧制大学向女子全面开放，东京大学也于 1947 年首次招收 20 名女大学生；接着，文部省于 1948 年批准成立 5 所私立女子大学，1949 年把建立于 1890 年的东京女子高等师范学校改组为国立御茶水女子大学，把建立于 1908 年的奈良女子高等师范学校改组为国立奈良女子大学，至今这两所国立大学仍是日本女子高等教育机构的中心。针对战前旧制专科学校向新制大学转型中有些学校在师资、设备等方面尚达不到大学标准的情况，从 1950 年起，允许成立以培养专业技能为目标，学制为 2—3 年的短期大学，当年成立的短期大学就有 149 所。通过上述途径，使日本女子接受高等教育的机会大大增加。1935 年时，高等教育机构中女学生总数量大约 18 000 人，而在战后新学制刚刚起步的 1951 年就超过了 48 000 人，到 1964 年，已经达到 225 000 人[②]，女子的大学本科与短期大学合计入学率，由 1955 年的 5.0% 提高到 1975 年的 32.4%，2010 年达到 56%[③]，向女子高等教育大众化迈进了一大步。

日本在战败废墟上重新崛起、扎扎实实发展教育，尤其是女子教育的时候，1949 年新中国的成立也迎来了教育发展的新时期，宪法规定女性享有平等受教育的权利，但是在教育事业发展过程中经历了曲折的发

---

① 　总务省统计局：《就学率及升学率》（昭和二十三年—平成十七年）。http://www.stat.go.jp/data/chouki/zuhyou/25–12.xls。
② 　文部省：《我国的教育水准》1975 年度。http://www.mext.go.jp/b_menu/hakusho/html/hpad196401/hpad196401_2_016.html。
③ 　文部科学省：《文部科学白皮书》2010 年度。http://www.mext.go.jp/component/b_menu/other/__icsFiles/afieldfile/2011/10/05/1311679_022.pdf 。

展历程，包括经历了私立学校消亡和女子学校消亡。先是新中国成立初期私立学校被接收、改造为公立学校，尤其是 1952 年，模仿苏联模式，对高等院校进行大规模院系调整，私立高校或被停办，或改为公办。此后，在国内出现长达几十年的私立学校断层。私立教育消亡的同时，公立教育投入远远不够，因此可以说，新中国成立后基础教育还比较薄弱。不要说女子教育，就整体的大学普及率而言，1950 年是 0.3%，1960 年是 0.2%，1970 年为 0.1%[①]，反而呈下降趋势。这里必须提到的是，本来就很落后的教育事业，又在 1966 年开始的"文化大革命"中遭到破坏。女子教育在"文革"中受到的损失更大，旧中国的女子中学在新中国成立初期被接管后逐渐取消，少数幸存的女校在"文革"中则被全部改制，女校彻底退出历史舞台。

20 世纪 70 年代末开始的改革开放，使中国的教育逐渐回归正常轨道，女子学校在中国亦再度出现。从 90 年代开始，我国政府确立了教育的优先发展战略，制定了《女性发展纲要》《中国教育改革和发展纲要》和《面向 21 世纪教育振兴行动计划》等，女子教育受到了前所未有的重视。到 2010 年，义务教育普及率达到 82%[②]，在此基础上，接受高等教育的人数也大幅度提高。2004 年，女生占本科在校生的比例已经上升到 45.70%，女硕士生和女博士生的比例也分别达到 44.2% 和 31.4%[③]。

改革开放以来，中国的教育事业成就显著，但是仍然有很大发展空间。以下几组数字仅仅是整体情况的比较，已经反映出我们存在的问题，我们的教育投入（公共教育费比例）不及印度；我们的义务教育普及率还低于日本等发达国家，我们的大学普及率离发达国家乃至邻国韩国的

---

① 中国现代化战略研究课题组、中国科学院中国现代化研究中心：《中国现代化报告 2010》，北京大学出版社 2010 年版，第 349 页。
② 中国现代化战略研究课题组、中国科学院中国现代化研究中心：《中国现代化报告 2010》，第 364 页。
③ 郑真真、连鹏灵：《中国女性的受教育状况》。

差距更远。据 2006 年的统计数字，我国 15 岁以上文盲人口共有 1.138 亿，其中女性文盲就达 8 383 万，占到七成以上[①]。农村女性受教育水平还很低，西部贫困地区女童失学辍学现象还很严重。没有文化的女性是无法摆脱愚昧的，在农村，由于"女文盲""女法盲"多有存在，使不法分子能轻而易举地从事残害女性的犯罪活动，致使买卖婚姻、拐卖妇女儿童、卖淫嫖娼等社会丑恶现象屡禁不止。从家庭教育的角度而言，女性承担着抚养教育子女的重任，母亲的文化水平关系着中华民族的明天，而文盲母亲必然会对子女的智力开发和接受教育产生不利影响。"妇学不讲，为人母者，半不识字，安能教人？"[②] 早在 19 世纪末期，就有人发出这种感叹和呼吁。时至今日，这种现象仍没有彻底改观。因此，发展女子教育，提高女性的文化水平，仍是我们面临的艰巨任务。

表 1 中日成人识字率及大学普及率比较（1950—2005）[③]

项 目		1950	1960	1970	1980	1990	2000	2001	2005
成人识字率	中国	36	43	53	67	78	91	91	91
	日本	—	98	99	99	99	99	99	99
大学普及率	中国	0.3	0.2	0.1	2	3	8	10	22
	日本		10	18	31	30	47	49	55

表 2 教育相关指标的国际比较[④]

	年份	中国	美国	英国	德国	日本	韩国	印度
公共教育费比例	2005	2.8	5.6	5.4	4.6	3.7		3.8
义务教育普及率	2007	77	94	98	100	100	98	56
大学普及率	2007	23	82	59	50	58	95	12
互联网普及率	2007	16	74	72	72	69	76	7

① 《全国文盲女性占七成》，http://news.sina.com.cn/c/2006-10-17/080510252740s.shtml 。
② 梁启超：《论幼学》，引自陈学恂：《中国近代教育文选》，人民教育出版社 1983 年版，第 149 页。
③ 根据中国现代化战略研究课题组、中国科学院中国现代化研究中心：《中国现代化报告 2010》"1700—2005 年中国现代化指标和水平的国际比较"制作，第 349 页。
④ 根据中国现代化战略研究课题组、中国科学院中国现代化研究中心：《中国现代化报告 2010》"1980—2007 年世界知识普及指数""1980—2007 年世界信息共享指数"等表制作，第 380—383 页。

四、女子教育差距原因分析

以上事实，说明前近代至今中日两国教育，尤其是女子教育存在明显的差距。所谓差距是指事物之间的差别程度，差距的形成常常源于现象背后深层的差异。一般来说，差距是数量上的，而差异才是本质上的。中日两国在文化传统、社会背景、教育观念等方面的差异是造成女子教育差距的根本原因。就女子教育而言，中日女子教育的差距主要因以下中日差异而生。

首先，中国儒家传统的包袱太重，束缚了女子教育的发展。

儒家女教重女德，中日两国皆如此。男尊女卑思想渗透于社会生活的各个方面，不仅成为社会对女性的最高要求和评判尺度，也成为女性的行为规范和自我完善的标准。封建礼教要求女子深居闺阁，足不出户，她们最重要的本分是服从。仔细回顾一下就会发现，中国历史上推崇的女性榜样，不是苦守寒窑的王宝钏，就是千里寻夫哭倒长城的孟姜女，舆论上褒奖的只是恪守妇道、视贞洁重于生命的良家女性，至于是否有知识并不重要。除了精神上的约束之外，中国女子教育还要面对一个特殊的障碍——缠足。女子缠足的目的如同《女儿经》所说："为甚事，缠了足，不因好看如弓曲，恐她轻走出房门，千缠万裹来拘束。"肉体上的摧残剥夺了女性的行动自由，使她们几乎成为半残废，连家门都不易跨越，何以迈向学堂？因此，清末提倡女子教育的开明人士清楚认识到"缠足一日不变，则女学一日不立"。所以中国近代女子教育的起步，远比日本要艰难。它既要冲破旧的传统观念的束缚，还要首先解放女性的双脚。缠足裹脚这种连作为中国最后封建王朝统治者的清政府都看不过眼的陋习竟然一直残存到20世纪中期[①]，中国的女子教育自此才开始逐渐普及。

日本人虽接受了中国儒家歧视女性的思想，但作为水稻耕种民族，

---

① 1950年7月15日，中央人民政府政务院下达禁止女性缠足令，自此之后，年轻女子缠足现象才渐渐绝迹。

日本女子一直是生产活动中的主力，使她们免受了缠足那样的身体折磨。由于儒家思想直到江户时代才被作为官学受到幕府的大力提倡，"女子无才便是德"的观念也没有像中国那样深入人心。如前所述，从奈良、平安时代开始，贵族社会内就形成了让女孩子从小接受教育的传统，到江户时代，由于分处于武士、商人及手工业者、农民不同阶层的人们家业经营的需要，女子具有一定读写能力在一定程度上受到提倡，一些女训中甚至有提倡女子学习文化的内容。成书于元禄年间（1688—1704）的女训《唐锦》甚至将"学范"列入首章首条，并且列举一系列包括中国与日本的女训及文学典籍在内的女子应学的书目，体现了作者希望女子在知识方面有所长进的愿望，因此才有了女子接受教育的动力。

其次，中日两国近代社会的不同性质给两国女性带来了不同命运，直接影响到女子教育。

日本自明治维新以后走上近代化建设之路，迅速摆脱了沦为殖民地的命运，并跻身于资本主义强国之列，直至发动对外侵略战争。从国内社会环境上看，明治维新后一系列改革带来的社会动荡到1877年的西南战争[①]被平息而趋于稳定，此后社会进入和平发展时期，相对稳定的国内环境是教育事业得以发展的基本前提条件。为了加快近代国家建设，国家与社会对女性角色的期待已经不仅是恪守妇德、践行女教的好妻子、好母亲，还要求有知识、有文化，具有作为近代国家国民的自觉。近代著名教育学家、日本女子大学的创始人成濑仁藏提出，要把"作为人的教育""作为女人的教育""作为国民的教育"作为女子教育的目标。因而在整个日本近代史上，不仅有一批有志于女子教育的教育家（包括很多女教育家），而且有较为系统的女子教育理论，使女子教育能够快速普及并发展。

---

① 西南战争：1877年在"维新三杰"之一的西乡隆盛率领下发动的士族反政府武装叛乱。政府动用数万军队，耗时六个月平息之，西乡隆盛兵败自杀。是为明治时期最大规模的士族叛乱，西南战争是日本历史上最后的内战。

中国自鸦片战争以后，已经沦为半殖民地半封建国家。甲午战争之后，更是面临着亡国的危险。当日本大力发展近代女子教育的时候，反帝、反封建是中国社会的首要任务。维新派奋起救国，深感力量单薄，于是想到发动占人口一半的女性参加挽救民族危亡的斗争。他们以不缠足和兴女学为出发点，争取女性在身体和精神上的解放。当时，倡办女学的直接目的是为了救亡图存，人们对女性解放的热情实际上远远超过了对女子教育的关注和投入。对于长期受压迫的女性来说，争取个人的生存权利，争取与男性平等的地位要比女子教育更为迫切和实际。辛亥革命后，中国陷入长期的军阀混战，接着又面临日本对中国的侵略，内忧外患、战乱连连，使中国教育事业的发展始终没有安定的社会环境，广大女性不可能像日本女性那样在相对安定的环境下去接受教育和知识的熏陶，国尚且难保，谈何有教育的发展？近代中国积贫积弱造成中国教育事业整体的落后，女子教育落后更甚于男子。正因为中国女子教育在反帝、反封建、反侵略的社会革命中诞生，并与此相伴而发展，近代中国女子教育自产生之日起就被赋予了"革命"的色彩。在这样的环境当中，涌现出许多女革命家，论其影响远远超出了女教育家。缺乏女教育家的参与是中国近代女子教育的缺陷，直接影响了女子教育的进程。

最后，女子学校在中国未能充分发展。

当今世界，女子学校在欧美发达国家非常普遍，日本的女子学校也承担了女子教育的重要角色。战前日本除小学外，1879年开始实行男女分校学习制度。由于当时公立女子中、高等教育机构尚不发达，官方开设的最高层次的女子学校很少，无法满足社会需求。在这种情况下，私立女子学校便应运而生，填补了由于政府忽视而带来的女子高等教育的空白及女子中等教育中的薄弱环节，客观上促进了女子教育的发展，使战前培养高层次女性人才的教育中一直由私立女子学校占据主导地位。在战后改革过程中，作为教育民主化的重要内容，实行"男女共学"被写入《教育基本法》，在九年义务教育阶段都实施了男女同校，但在高中阶段以上，尤其是在私立学校中，男女分校的情况还普遍存在。尽管20世纪90年代以来，女子高中、女子大学数量呈减少趋势，男女共学的学校增加的倾向比较明显，但到2011年，日本全国仍然有80所女子大学（73所是私立大学）、112所女子短期大学（109所私立大学），还有女子高中334所（国立1所，公立44所，私立289所），约占全国高中总数（5 060所）的6.6%，远远多于男子高中（130所）^①。这些数字说明男女分校仍然被普遍认同，并在女子教育中发挥着重要作用。

相比之下，中国的女子教育是另一种局面。在中国女子教育刚刚起步，女子学校羽翼欠丰的时候，轰轰烈烈的五四新文化运动对女子教育产生了直接影响，社会各界对男女同校和大学开放女禁进行大讨论，将其作为教育平等的标志，并把它与妇女解放、社会进步等问题联系起来。在这样的氛围当中，以1920年北京大学率先招收女学生，和1922年没有男女学校区别的《壬戌学制》的颁布为契机，中国的学校设置已经明显体现出男女共学的倾向。至新中国成立，不仅大量私立学校被接收，原有的一些女子学校也被作为男女不平等的标志被逐渐撤销。"文化大革命"期间，男女平等思想被异化为否认两性差异的绝对平等，女子学校被视为歧视女性的封建遗物而被全部改制，从此彻底退出中国学校教育的历史舞台。自此以后，中国的教育在培养目标、教育内容、教育方法等方面完全都是男女相同的模式，"教育必须为无产阶级政治服务，必须同生产劳动相结合"的教育方针，完全忽视了性别教育，使大多数中国人不知女子教育为何物，其直接后果就是导致性别教育的缺失，助长了女性男性化倾向。改革开放以来，有些女子大学、女子中学开始恢复、重建，但是数量少，层次低，在现今男女平等的社会氛围里真正被人们

---

① 文部科学省：《学校基本调查》2011年度 http://www.e-stat.go.jp/SG1/estat/NewList. do?tid=000001011528。

所接受还需要很长时间。

　　高素质的国民是一个国家的人力资源，女性则是人力资源之母。在现代化进程中，经济技术的发展是核心，人的现代化是主体，而占人口一半的女性的知识水平与教养是衡量一个国家现代化水平的重要标志。日本的女子教育事业在近代以来取得相当的进步，经过战后教育改革及1975年至1985年的"联合国妇女十年"的推动，在普及高中教育、高等教育大众化及社会教育方面的成就为世人瞩目。韩国女子教育也比较发达，在教育投入及女子入学率方面居于亚洲国家前列。而中国社会根深蒂固的"男主外、女主内"的性别分工意识在很大程度上左右着女性生活模式的同时，也影响着人们的教育选择。从近代以来东亚国家女子教育事业发展历程及经验教训来看，民间人士热心办女校、女性积极参与办学等做法值得我们参考和借鉴；而男女分校学习已经不符合中国的国情，可以适当做些办女校的尝试性试验，大可不必追求形式，不顾效果地一哄而上办女校；至于教育中的男女不平等现象，在中、日、韩之间仍然明显存在，应当通过政府、学校、社会等多方面努力去加以克服。

参考文献

一、中文参考文献

《毛泽东同志论教育工作》，人民教育出版社 1992 年版。

安井小太郎：《清末北京志资料》，张宗平等译，燕山出版社 1994 年版。

北京市妇女联合会：《北京妇女报刊考（1905—1949）》，光明日报出版社 1990 年版。

曹大为：《中国古代女子教育》，北京师范大学出版社 1996 年版

曹雪芹著，周汝昌点校：《石头记·周汝昌校订批点本》，漓江出版社 2010 年版，第 808 页。

陈东原：《中国妇女生活史》，商务印书馆 1937 年版。

陈景馨：《中国近代教育史》，人民教育出版社 1979 年版。

陈学恂：《中国近代教育大事记》，上海教育出版社 1981 年版。

陈学恂：《中国近代教育史教学参考资料》中册，人民教育出版社 1987 年版。

程谪凡：《中国现代女子教育史》，中华书局 1926 年版。

戴逸编：《近代教育文选》，巴蜀书社 2011 年版。

邓小南等主编：《中国妇女史读本》，北京大学出版社 2011 年版。

丁卫平：《中国妇女抗战史研究 1937—1945》，吉林人民出版社 1999 年版。

杜芳琴：《女性观念的衍变》，河南人民出版社 1988 年版。

杜学元：《中国女子教育通史》，贵州教育出版社 1995 年版。

高彦颐：《闺塾师》，江苏人民出版社 2005 年版，

何玲华：《新教育·新女性 北京女高师研究（1919—1924）》，中国社会科学出版社 2007 年版。

胡澎：《战时体制下的日本妇女团体（1931—1945）》，吉林大学出版社 2005 年版。

《胡适文存》，黄山书社 1996 年版。

黄新宪：《中国近现代女子教育》，福建教育出版社 1993 年版。

江西省档案馆，中共江西省委党校党史教研室：《中央革命根据地史料选编》，江西人民出版社 1982 年版。

教育部：《第三次全国教育会议报告》，中华民国教育部刊 1939 年版。

教育部：《教育法令汇编》第 3 辑，正中书局 1938 年版。

教育部教育年鉴编纂委员会：《第二次中国教育年鉴》第三编，商务印书馆 1948 年版。

教育部教育年鉴编纂委员会：《第二次中国教育年鉴》第十四编，商务印书馆 1948 年版。

康有为：《大同书》，内蒙古人民出版社 2006 年版。

康有为：《康南海自编年谱 外二种》，楼宇烈整理，中华书局 1992 年版。

赖肖尔：《日本人》，孟胜德等译，上海译文出版社 1980 年版。

李楚材：《帝国主义侵华教育史料——教会教育》，教育科学出版社 1987 年版。

李桂林等：《中国近代教育史资料汇编：普通教育》，上海教育出版社 2007 年版。

李国钧：《清代前期教育论著选》中册，人民教育出版社 1999 年版。

李小江：《历史、史学与性别》，江苏人民出版社 2002 年版。

李又宁、张玉法：《中国妇女史论文集》第 2 辑，台湾商务印书馆

1988 年版。

李卓：《中日家族制度比较研究》，人民出版社 2004 年版。

卢燕贞：《中国近代女子教育史》，台北文史哲出版社 1989 年版。

罗苏文：《女性与近代中国》，上海人民出版社 1996 年版。

洛易斯·惠勒·斯诺编：《斯诺眼中的中国》，王恩光译，中国学术出版社 1982 年版。

吕美颐、郑永福：《中国妇女运动（1840—1921）》，河南人民出版社 1990 年版。

梅生：《中国妇女问题讨论集》第 1 册，新文化书社 1923 年版。

《女子文库·心勉偶存》，上海女子书店 1935 年版。

《前汉书》卷 36，见《二十五史》（1），上海古籍出版社 1986 年版。

璩鑫圭等：《中国近代教育史资料汇编：实业教育 师范教育》，上海教育出版社 2007 年版。

璩鑫圭等：《中国近代教育史资料汇编：学制演变》，上海教育出版社 2007 年版。

全国妇联妇女运动历史研究室：《中国近代妇女运动历史资料（1840—1918）》，中国妇女出版社 1991 年版。

陕西师范大学教育研究所：《陕甘宁边区教育资料：高等教育和干部教育部分》，教育科学出版社 1981 年版。

陕西师范大学教育研究所：《陕甘宁边区教育资料：教育方针政策》，教育科学出版社 1981 年版。

陕西师范大学教育研究所：《陕甘宁边区教育资料：小学教育部分》，教育科学出版社 1981 年版。

陕西师范大学教育研究所：《陕甘宁边区教育资料：中等教育部分》，教育科学出版社 1981 年版。

实藤惠秀：《中国人留学日本史》，谭汝谦、林启彦译，生活·读书·新品三联书店 1983 年版。

舒新城：《中国近代教育史资料》上册、中册、下册，人民教育出版社 1981 年版。

宋恩荣等：《中华民国教育法规选编（修订本）》，江苏教育出版社 2005 年版。

苏者聪选注：《中国历代妇女作品选》，上海古籍出版社 1987 年版。

王桧林：《中国现代史参考资料》，高等教育出版社 1988 年版。

王慧荣：《近代日本女子教育研究》，中国社会科学出版社 2007 年版。

熊贤君：《中国女子教育史》，山西教育出版社 2006 年版。

熊月之：《西学东渐与晚清社会》，上海人民出版社 1996 年版。

修远：《家范全译点评本》，内蒙古人民出版社 1998 年版。

严绍：《汉籍在日本的流布研究》，江苏古籍出版社 2000 年版。

严绍：《日藏汉籍善本书目录》，中华书局 2007 年版。

阎广芬：《中国女子与女子教育》，河北大学出版社 1996 年版。

《叶圣陶集·第 5 卷·散文 1》，江苏教育出版社 2004 年版。

袁勃：《解放中德晋察冀妇女》，载《新华日报》副刊《妇女之路》上（1940.5.16—1947.2.16），重庆市妇女联合会妇女运史研究组编辑出版 1983 年版。

张福清：《中国传统训诲劝诫辑要：女诫——妇女的枷锁》，中央民族大学出版社 1996 年版。

张涛：《列女传译注》，山东大学出版社 1990 年。

张玉法：《清季的立宪团体》，中国台北时报文化出版社 1982 年版。

张枏、王忍之：《辛亥革命前十年间时论选集》第 3 卷，生活·读书·新知三联书店 1977 年版。

中共中央文献研究室中央档案馆：《建党以来重要文献选编（一九二一——一九四九）》第 1 册，中央文献出版社 2011 年版。

中国第二历史档案馆：《中华民国史档案资料汇编·第 5 辑·第 1 编教育》，江苏古籍出版社 1994 年版。

中华全国妇女联合会：《中国妇女运动历史资料（1937—1945）》，中国妇女出版社 1991 年版。

中央教育科学研究所：《老解放区教育资料（一）》，教育科学出版社 1981 年版。

朱有（王献）：《中国近代学制史资料》第二辑，下册，华东师范大学出版社 1989 年版。

二、日文文献

仓泽刚：《幕末教育史的研究》第 2 卷，吉川弘文馆 1984 年版。

赤泽史朗：《资料日本现代史 12·大政翼赞会》，大月书店 1984 年版。

大久保利谦：《森有礼全集》第 1 卷，宣文堂书店 1972 年版。

东京都：《都史纪要九 东京的女子教育》，东京都 1961 年版。

东京女子高等师范学校：《东京女子高等师范学校六十年史》，东京女子高等师范学校 1943 年版。

高等女子学校研究会：《高等女子学校的研究——制度的沿革以及设立的过程》，大空社 1990 年版。

高等女子学校研究会：《高等女子学校资料集成·第 10 卷·修身教科书》，大空社 1989 年版。

高桥裕子：《津田梅子的社会史》，玉川大学出版部 2002 年版。

高野俊：《明治初期女子小学研究——近代日本女子教育的源流》，大月书店 2002 年版。

宫原诚一：《日本现代史大系 教育史》，东洋经济新报社 1963 年版。

国立教育研究所第一研究部教育史料调查室：《学事咨询会与文部省示谕》，国立教育研究所 1979 年版。

海后宗臣：《海后宗臣著作集·第 10 卷 教育敕语成立史研究》，

东京书籍 1981 年版。

海后宗臣：《井上毅的教育政策》，东京大学出版会 1968 年版。

海后宗臣：《临时教育会议的研究》，东京大学出版会 1960 年版。

海原徹：《近世的学校和教育》，思文阁 1989 年版。

黑川真道：《日本教育文库·女训篇》，日本图书中心 1977 年版。

津田塾大学：《津田梅子文书 改订版》，津田塾大学 1990 年版。

近代日本教育制度史料编纂会：《近代日本教育制度史料》第 1—7 卷，大日本雄辩会讲谈社 1956 年版。

井上久雄：《增补 学制论考》，风间书房 1991 年版。

井上清：《日本女性史》，三一书房 1956 年版。

久野明子：《鹿鸣馆的贵妇人 大山捨松——日本最初的女留学生》，中央公论社 1988 年版。

濑地山角：《东亚的父权家长制》，劲草书房 1997 年版。

梅根悟：《世界教育史大系 34 女子教育史》，讲谈社 1977 年版

内田糺、森隆夫：《学校的历史》第 3 卷，第一法规 1979 年版。

女性史综合研究会：《日本女性生活史·第 4 卷·近代》，东京大学出版会 1995 年版。

女性史综合研究会：《日本女性史·第 3 卷·近世》，东京大学出版会 1990 年版。

片山清一：《近代日本的女子教育》，建帛社 1984 年版。

平塚益德：《以人物为中心的女子教育史》，帝国地方行政学会 1965 年版。

千野阳一：《爱国·国防妇人运动资料集 2》，日本图书中心 1996 年版。

千野阳一：《近代日本妇女教育史——以体制内妇女团体的形成过程为中心》，家庭出版社 1979 年版。

桥本纪子：《男女共学制的历史研究》，大月书店 1995 年版。

ＲＰドーア：《江户时代的教育》，岩波书店 1977 年版。

日本女子大学女子教育研究所：《女子教育研究丛书 5 大正的女子教育》，国土社 1975 年版。

日本女子大学女子教育研究所：《女子教育研究丛书 7·昭和前期的女子教育》，国土社 1984 年版。

三井为友：《日本妇人问题资料集成·第 4 卷·教育》，家庭出版社 1976 年版。

涩川久子：《近代日本女性史 1 教育》，鹿岛研究所出版会 1970 年版。

山川菊荣：《日本妇女运动小史》，大和书房 1979 年版。

山口美代子：《论争系列 4·资料明治启蒙期妇女问题论争的周边》，家庭出版社 1989 年版。

深谷昌志：《增补 良妻贤母主义的教育》，黎明书房 1981 年版。

石川谦、石川松太郎：《日本教科书大系·往来物篇·第 15 卷·女子用》，讲谈社 1973 年版。

石川谦：《女子用往来物分类目录——江户时代女子用初等教科书的繁荣》，讲谈社 1946 年版。

石川谦：《寺子屋——庶民教育机关》，至文堂 1960 年版。

石川松太郎：《女大学集》，平凡社 1977 年版。

藤井乙男：《西鹤名作集》（下），讲谈社 1970 年版。

田村美治：《菊池文相演讲九十九集》，大日本图书 1903 年版。

文部省：《学制百年史·论述篇》，帝国地方行政学会 1975 年版。

文部省：《学制百年史·资料篇》，帝国地方行政学会 1975 年版。

下村寿一：《圣战完成与女子教育》，载中岛邦：《近代日本女子教育文献集》第 32 卷，日本图书中心 1984 年版。

下田次郎：《女子教育》，玉川大学出版部 1973 年版。

小川澄江：《中村正直的教育思想》，小川澄江 2004 年版。

筱塚英子:《女性与家族——近代化的实像》,读卖新闻社 1995 年版。

熊谷次郎:《邻组读本》,非凡阁 1940 年版。

伊藤公雄、牟田和惠:《性别社会学》,世界思想社 1998 年版。

樱井毅:《教育名著丛书 3 女子教育史》,日本图书中心 1981 年版。

永原和子、米田佐代子著:《女性的昭和史》,有斐阁 1986 年版。

志贺匡:《日本女子教育史》,琵琶书房 1977 年版。

中岛邦:《近代日本女子教育文献·第 6 卷·教育大家女子教育论纂》,日本图书中心 1983 年版。

中国女性史研究会:《论集中国女性史》,吉川弘文馆 1999 年版。

中野光、藤田昌土:《史料 道德教育》,综合劳动研究所 1982 年版。

三、韩文文献

郭三根、金贤美、孙胜英等:《日常女性学》,博英社 2005 年版。

郭三根:《女性主义教育学》,梨花女子大学出版部 2008 年版。

洪仁叔:《近代启蒙期女性谈论》,惠安出版社 2009 年版。

金惠卿:《韩国女性教育思想研究》,韩国学术情报社 2002 年版。

金在仁、郭三根、赵京源等:《女性教育概论》,教育科学社 2009 年版。

金在仁、杨爱卿等:《韩国女性教育的变迁过程研究》,韩国女性开发院 2001 年版。

梨花历史馆:《梨花 110 年史》,梨花女子大学出版部 2007 年版。

孙仁铢:《韩国女性教育史》,延世大学出版部 1997 年版。